Heinrich Christian Rust

Heilen, trösten, begleiten

Erste Stimmen zu diesem Buch

„Die Studie von Heinrich Christian Rust ist berührend persönlich, theologisch reflektiert und ermutigend-visionär. Die Leidenschaft des Autors für die umgestaltende, heilsame Gegenwart Gottes zeigt mit praktischen Anleitungen und vielen Fallbeispielen, wie das Gebet bewusster in die Krankenbehandlung einbezogen werden kann, ohne vorschnelle Heilsversprechen zu machen. Dem Buch sind viele Leser und noch mehr Umsetzer zu wünschen."

Prof. Dr. phil. Michael Utsch

„Ein von großer Sachkenntnis geprägtes und zugleich sehr persönliches Buch! Man merkt ihm an, dass es nicht nur im Gespräch mit der Fachliteratur entstanden, sondern auch aus jahrzehntelanger pastoraler Praxis erwachsen ist. Der Titel ist Programm: Einen biblisch verantworteten Umgang mit Krankheit gibt es für den Autor nur im Dreierpack von Heilung, Trost und Begleitung. Rust schwebt ein integratives Konzept vor. Charismatischer Heilungsdienst, traditionelle Schulmedizin und alternative Heilverfahren sind wechselseitig aufeinander zu beziehen, damit sie sich zum Wohl der Kranken gegenseitig befruchten und korrigieren können."

Prof. Dr. theol. Peter Zimmerling

„Ein unbedingt lesenswertes Buch für alle, die sich als engagierte Christen für kranke Menschen einsetzen! Mit biblisch-theologischem Tiefgang, kirchengeschichtlichem Verständnis und reichem persönlichen wie gemeindlichen Erfahrungsschatz entfaltet der Autor eine umfassende Vision eines engagierten christlichen Dienstes des Heilens, Tröstens und Begleitens. Hier findet sich eine Vielzahl wichtiger Hinweise für die Gemeindepraxis. Gleichzeitig lädt der Autor ein zum Dialog mit allen Fachdisziplinen in Medizin, Pflege und Therapie. Dass hierbei die christliche Gemeinde als kompetenter und kooperativer Partner zur Darstellung kommt, ist ein besonderes Verdienst dieses Buches."

Dr. med. Georg Schiffner

„In der Christenheit findet derzeit ein epochaler Wandel in der Pastoralkultur statt. Die Kirchen führen die Menschen nicht mehr in den Gerichtssaal, sondern sind wie ein ‚Feldlazarett' der Menschheit (Papst Franziskus). Der Akzent verschiebt sich von der Sünde zur Wunde, vom Moralisieren zum Heilen, von der Anwendung von allgemeinen Gesetzen auf die Zuwendung zu einzelnen Menschen, für die Gott ein Herz hat. Die Kirchen sind dabei, in der Nachfolge des Heilands zum ‚Heil-Land' zu werden. Das feine, wichtige Buch von Heinrich Christian Rust gibt hierzu viele Anregungen."

Prof. emer. Dr. Dr. Paul M. Zulehner

Druck und Bindung des vorliegenden Buches erfolgten in Deutschland

Das verwendete Papier ist FSC-zertifiziert. Als unabhängige, gemeinnützige, nichtstaatliche Organisation hat sich der *Forest Stewardship Council* (FSC) die Förderung des verantwortungsvollen und nachhaltigen Umgangs mit den Wäldern der Welt zum Ziel gesetzt

FSC www.fsc.org
MIX
Papier aus verantwortungsvollen Quellen
FSC® C083411

Die Deutsche Bibliothek verzeichnet diese Publikation in der Deutschen Nationalbibliografie; detaillierte bibliografische Daten sind im Internet über www.d-nb.de abrufbar

Bibelzitate, soweit nicht anders angegeben, wurden der folgenden Ausgabe entnommen:

Die Bibel. Übersetzt von Franz Eugen Schlachter nach dem hebräischen und griechischen Grundtext. Version 2000. Neue Revidierte Fassung. © Genfer Bibelgesellschaft, Genf.

Lektorat: Wilhelm Schneider
Umschlaggestaltung: spoon design, Olaf Johannson
Umschlagabbildung: Gajus/Shutterstock.com
Satz: Neufeld Verlag
Herstellung: CPI – Clausen & Bosse, Birkstraße 10, 25917 Leck

ISBN 978-3-86256-151-3, Bestell-Nummer 590 151

www.neufeld-verlag.de/www.neufeld-verlag.ch

Bleiben Sie auf dem Laufenden:
newsletter.neufeld-verlag.de
www.**facebook**.com/NeufeldVerlag
www.neufeld-verlag.de/**blog**

NEUFELD VERLAG

Heinrich Christian Rust

Heilen, trösten, begleiten

Die Heilungskompetenz der christlichen Gemeinde

NEUFELD VERLAG

INHALT

EINFÜHRUNG

„AUA! HALLELUJA!“

Da lag sie wie gefesselt im Bett. Und ich stand glaubensstark und doch mit zitternden Knien davor. Karen, eine junge Mutter und engagierte Grundschullehrerin, war noch nicht so lange Christin. Ein Bandscheibenvorfall hatte sie völlig unerwartet getroffen und so rief sie mich an, ob ich nicht mit ihr um Heilung beten könne. Ich versprach, am kommenden Vormittag bei ihr zu sein. Doch dann kamen mir Zweifel. Hätte ich sie nicht lieber sofort zu einem erfahrenen Arzt oder Therapeuten vermitteln sollen? Doch warum sollte Jesus nicht auch heute noch spontan heilen? Ich kann mich noch gut daran erinnern, wie ich im Gebet innerlich um Klarheit gerungen habe. „Herr, gib mir doch ein Zeichen, einen Hinweis, dass du Karen auch wirklich durch das Gebet heilen willst; dann bin ich dabei!“ – Da kam keine Stimme von oben: „Ja, ich bin Jesus! Ich werde sie heilen!“ Auch nachdem ich mehrfach die Bibel spontan aufschlug, las ich zwar gute Worte der Heiligen Schrift, aber keines war eine eindeutige Antwort auf meine Frage. „Herr, ich mache mich auf den Weg und werde auf alle Fälle für Karen beten, ob du sie heilst oder nicht. Ist das in Ordnung?“ – Hier kam zumindest kein Widerspruch von Jesus.

Am nächsten Morgen erwachte ich mit einem klaren Gedanken, den ich als Reden Gottes wahrnahm: „Sage ihr: ‚Im Namen Jesu, steh auf! Du sollst Heilung empfangen!‘“ – Hatte ich mir das nun eingebildet oder war es ein Wunschgedanke, der sich dominierend aus meiner Fantasie hervordrängelte? Schluss mit dem zweifelnden Fragen! Raus aus den Federn und dann sei gehorsam!

Als ich schließlich Karen so schmerzverzerrt auf ihrem Krankenlager sah, meldeten sich die Zweifel allerdings neu. Entschlossen gab ich ihr zu verstehen: „Wir wollen nicht so viele Worte machen, liebe Karen! Ich will dir im Namen Jesu die Hände auflegen und Heilung erbitten!" Gesagt, getan. Nachdem Karen ihr Anliegen zunächst selber Jesus vortrug, legte ich ihr meine Hände auf den Kopf und sagte nur diesen einen Satz: „Im Namen Jesu, steh auf! Du sollst Heilung empfangen!" – Nun war es raus! Spontan und voller Freude riss Karen ihre Arme in die Luft, setzte sich aufrecht und rief „Halleluja!". Die Freude war groß! Doch dann kam dieser Moment, den ich wohl niemals mehr vergessen werde. Nur wenige Sekunden später rutschte Karen wieder in ihre alte Liegeposition. „Aua! Aua!", stöhnte sie. „Aua! Halleluja!" – Ist der Schmerz nun weg oder nicht? Ich wollte es genau wissen. „Es ist schmerzvoller als zuvor!", stöhnte sie. Dann geschah etwas Seltsames. Ich hörte, wie ich mit fester und entschlossener Stimme zu ihr sagte: „Bleibe ruhig liegen! Die Heilung wird eintreten. Glaube nur!"

Am nächsten Tag begegnete ich Karen in der Kirche. Strahlend rief sie mir zu: „Jesus hat mich wirklich geheilt. Nach drei Stunden war der Schmerz vollkommen verschwunden! Ist Jesus nicht großartig?!" Wie erleichtert war ich und wie dankbar zugleich. Die nachhaltige Heilung wurde ärztlicherseits bestätigt.

Diese Erfahrung liegt nun schon über 45 Jahre zurück. Damals war ich noch ein junger Theologiestudent und recht unerfahren. Das „Aua! Halleluja!" begleitet mich aber geradezu wie ein Refrain, wenn ich mich mit dem Thema Heilung befasse. Zudem will ich gleich am Anfang meiner Ausführungen deutlich machen, dass diese Glaubensspannung sich auf dieser Erde wohl niemals lösen lässt.

Ursprünglich wollte ich einfach ein Buch herausgeben mit vielen Erfahrungsberichten von Heilungen, die durch das spontane Wirken Gottes und häufig auch als Antwort auf Gebet geschehen sind. Ich habe als Pastor in den vergangenen 40 Jahren mit ungezählten Menschen um körperliche, seelische, soziale oder auch geistliche Heilung im Namen Jesu beten dürfen. Gott hat Wunder über Wunder gewirkt; manchmal spontan und manchmal auch verzögert. Gleichfalls habe ich erfahren, dass Heilungen nicht eingetreten sind, obwohl wir gebetet, gefastet und geglaubt haben. Kleine Kinder sind gestorben. Vorbilder meines Glaubens mussten durch tiefe Schmerzens- und Krankheitstäler gehen, bevor sie von Jesus durch das letzte dunkle Tal des Todes hindurchgeführt wurden zu seinem ewigen Licht.

Die unterschiedlichen Erfahrungen können wie Belege für eine bestimmte theologische Heilungs- oder Krankheitslehre angeführt werden. Die einen sammeln Zeugnisse von wundersamen Heilungen. Und die anderen orientieren sich an den Erfahrungen, die der tröstende Gott mitten im Leiden und in der Krankheit bis hinein in die Todesstunde gibt. Die einen finden in den heiligen biblischen Zeugnissen ausreichende Begründungen, dass Heilung immer möglich und von Gott gewollt sei. Andere Christen betonen eine Ergebenheit, die geradezu an eine islamische Spiritualität der Unterwerfung erinnert. Da wird es dann als normal angesehen, dass wir Krankheiten und Leiden annehmen und ertragen sollen, weil Gott sie uns schickt oder zumutet. Das Pauluswort: „*Lass dir an meiner Gnade genügen, denn meine Kraft wird in der Schwachheit vollkommen!*“ (2. Korinther 12,9) wird in dem Zusammenhang geradezu überstrapaziert.

Unsere Erfahrungen prägen unsere Theologie sicher mehr, als uns bewusst ist. Theologie ist immer auch auf den Linien der eigenen Biografie geschrieben. So kann auch ich nicht völlig ausloten, welche Bedeutung meine persönlichen Erfahrungen mit dem Thema Heilung und Tröstung hier mitschreiben, wenn ich dieses Buch verfasse.

Nun sind wir ja alle miteinander Zeugen[1] von dem, was Christus auch heute noch tut. Hier und da werde ich in diesem Buch von meinen persönlichen Erfahrungen berichten, aber sie sollen nicht die theologische Orientierung durch das biblische Wort Gottes ersetzen. Wenn ich immer wieder konkrete Beispiele anführe, so sollen Sie wissen, dass ich den betroffenen Personen aus datenschutzrechtlichen Gründen andere Vornamen gegeben habe. Von mir persönlich berichte ich, um zugleich deutlich zu machen, wie stark mich das Thema betrifft.

Mehrfach war ich bereits an der Grenze des Todes. Mit 22 Jahren litt ich an einer nicht diagnostizierbaren Krankheit, die ich mir bei einem Afrikaaufenthalt zugezogen hatte. Ich war so stark geschwächt, dass die Ärzte mir nur noch eine kurze Lebenserwartung voraussagten. Ich kann mich noch an den Tag erinnern, als ich zu einem kleinen Gebetskreis von Freunden fuhr. Ich war völlig erschöpft und konnte kaum noch gehen und stehen.

Meine Glaubensgeschwister erkannten in einer prophetischen Sicht, dass diese Erkrankung offenbar aufgrund von dämonischen Angriffen in mein Leben gekommen sei. Mir war diesbezüglich jedoch nichts bewusst, wenngleich ich in der Zeit in Afrika durchaus mit Menschen in Berührung gekommen war, die den Voodoo-Kult praktizierten, indem sie Menschen verfluchten und auf magische Weise zu Fall brachten.

In einem schlichten, aber kraftvollen Befreiungsdienst geboten meine Glaubensgeschwister den Krankheitsmächten, von mir zu lassen, und sie segneten mich sogleich mit der heilenden Kraft Jesu. In dem Moment spürte ich Gottes Kraft sehr intensiv. Es fühlte sich so an, als würde ich unter einer warmen Dusche von Heilungswasser stehen. Mein Körper wurde aufgerichtet, fühlbar vitalisiert. Als

1 Es sind Personen weiblichen und männlichen Geschlechts gleichermaßen gemeint. Aus Gründen der einfacheren Lesbarkeit verwende ich in der Regel nur eine Form und bitte um Verständnis.

ich einige Tage später zu einer medizinischen Untersuchung in die Universitäts-Klinik nach Göttingen kam, konnte man keine Krankheitssymptome mehr feststellen. Die Schmerzen und die absolute Schwäche waren von einem Augenblick auf den anderen aus meinem Leben gewichen. Was für eine wunderbare Erfahrung!

Mehrfach habe ich davon schon berichtet und ich bin bis heute überzeugt, dass ich seinerzeit eine umfassende Heilung und Befreiung durch Jesus Christus erfahren habe. Sicher wäre es kurzschlüssig, nun aus dieser eigenen Erfahrung eine allgemeine theologische Aussage abzuleiten: Alle Krankheiten sind dämonischen Ursprungs bzw. alle medizinisch nicht diagnostizierbaren Krankheiten sind durch Flüche oder dämonische Kräfte verursacht. Gerade auf dem Gebiet der Krankenheilung ist sorgfältige Differenzierung und Verifizierung unerlässlich. Allerdings ließen mich die Themen Heilung und Befreiung fortan nicht mehr los.

In meinen ersten Dienstjahren lernte ich viel über Heilungsdienste und -gebete in den neuen charismatischen Aufbrüchen. In meinem Kirchenverband, dem Bund Evangelisch-Freikirchlicher Gemeinden in Deutschland, wurden diese Aufbrüche durch den „Arbeitskreis Gemeinde & Charisma“ gut aufgenommen und in das Gemeindeleben integriert.

Schon seit der Gründung dieses Arbeitskreises im Jahr 1975 war ich als engagierter Mitarbeiter dabei und später auch über viele Jahre Leiter dieser Bewegung in unserer Freikirche. Ich bin sehr dankbar für die vielen guten Erfahrungen und die klare ausgewogene biblische Lehre, die ich dort u. a. von Siegfried Großmann, Siegfried Liebschner, Eckhard Schaefer und vielen anderen erfahrenen Frauen und Männern mitbekommen habe. Zudem wurde mir der reformierte Theologe und Seelsorger Willem Cornelius van Dam zu einem väterlichen Freund und Lehrer. In vielen Tagungen und Seminaren haben wir gemeinsam über Heilung und Befreiung gelehrt und auch den Heilungs- und Befreiungsdienst durchgeführt. Herausfordernd waren die Begegnungen und Auseinandersetzungen mit Heilungsevangelisten wie Kathryn Kuhlmann, Erlo Stegen,

David Yonggi Cho oder Reinhard Bonnke. Allerdings vermisste ich eine differenzierte systematisch-theologische Lehre.

Inspiration fand ich bei Texten aus der älteren Kirchengeschichte oder auch bei Theologen wie Karl Rahner, Eugen Biser, Kurt E. Koch, Edmund Schlink, Jürgen Moltmann oder Paul Zulehner. Besonders hilfreich waren die Gespräche und der Austausch mit Wolfram Kopfermann, C. Peter Wagner, Francis MacNutt und John Wimber. Mir wurde immer bewusster, dass eine gesunde Praxis eines Heilungs- und Befreiungsdienstes nur dann in den Kirchen und Gemeinden möglich wird, wenn ein solcher Dienst auch biblisch-theologisch klar begründet ist. Leider mehrten sich auch die kritischen Stimmen, die zu Recht einen „Heilungstourismus" beklagten, eine Fixierung auf einzelne Personen, die Gott zwar offensichtlich in einem charismatischen Heilungsdienst begabt und gesegnet hat, die jedoch in der Lehre allzu häufig zu theologischen Kurzschlüssen neigten oder sich nicht genug gegen den Personenkult wehrten, der sich um sie ergab. Die fixe Formel: „Gott heilt immer, wir müssen nur genügend und richtig glauben!" entpuppte sich für mich zunehmend als ein verkürztes und irreführendes Evangelium, das zwar viele Menschen in seinen Bann zog, aber keine Antwort gab auf die ungezählten Heilungserfahrungen, die nur sehr kurz anhielten, oder auf die ausbleibenden Heilungs- und Befreiungserfahrungen.

In meinem 50. Lebensjahr ging es mir körperlich nicht gut. Zunächst vermutete ich, dass die Schwächung meines Körpers ihre Ursache in einer besonders belastenden beruflichen Situation habe. Ich betete intensiv um Genesung, zumal ich zunehmend davon überzeugt war, dass Gott auf vielfältige Weise Heilung geben kann, auch wenn wir selber keine klare Diagnose bzw. Bestimmung der Erkrankung ausmachen können. Als die Symptome immer stärker wurden, diagnostizierten die Ärzte bei mir eine schwere, gegenwärtig medizinisch nicht heilbare Erkrankung.

Ich erwartete erneut ein wunderbares Eingreifen Gottes durch eine Spontanheilung oder auch im Zusammenwirken von Medizin und Gebet. Doch die Heilung blieb bislang aus. Freunde rieten mir, ich müsse dieser Krankheitsmacht auch selber dauerhaft entgegenwirken und sie im Namen Jesu aus meinem Leben weisen. Andere verwiesen mich auf besondere Arten des Betens, das tägliche Abendmahl, 40-Tage-Fasten oder auch eine tiefgreifende Therapie. Bis heute nehme ich sehr viel Medizin zu mir, um den Krankheitsmächten etwas entgegenzusetzen. Zudem gebe ich der Krankheit kein Recht, mein Leben zu bestimmen. Jesus ist mein HERR! Ich weiß, dass sehr viele Menschen für mich beten, dass ich doch eine umfassende Heilung erfahren möge. Dafür bin ich dankbar. Ich selber bete dafür täglich und ich werde es tun, solange es mir möglich ist.

In den Vorbereitungen für dieses Buch habe ich nochmals meine kleine Bibliothek hervorgeholt, in der ich die vielen Bücher über Heilung und Befreiung gesammelt habe. Im Studieren all dieser Erfahrungsliteratur und der zuweilen komplexen theologischen Ausführungen erging es mir so, dass ich Phasen hatte, in denen ich intensiver den Krankheitsmächten im Namen Jesu widerstand, mutig betete und die Mächte im Namen Jesu gebunden habe. Gleichermaßen gab es Phasen, wo ich die Gnade Gottes pries, die sich für mich wie ein Meer auftat, in dem meine Seele sich entspannte und gleichsam „Freischwimmer“ machte. Wenn Gott mich in meinem Leben hier auf der Erde komplett heilen will, so wird er es gewiss tun.

In all diesen Jahren der Konfrontation mit einer lebensbedrohlichen Krankheit habe ich den Gott des Trostes neu kennengelernt. Er nimmt mir nicht gleich hier und jetzt alles Leiden, sondern er steht mir auch in meinem Leiden, in meiner Krankheitsnot bei. Heilung und Trost gehören unbedingt zusammen. Das habe ich sowohl in der persönlichen Erfahrung als auch im Studium der Bibel gelernt. Auch wurde ich sensibler für Menschen mit angeborenen oder chronischen Krankheiten und Leiden. Sollten sie denn ihr Leben lang im Kampf um Heilung stehen oder sollten sie die Tröstungen Gottes Tag für Tag besonders erleben oder beides? Es war mir zuvor gar nicht so bewusst, dass die chronisch Kranken und auch die alten Menschen, die unter dem Zerfall ihrer körperlichen und immer häufiger auch ihrer geistigen Kräfte leiden, in vielen Büchern über spirituelle Heilung kaum oder gar nicht vorkommen. Warum sollte Gott aber nur junge Menschen heilen, warum nicht auch Hochbetagte?

Mir half in dem Zusammenhang ein sorgfältiges Bibelstudium. Häufiger gebrauchen die Evangelisten die Wendung, dass Jesus „alle Krankheiten und Gebrechen" heilte. Ich werde später noch auf die verschiedenen biblischen Begrifflichkeiten eingehen und verweise hier lediglich auf die Bezeichnung „Gebrechen", die „Aufweichungen" bzw. „Verschleißerscheinungen" (griech. *malakia*). Ganz offenbar ist die Heilung nicht abhängig vom Alter.

Das wurde mir besonders bewusst, als eines Tages in unserer Gemeinde folgende Situation eintrat: Ein junges Paar hatte ein Baby bekommen, das jedoch sehr krank zur Welt kam. Wir beteten als Gemeinde intensiv und erwarteten die Heilung dieses Neugeborenen. Zeitgleich hörten wir vom hochbetagten Vater eines befreundeten Mitarbeiters, der aufgrund einer austherapierten Krebserkrankung und auf eigenen Wunsch „zum Sterben" aus dem Krankenhaus nach Hause entlassen wurde. Dieser alte Mann war bereit zu sterben, zumal er einen lebendigen Glauben hatte und sich schon auf den Himmel freute. Mit dem Mitarbeiter wollten wir nun schon die Beerdigung und die letzten Dinge besprechen, doch brachten wir den Vater auch betend zu Jesus. „Jesus, sei du ihm gnädig. Du kannst ihn erlösen von der Fessel der Krankheit und ihn zu dir nehmen. Dein guter Wille geschehe!" Kurze Zeit später erfuhren wir, dass dieser alte Mann eine umfassende Heilung erfahren und Gott ihn neu aufgerichtet hat. Das kleine Baby starb und die Traurigkeit und Enttäuschung waren groß.

Diese Erfahrung zeigt einmal mehr, dass wir die „Logik", nach der Gott Heilung schenkt, niemals voll begreifen werden. Ich schreibe diese Worte nicht in einer Frustration, sondern in einer tiefen Ehrerbietung vor der Souveränität des liebenden, heilenden, tröstenden Gottes und Heilandes. Nun verstehen Sie sicher auch, warum der

Titel dieses Buches sich nicht nur auf das Heilen beschränkt. Heilen, trösten und begleiten gehören zusammen wie die Trinität. Sie bilden eine Einheit, die Gottes Geist in seinen Nachfolgern wirken wird.

Das Begleiten hat ein breites Spektrum und kann sowohl heilende als auch tröstende Momente haben. Es kann jedoch gleichfalls ein Mitwarten und Mithoffen sein oder einfach durch menschliche Nähe und Gemeinschaft zum Ausdruck kommen. Wir sind mehr oder weniger bewusst alle unterwegs zum Himmel, unterwegs zu einer Existenz, die durch die Todeserfahrung hindurch führt zu einer ewigen Liebesgemeinschaft mit Gott. Vertrösten wir die Kranken nicht immer nur aufs Diesseits, sondern erinnern wir sie an den großen kommenden Tag Jesu Christi, an dem es „kein Leid, kein Schmerz und kein Geschrei" mehr geben wird (Offenbarung 21,4).

Ein christliches Buch über Heilung, welches die Heilung des Todes durch die Auferstehung von den Toten lediglich als Randnotiz wahrnimmt, hat die Zielgerade des Evangeliums aus den Augen verloren.

Diese Lektion erteilte mir Gottes Geist schon vor vielen Jahren. Ich kam gerade nach Hause von einem wunderbaren Heilungsgottesdienst unserer Gemeinde. Wir lebten seinerzeit in Hannover und unsere drei Kinder waren noch klein. Meine Frau empfing mich mit Tränen in den Augen und sie trug unseren etwa 4-jährigen Sohn auf dem Arm. Martin litt unter einer sehr starken Neurodermitis und hatte sich durch die vielen Salben eine Schmierinfektion zugezogen. Sein ganzer Körper war voller kleiner Eiterbläschen und sein Gesicht war geschwollen. Ich wandte mich ihm zu und begann seine Entzündung abzutupfen. Müssten wir ihn nicht besser ins Krankenhaus bringen? Was tue ich hier eigentlich? Diese Fragen bewegten mich. Ich kam von einem Heilungsgottesdienst und hatte gerade erlebt, wie Menschen auf wunderbare Weise von Gott angerührt wurden und Heilung empfangen hatten. Doch nun lag mein eigener Sohn vor mir – von Krankheit gezeichnet! Ich konnte meine Tränen nicht zurückhalten und weinte bitterlich.

Schließlich fragte der kleine Martin mich: „Papa, warum weinst du?" – „Ich weine, weil es dir nicht gut geht und du so krank bist!", antwortete ich ehrlich. Nach einer kurzen Pause sagte Martin: „Papa, weine doch nicht! Im Himmel macht der liebe Gott das alles weg!" – Da musste ich noch mehr weinen.

Was für eine heilsame Erinnerung an eine tragende christliche Wahrheit aus dem Kindermund! Inzwischen ist Martin ein erwachsener Mann. Auch er ist Pastor geworden und betet mit Kranken. Er hat vielfältige Hilfe durch Gott erfahren. Gebete und auch gute medizinische Begleitung hat Gott dazu gebrauchen können.

Sicher haben Sie es aus diesen ersten Zeilen des Buches schon herausgehört: Ich plädiere sehr für ein konzentriertes Heilungsgeschehen, bei dem die guten Kompetenzen im Gesundheitswesen, die enormen medizinisch-therapeutischen Kompetenzen nicht durch eine spirituelle oder charismatische Kompetenz überflüssig oder ersetzt werden. Vielmehr glaube ich, dass Gott beides in einer wunderbaren Weise zusammenführen kann. Auch die Erkenntnisse der Wissenschaft gründen sich auf die ordnenden und heilenden Grundlagen der Schöpfung Gottes.

Es ist mir ein Anliegen, in diesem Buch nicht nur Erfahrungen von Heilungen oder auch Nichtheilungen aufzuführen, sondern dazu einzuladen, das differenzierte und klare Zeugnis der biblischen Schriften in seiner Breite und Weite zu entdecken. Sicher wäre es anmaßend, mit einem solchen Buch eine umfassende theologisch-systematische Orientierung vorlegen zu wollen, die alle Fragen beantwortet. Es wäre ebenso anmaßend, eine Theologie allein aufgrund von Erfahrungen zu begründen. Es wäre irreführend, das Thema Heilung den Medizinern, Therapeuten und Pflegekräften allein zu überlassen oder es auf spirituelle Heilung zu beschränken. Wie kann eine solche spirituelle Heilungskompetenz sich angesichts von unterschiedlichen Erfahrungen heute glaubhaft artikulieren und somit zu einem längst schon überfälligen intensiven Dialog zwischen Naturwissenschaften und Geisteswissenschaften, zwischen Medizin und Theologie beitragen? Während Akzente einer buddhistisch-hinduistischen Spiritualität bereits in vielen westlichen Krankenhäusern, Therapieeinrichtungen und Arztpraxen etwa durch ein breites Angebot von Meditations- und Achtsamkeitsübungen Einzug genommen haben, gibt es eine beklagenswerte Zurückhaltung in Bezug auf christliche Spiritualität. Meditieren wird von Krankenkassen bezahlt, beten jedoch nicht?

Es ist mir ein besonderes Anliegen, mit diesem Buch gerade die weltanschauliche Neutralität im Gesundheitswesen auf den Prüfstand zu nehmen. Auch ein atheistisches Welt- und Lebensverständnis ist weltanschaulich und wird meines Erachtens der spirituellen Dimension von Gesundheit und Heilung nicht gerecht. Allerdings will ich mich nicht in der Komplexität des Themas verlieren, sondern meine Leser vielmehr ermutigen, in ihrem persönlichen Alltags- und Berufsleben und selbstverständlich auch in den kirchlichen Veranstaltungen die Heilungskompetenz neu zu entdecken, die Jesus Christus seinen Nachfolgerinnen und Nachfolgern zugesprochen hat. Das Reich Gottes ist nicht nur auf die Kirchengebäude und Gemeindeversammlungen zu beschränken, sondern es breitet sich aus in allen Bezügen des Lebens. Im Reich Gottes werden wir beauftragt und befähigt zu heilen, zu trösten und zu begleiten.

I

DER HEILENDE, TRÖSTENDE UND NAHE GOTT

Ich liebe es, in den biblischen Schriften zu lesen, sie zu studieren, zu meditieren und wirken zu lassen. Die Schriften des Alten und Neuen Testaments sind für mich nicht lediglich historische Berichte von Menschen, die diesen wunderbaren Gott erfahren haben, sondern sie sind zugleich Offenbarung und lebendige Kommunikation mit Gott selbst. Die Verfasser der biblischen Schriften waren vom Geist Gottes inspiriert (2. Timotheus 3,16).[2] Über Jahrhunderte hinweg erfahren Menschen, dass sie in und durch diese Worte vom Geist Gottes angesprochen, getröstet und geheilt werden. Es ist meines Erachtens gar nicht so ausschlaggebend, mit welchem hermeneutischen Schlüssel und welchem Vorwissen jemand die biblischen Schriften studiert, sondern ob man es mit einem offenem Herzen tut. Die Schriftgelehrten aller Zeiten neigen dazu, ihr Schriftverständnis zum Maßstab aller Erkenntnis zu erheben, und

2 In welcher Weise die Inspiration erfolgte, die in 2. Timotheus 3,16 als *theopneustos* (gotteingehaucht) gekennzeichnet ist, wird durch die Differenzierung von Verbal- bzw. Personalinspiration deutlich. Während die Verbalinspiration die wortwörtliche Eingebung der Schrift herausstellt, geht die Personalinspiration davon aus, dass die Autoren der Schriften vom Geist Gottes inspiriert waren (Johann Gottfried Herder, Friedrich Schleiermacher). Entscheidend ist, dass die biblischen Schriften nicht nur Zeugnisse von Menschen sind, sondern zugleich vom Geist Gottes eingehauchte Wahrheit.

vergessen, dass alle Erkenntnis über Gott zugleich den Charakter des Vorläufigen und Fragmentarischen in sich trägt.

> *Denn wir erkennen stückweise und weissagen stückweise; wenn aber einmal das Vollkommene da ist, dann wird das Stückwerk weggetan … Denn wir sehen jetzt mittels eines Spiegels wie im Rätsel, dann aber von Angesicht zu Angesicht; jetzt erkenne ich stückweise, dann aber werde ich erkennen, gleichwie ich erkannt bin.*
>
> (1. Korinther 13,9–10.12)

Ich bin erstaunt, dass Gotteserkenntnis nicht primär eine Angelegenheit des Intellektes und der Bildung ist, sondern der Herzenshaltung.

Wenn ich mich in meinen Ausführungen auf biblische Schriften berufe, so geht es mir dabei um die Erkenntnis Gottes und nicht lediglich um die reihenweise Auflistung von Bibelstellen. Ich möchte weder in einen naiven Biblizismus noch in eine rationalistische Engführung fallen. In der Theologie geht es vorrangig um Gotteserkenntnis und Gottesbegegnung.

Hilfreich sind zudem die dogmengeschichtlichen Zeugnisse und Erfahrungen einer zweitausendjährigen Kirchengeschichte. Allerdings ersetzen empirische Studien, egal wie historisch oder gegenwartsnah sie sind, niemals die Wahrheit des biblischen Wortes Gottes. Es reicht mir also nicht, einfach nur die Bibelstellen anzuführen, die vom heilenden, tröstenden und nahen Gott in Krankheitsnöten zeugen, und sie sodann in eine gewisse Systematik zu bringen. Es ist sowohl für mein Herz als auch für meinen Intellekt unbefriedigend und es entspricht nicht meiner Gottesbeziehung, meine persönlichen oder auch fremden Erfahrungen einfach in das Sieb der biblischen Schriften zu werfen, um sie daran zu bewerten.

Schrifterkenntnis kann nur zu einer Gotteserkenntnis führen, wenn der Heilige Geist wirkt. Er zeigt Zusammenhänge auf und er lenkt das Augenmerk zuweilen auf angeblich unscheinbare Nebensätze, die von großer Bedeutung sein können. Der Geist Gottes führt in die Wahrheit, die sich in Jesus Christus *ad personam* in Vollendung manifestiert (Johannes 16,13). So öffne ich mich immer neu diesem besten Lehrer und Pädagogen, demütig und lernwillig: „Komm, Geist Gottes, und leite du mich in die Wahrheit."

Mit zunehmendem Alter kann ich heute besser nachvollziehen, was mir ein befreundeter Theologieprofessor während meiner Studienzeit sagte: „Gott lässt sich nicht in Genitivtheologien fassen. Er ist immer größer!" Er bezog sich damit auf große theologische Entwürfe, die mit Stichworten wie „Theologie der Hoffnung" (J. Moltmann), „Theologie der Zukunft" (E. Biser) oder „Theologie der Befreiung" (L. Boff) ihre Überschriften hatten. Sicher beanspruchen diese Entwürfe keine vollkommene systematische Gotteslehre vorzulegen, gleichwohl weisen sie auf wesentliche Aspekte der Gottesoffenbarung in Christus hin. Für Christen richtet sich alle Gotteserkenntnis an der letztgültigen Offenbarung in Jesus Christus aus.

Dieser ist das Ebenbild des unsichtbaren Gottes, der Erstgeborene, der über aller Schöpfung ist. Denn in ihm ist alles erschaffen worden, was im Himmel und was auf Erden ist, das Sichtbare und das Unsichtbare, seien es Throne oder Herrschaften oder Fürstentümer oder Gewalten. Alles ist durch ihn und für ihn geschaffen, und er ist vor allem und alles hat seinen Bestand in ihm. Und er ist das Haupt des Leibes, der Gemeinde, er, der der Anfang ist, der Erstgeborene aus den Toten, damit er in allem der Erste sei. Denn es gefiel Gott, in ihm alle Fülle wohnen zu lassen und durch ihn alles mit sich selbst zu versöhnen, indem er Frieden machte durch das Blut seines Kreuzes – durch ihn, sowohl, was auf Erden als auch was im Himmel ist.

(Kolosser 1,15–20)

Alle Gottesoffenbarung, die durch die alttestamentlichen Schriften bezeugt und interpretiert wird, soll sich in der Offenbarung Gottes in Christus läutern und zuordnen.

Dieser ist die Ausstrahlung seiner Herrlichkeit und der Ausdruck seines Wesens und trägt alle Dinge durch das Wort seiner Kraft.

(Hebräer 1,3)

Gott hat sich in seinem Wesen nicht gewandelt, aber in dem Umfang seiner Offenbarung und seiner Präsenz in seiner Schöpfung. Er lebt und offenbart sich nicht nur in wenigen Auserwählten, sondern will durch seinen Heiligen Geist in jedem Menschen wohnen, der mit Christus in Berührung kommt (vgl. Römer 8,9–11). Durch Jesus Christus und in ihm erkennen wir Gott in seiner trinitarischen Einheit als Vater, Sohn und Geist (vgl. Johannes 14,9–11; 16,11–15).[3]

Die Gegenwart des dreieinen Gottes ist nicht nur in der sofortigen Eliminierung von Ohnmacht, Ungerechtigkeit, Armut, Krankheit und Tod erfahrbar, sondern gleichfalls in seiner Präsenz mitten im Leiden und in aller Vorläufigkeit. „Allein der leidende Gott kann uns helfen!“[4] Diese markante theologische Aussage Dietrich Bonhoeffers angesichts aller Ohnmachtserfahrungen im nationalsozialistischen Unrechtsstaat gilt auch angesichts von persönlicher Krankheits- und Todeserfahrung. Im apostolischen Zeugnis der neutestamentlichen Schriften wird dieser Umfang der Gottesoffenbarung und Gottespräsenz in seiner ganzen eschatologischen Breite und Weite bezeugt. Wir lesen von dem Gott, der heilt, aber auch von dem tröstenden, mitleidenden und nahen Gott in aller Ohnmacht. Wir lesen von der persönlichen Nähe und Heilung, die immer auch in ihrer sozialen Dimension zur Erfüllung kommt; denn Gott ist ein Gott der Versöhnung und des Friedens. Er wird bezeugt als Gott der Hoffnung und Gott der Geduld. Mitten in Leid- und Ohnmachtsbezeugungen erleben Christen seinen Trost und seine Gegenwart. Beachte ich diese Breite der Christusoffenbarung nicht, so kommt es zu irreführenden Einseitigkeiten. Das volle Evangelium wird nicht nur in der Heilung erfahren, sondern ebenfalls im Trost und in der Gemeinschaft der glaubenden Gotteskinder.

Eigentlich müsste ich in diesem ersten Kapitel noch umfassender die Fülle und Tiefe der Gottesoffenbarung in Christus bezeugen. Da dieses Buch sich aber konkret mit der Frage der Heilung, Trös-

3 Vgl. Rust, H. C.: *Geist Gottes – Quelle des Lebens* 33–81.

4 Zitiert aus dem Brief D. Bonhoeffers an seinen Freund E. Bethge vom 17. Juli 1944. Vgl. Bonhoeffer, D.: *Widerstand und Ergebung* 242.

tung und Begleitung befasst, werde ich lediglich ein Spektrum der Akzente aufzeigen, die in diesem Zusammenhang neu aufleuchten sollen.

Der Gott der Heilung

„Pastor Heiner, ist der liebe Gott eigentlich gesund?“ Der fünfjährige David stellt diese Fragen völlig unvermittelt. „Wie kommst du auf diese Frage?“, erwidere ich neugierig – auch um etwas Zeit zum Überlegen zu haben. „Das haben wir doch heute immer und immer wieder in diesem Lied gesungen, ‚heilig, heilig, heilig‘, heißt das, dass Gott heile ist?“

Bei einer so komplexen Frage, wie sie so direkt wohl nur aus dem Kindermund kommen kann, ist es gar nicht einfach, eine kindgerechte Antwort zu geben. Und ich will Ihnen gar nicht zumuten, was ich dem kleinen David zumutete. Vielmehr möchte ich Sie hineinnehmen in diese Wahrheit, dass die Heiligkeit Gottes durchaus etwas mit Heilsein zu tun hat. Zwar haben die biblischen Begriffe (hebr. *kadosh*; griech. *hagios*) eine große Bandbreite, sie weisen etwa auf die Außergewöhnlichkeit und die Ausstrahlung hin; aber auch der Gedanke an „Vollkommenheit“ und „Ganzheit“ leuchtet auf. Dann würde es bedeuten: Gott ist „voll des Heils“. Da stimmt alles! Da sind eine vielfältige Vitalität und eine trinitarische Einheit zugleich. In seiner Reinheit und seinem Licht ist Gott ungebrochen. Jesus offenbart sich als das Licht (Johannes 8,12) und er wird als der „Heilige“ bekannt (Johannes 17,11; 10,36; 6,69). Als der Heilige wird er nach der Schau der Johannesoffenbarung alles vollenden (Offenbarung 4,8; 21,3–4).

Krankheit als Folge von Gebrochenheit und Einwirkung des Bösen gehört nicht zu seinem Wesen und geht auch nicht von ihm aus. Und dennoch verkrümmt er sich geradezu in seiner Heiligkeit, er beugt sich in seiner Barmherzigkeit hinein in das Elend der Unvollkommenheit und Gebrochenheit seines Volkes (Hosea 11,9). Gerade in dieser Hinwendung erweist er sich als der Heilige.

Das, was zu ihm gehört, hat sich jedoch entfernt, immer und immer wieder. Menschen wenden sich in der von ihm gewährten Freiheit von ihm ab. Seine Schöpfung verliert ihn aus dem Zentrum des Lebens und ist den Mächten des Bösen geradezu schutzlos ausgeliefert. Aus diesem Bruch der Verlorenen, dieser Grundsünde, folgen alle Krankheiten und der Tod. „Alle Störungen unseres natürlichen Lebensstandes haben ihre Wurzeln im gestörten Gottesverhältnis.“[5] Die Sünde ist wie ein Nährboden für alle diabolische Zerstreuung und Vernichtung des Lebens.

Doch schon die Texte des Alten Testaments lassen den Gedanken nicht zu, dass sich das Böse wie ein Gegengott aufbäumt und gebärdet. Wohl wird auch hier die scheinbar ungebrochene Macht des Bösen in den Bildern von der Schlange, vom tosenden Meer oder auch in der Figur des anklagenden Satans beschrieben. Aber immer ist klar, dass das Böse nicht losgelöst von diesem einen wahren Gott toben kann. Ein Hiob wird mit Krankheitsmächten geschlagen und nicht nur das; aber nur, weil Gott es zulässt (Hiob 1,12).

Gemäß einiger Texte des Alten Testaments gebraucht Jahwe sogar die Agitationen des Bösen, um Menschen oder ganze Völker wachzurütteln, sie strafend zu erziehen und zum Guten zurückzuführen (2. Mose 15,26; 2. Chronik 21,18f; Jesaja 45,6f; Amos 3,6).

Man könnte meinen, dass Gott selber Krankheiten, Plagen und Unglück initiiert, und wird sodann gleich in einen theologischen Konflikt kommen. Kann denn ein heiliger Gott, ein Gott des Friedens und Lebens gleichsam das Leben von ganzen Völkern mit Unglück, Krankheit und Plagen schlagen? Dies ist eine grundlegende theologische Frage, die sich stellt, wenn ich Heilung und das heilende Wesen Gottes als Quelle aller Heilung postuliere.

Der reformierte Theologe Willem J. Ouweneel schreibt:

„Die Spannung, zwischen einem Gott, der das Böse nie und nimmer will – ja, nicht wollen kann –, und einem Gott, der das Böse ‚bewirkt‘,

5 Rad, Gerhard v.: *Theologie des Alten Testaments* 228.

stellt eines der tiefsten Mysterien göttlicher Vorsehung dar. Es ist die tief berührende, existenzielle Spannung zwischen der Tatsache, dass Gott jedes Kind wunderbar im Mutterschoß gewoben hat (Psalm 139,13f), und der Tatsache, dass manche Kinder mit fürchterlichen Handicaps geboren werden. Wir können nicht anders, als diese Spannung gläubig annehmen ... Einerseits: Gott hasst das Böse und kann es somit niemals wollen. Andererseits: Es geschieht nichts am Willen Gottes vorbei. Mit diesem Paradox müssen wir leben lernen ... Krankheit ist als solche niemals ein Segen Gottes, sie kann aber wohl zu unserem Segen umgebogen werden."[6]

Ein solches „Umbiegen" liegt immer in der Absicht Gottes. Der heilige Gott kann selbst Agitationen des Bösen und die Todesmächte duldend gebrauchen, damit Menschen und Völker neu zu ihm finden.

Dennoch will ich hier mit aller Klarheit festhalten, dass das Böse nicht aus seinem Wesen kommen kann und dementsprechend Krankheiten nicht ihre Quelle bei Gott haben, sondern in dem großen Treuebruch der Menschheit.

Eine weitere Beobachtung soll hier anklingen, zumal sie sich im christlichen Dialog um göttliche Heilung immer wieder aufdrängt. Wenn Krankheit und Tod ihren Anlass im Sündenbruch der Menschheit haben, wie er gleich auf den ersten Seiten als „Sündenfall" (1. Mose 2,17f) beschrieben ist, so wäre es ein fataler Kurzschluss, jede Erkrankung und jeden Schicksalsschlag auf die persönliche Sünde eines einzelnen Menschen zurückzuführen.

Immer wieder erhebt sich im Zusammenhang mit einer Erkrankung oder gar mit einem plötzlichen Tod die Frage nach der Verantwortung oder der Schuld. Gerade die Argumentation der Freunde Hiobs zeigt, wie sie die Ursache für die Krankheit in einem persönlichen Fehlverhalten suchen. Der Gedanke dahinter lautet: Gott lässt Krankheit und Elend zu, um Hiob zu strafen und ihn zu einer Umkehr und Besserung seines Lebens zu führen. Die Weigerung

6 Ouweneel, W. J.: *Heilt die Kranken* 84–85.

Hiobs, eine Schuld einzugestehen, führt sodann zu dem weitergehenden Argument seiner Freunde, es müsse sich wohl um verborgene Sünde handeln. Selbst Hiob kommen Zweifel, ob Gott denn auch einen Unschuldigen einfach mit so viel Plagen und Krankheit schlagen kann. Aber er klagt Gott nicht an. Umso beachtlicher ist es, dass Gott sich selbst gegen ein solches Denkmuster stellt, wenn er die Freunde Hiobs zurechtweist: *Ihr habt nicht recht geredet!* (Hiob 42,7). Damit stellt Gott nicht den Zusammenhang von Krankheit, Tod und Sünde infrage, sondern die prinzipielle Verknüpfung von persönlicher Sünde und einer Krankheits- bzw. Todeserfahrung. In ähnlicher Weise fragt der Psalmbeter Asaph, warum es den Gottlosen und Sündern so gut ergeht und sie körperlich so fit sind (vgl. Psalm 73).

Es gilt festzuhalten: Einerseits stehen wir in einer Welt, in der der Sündenbruch immer noch wirksam ist und sich in den Folgen universal – unabhängig vom Gottesverhältnis eines Individuums – in Krankheiten und Tod und Ungerechtigkeit zeigt. Andererseits ist der individuelle Zusammenhang nicht völlig aufgehoben. Die vielfältigen Heilungsberichte vom Wirken Jesu verdeutlichen das. Einem Gelähmten wird zunächst die Vergebung der Sünde zugesprochen (Markus 2,5). Bei der Heilung eines Blindgeborenen hingegen weist Jesus die Fragen nach einem individuellen Schuldzusammenhang und der Erkrankung entschieden zurück:

> *Weder dieser hat gesündigt noch seine Eltern; sondern an ihm sollten die Werke Gottes offenbar werden!* (Johannes 9,3)

Gott will sich durch Heilung verherrlichen und in Christus seine Heiligkeit, seine Heilungskraft und die Überwindung der Macht des Todes offenbaren. Schon zur Zeit des Alten Testaments zeigt er sich in seinem Erbarmen immer wieder durch individuelle Heilungen und sein wunderbares Eingreifen. Wir lesen von Heilung von Unfruchtbarkeit, Aussatz, Geschwüren, Lähmungen bis hin zu Totenauferweckungen.[7] Er stellt sich seinem Volk vor als *Jahwe Ropheka*, der HERR, der heilt.

> *Wenn du der Stimme des Herrn, deines Gottes, eifrig gehorchen wirst und tust, was vor ihm recht ist, und seine Gebote zu Ohren fasst und alle seine Satzungen hältst, so will ich keine Krankheiten auf dich legen, die ich auf Ägypten gelegt habe; denn ich bin der Herr, dein Arzt!* (2. Mose 15,26)

Dieser heilige und Heil schaffende Gott will nicht, dass Menschen sich anderen Gottheiten zuwenden und dort Heilung suchen. Deutlich wird das im Bericht vom erkrankten König Asa, der sich nicht an Jahwe wendet, sondern an die Ärzte (2. Chronik 16,12). Ärzte gehörten seinerzeit zum Kultpersonal heidnischer Tempel. Gott richtet sich nicht generell gegen Ärzte und Medizin, sondern gegen eine bewusste Abwendung von ihm in Krankheitsnöten, so, als sei er in diesen Dingen nicht zuständig. *Jahwe Ropheka* ist ein Protest des heiligen Gottes, ihn vom Heilungsprozess ausschließen zu wollen. Über Leben und Tod entscheiden nicht andere, sondern er allein (5. Mose 32,39; 1. Samuel 2,6).

Gott zeigt durch seinen Protest und auch durch sein zeichenhaftes Eingreifen bereits in der Zeit des Alten Testaments, dass er ein heiliger und heilender Gott ist. Doch es musste zu einer grundsätzlicheren Erlösung der Menschheit von diesem diabolisch besetzten Zusammenhang von Krankheit, Tod und Sünde kommen. Die Vorstellung vom Messias, einem Erlöser, zeigt sich klar in den späteren alttestamentlichen Texten, allerdings auch in verschiedenen Vorstellungen. Man erwartete ein Ende, eine neue Zeit des *Schalom*, des Friedensreiches, in dem keine Krankheit mehr regieren würde und auch soziale Zerwürfnisse und Neid keine Dominanz mehr haben. Dann wird der *„Herr König sein über die ganze Erde“* (Sacharja 14,9).

---

7 Vgl. 1. Mose 18,10–14; 21,1–7; 20,17; 25,21; 30,22; 2. Mose 4,6f; 4. Mose 12,10–15; 21,5–9; 1. Samuel 1,10–20; 5,6f; 6,3–5; 1. Könige 13,4–6; 17,17–24; 2. Könige 4,18–37; 5,1–19; 13,20f; 20,1–11; 2. Chronik 32,24–26; Jesaja 38.

Er wird die Mächte der Bosheit, der Krankheit und des Todes besiegen und auch der politischen Unterdrückung und Ungerechtigkeit ein Ende machen.

Gottes Heiligkeit und seine Herrschaft wird sich in einem neuen messianischen Reich zeigen. So lebte auch der jüdische Mensch zur Zeit Jesu in der Erwartung des Messias, des Anbruchs eines neuen Gottesreiches, eines Königtums Gottes. Jesaja hatte diese Ankunft bereits als eine freudige Botschaft angekündigt (Jesaja 52,7). Den Messias, den „Heiligen Gottes" würde man ausmachen können an bestimmten Kennzeichen: Er wird wie ein Gottesknecht auftreten (Jesaja 42,1–4; 49,1–6; 50,4–9; 52,13–53,12), in der Gestalt eines Kindes (Jesaja 9,5). Dieser Messias wird umfassende Heilung und Befreiung bringen.

> *Verachtet war er und verlassen von den Menschen, ein Mann der Schmerzen und mit Leiden vertraut; wie einer, vor dem man das Angesicht verbirgt, so verachtet war er, und wir achteten ihn nicht. Fürwahr, er hat unsere Krankheit getragen und unsere Schmerzen auf sich geladen, wir aber hielten ihn für bestraft, von Gott geschlagen und niedergebeugt. Doch er wurde um unserer Übertretungen willen durchbohrt, wegen unserer Missetaten zerschlagen, die Strafe lag auf ihm, damit wir Frieden hätten, und durch seine Wunden sind wir geheilt worden.* (Jesaja 53,3–5)

Dieser Retter wurde erwartet, der das Grundübel von Schuld und Sünde beseitigen und die gesamte Konsequenz der Wunden und Krankheiten tragen würde, als ein Leidender und zugleich Heilender „Sohn des Menschen", wie der Prophet Daniel diesen Endzeitmessias bezeichnet. Da zeigt sich Gott selber als ein mit Wunden bedeckter Menschensohn, als Mann der Schmerzen, und erweist gerade darin seine Heilung. Die Krankheit und die Schmerzen, ja die Todesmacht wird diesen König nicht überwinden können. Jesaja kennzeichnet die messianische Sendung mit den Worten, die Jesus zu seiner Identifizierung zitiert:

> *Der Geist des Herrn, des Herrschers, ist auf mir, weil der Herr mich gesalbt hat, den Armen frohe Botschaft zu verkünden; er hat mich*

gesandt, zu verbinden, die zerbrochenen Herzens sind, den Gefangenen Befreiung zu verkünden und Öffnung des Kerkers den Gebundenen, um zu verkündigen das angenehme Jahr des Herrn und den Tag der Rache unseres Gottes, und um zu trösten alle Trauernden; um den Trauernden von Zion zu verleihen, dass ihnen Kopfschmuck statt Asche gegeben werde, Freudenöl statt Trauer und Feierkleider statt eines betrübten Geistes, dass sie genannt werden „Bäume der Gerechtigkeit", eine „Pflanzung des Herrn" zu seinem Ruhm. (Jesaja 61,1–3)

Heilung und Befreiung sollen erfahren werden, indem die Augen der Blinden geöffnet werden (Jesaja 42,7). Die gute Botschaft (Evangelium) des Messias wird nicht nur in Worten bestehen, sondern sie wird seine Autorität durch Taten der Befreiung und Heilung offensichtlich machen.

Wenn man diesen Horizont der Messiaserwartung Israels kennt, so wird verständlich, was zu Beginn der Wirksamkeit Jesu geschah, als er die Schriftrolle in der Synagoge öffnete und Jesaja 61,1f las. Jesus proklamiert anschließend: *„Heute ist diese Schrift erfüllt vor euren Ohren!"* (Lukas 4,21). Seine Botschaft war, dass dieses Königreich Gottes angebrochen ist. Dazu gehörten Heilungen und Befreiungen nicht nur als ein Rahmenprogramm, sondern sie kennzeichneten das Auftreten von Jesus, dessen Name bedeutet „Gott rettet". In der deutschen Sprache haben wir hierfür das wunderschöne Wort „Heiland", das uns den Gott vorstellt, der umfassend heilt. Es geht ihm nicht nur um die Sündenvergebung und die Wiederherstellung einer Vertrauensbeziehung zu Gott als einem Vater, sondern um die Erfahrung, dass das Heil sich in allen Bezügen des Lebens ankündigt. Dabei ist die leibliche und seelische Dimension genauso wenig ausgenommen wie die soziale und spirituelle Dimension von Heil. So ist es verständlich, dass etwa ein Drittel aller Evangelientexte von Heilungen und Befreiungen berichten.

Dieser Gott ist ein Gott der Heilung, darauf weisen bereits die alttestamentlichen Heilungen und die messianischen Verheißungen hin. In Jesus hat dieser heilende Gott, der alle unsere Krankheit auf sich nahm und in dessen Wunden wir geheilt sind, seine Heiligkeit bezeugt.

Der Gott des Trostes

Ich kann mich noch gut erinnern. Ich saß im Gottesdienst und alle um mich herum schienen besonders gut „drauf" zu sein. Hier ein fröhliches „Hallo", da ein noch fröhlicheres „Halleluja". Der Lobpreis war für mich emotional geradezu unerträglich. „Wie können hier alle so fröhlich sein? Wisst ihr nicht, wie es mir geht?", wollte ich in die Versammlung hineinrufen. Aber dazu hatte ich keine Kraft, zumal mir meine Ärzte vor wenigen Tagen bestätigt hatten, dass ich lebensbedrohlich erkrankt sei. Ein Gefühl der Ohnmacht und Traurigkeit erfüllte mich.

So ähnlich war es mir auch ergangen, als meine Mutter sehr plötzlich mit 65 Jahren an einem Herzinfarkt gestorben war und ich anschließend einen charismatischen Gottesdienst leiten sollte. Just in dieser Versammlung war jemand, der davon berichtete, wie Gott ihn aus größter Krankheitsnot befreit hatte. Da ist nicht nur das Gefühl der Ohnmacht. Da krabbeln Fragen in meiner Seele hoch, die ich vielleicht unterdrückt habe: Hat Gott wirklich die Kraft, von der wir hier immer singen und erzählen? Hat Gott Lieblingskinder und bin ich vielleicht nicht dabei? Will Gott mich durch mein Leiden womöglich strafen oder mir etwas sagen? Muss ich ihm mehr vertrauen; bin ich ein „Kleingläubiger"?

War da überhaupt ein Ort der Klage, des Weinens, der Trauer in diesem Gottesdienst, oder gehört das einfach nicht dahin? Hatte man mir nicht schon in meiner Kinderzeit dieses Lied beigebracht, in dem es hieß: „Immer fröhlich, immer fröhlich, alle Tage Sonnenschein! Voller Schönheit ist der Weg des Lebens. Fröhlich lasst uns immer sein!"– Ganz gewiss, diese heitere, optimistische und sonnige Lebensart ist schon attraktiv, aber nun ging sie mir geradezu „auf den Wecker". Und nicht nur das: Da stimmt ja auch etwas nicht! Christen sind eben nicht immer fröhlich und erleben doch nicht nur Sonnenscheintage. Sie leiden doch auch, und zwar nicht zu wenig. Christen müssen am Sarg von Kindern und ihren Lieben weinen; sie haben ebenfalls Krankheiten, Verluste und Ängste und vieles andere mehr, was wir einfach nicht schön finden. Ich musste an die vielen Frauen und Männer der Bibel denken: Wie viel Siege haben sie doch erlebt, aber auch wie viel Not und Leiden!

Davon erzählt uns auch der Schreiber des Hebräerbriefes. Dabei erinnert er nicht nur an die heldenhaften Siege, sondern ebenso an die Niederlagen und Ohnmachtserfahrungen:

> *Doch andere in Israel ließen sich zu Tode foltern. Sie weigerten sich, die angebotene Freilassung anzunehmen; denn sie wollten zu einer weit besseren Auferstehung gelangen. Andere wiederum wurden verspottet und ausgepeitscht, gefesselt und ins Gefängnis geworfen. Sie wurden gesteinigt, zersägt und mit dem Schwert hingerichtet. Sie zogen in Schaf- und Ziegenfellen umher, Not leidend, bedrängt, misshandelt. Wie Flüchtlinge irrten sie durch Wüsten und Gebirge und lebten in Höhlen und Erdlöchern.* (Hebräer,11,35–38; GN)

Soll mir nun dieser Text eine Hilfe sein, nach dem Motto: Andere haben ja auch großes Leid erlebt, obwohl sie zu Gottes Volk zählten? Der Verfasser des Hebräerbriefes stellt diese alttestamentlichen „Glaubenshelden" in ihrer Tapferkeit wie ein Vorbild hin, obwohl sie noch nicht von der Auferstehungshoffnung erfüllt waren, die wir Christen in unserem Leben haben dürfen. Und dennoch lesen wir an unterschiedlichen Stellen des Neuen Testaments vom Leiden der Christen, angefangen bei der Seligpreisung der Trauernden, über die Erfahrung von Ablehnung und Tod, von Ängsten und Krankheiten (Matthäus 5,4; Johannes 16,33; Römer 8,23; Apostelgeschichte 5,41; Römer 8,17f; 2. Korinther 1,5; 4,9; 6,4ff; Philipper 3,10; Kolosser 1,24; 1. Petrus 5,10; Jakobus 5,13;).

Vielfach wird ein solches Leiden allerdings als Folge der Christuszugehörigkeit gedeutet, etwa als Verfolgung oder Ablehnung. So neigen einige Bibelausleger dazu, den Begriff Krankheit hier herauszunehmen und die neutestamentliche Rede vom „Leiden" von der Erfahrung von Krankheit zu unterscheiden. Sie kommen zu der theologischen Auffassung: Leiden gibt es zwar im Leben von Christen, aber Krankheiten gehören nicht dazu. Wenn sie auftreten oder benannt werden, dann ist es nur eine Frage der Zeit, wann sie von dem auferstandenen und erhöhten Christus hier und jetzt schon weggenommen werden.[8]

Die Erfahrung der Gottesnähe im angebrochenen Reich Gottes hier auf der Erde würde sodann bedeuten, dass jegliche Krankheitserfahrung oder auch Ängste hier keinen Platz mehr haben. „Ein Christ hat keine Ängste, oder er ist kein Christ! Ein Christ ist nicht krank, weil er in den Wunden Christi schon geheilt ist!" Derartig vollmundige theologische Behauptungen, die nicht nur in extremeren Glaubensbewegungen anzutreffen sind, lassen aufhorchen, aber sie entbehren meines Erachtens einer biblischen Grundlage. Allein die Tatsache, dass enge Mitarbeiter des Apostels Paulus krank waren oder krank zurückbleiben mussten (Philipper 2,25–30; 1. Timotheus 5,23; 2. Timotheus 4,20), zeigt zumindest, dass Krankheit nicht immer sofort durch ein Glaubensgebet weicht. Und dann ist da noch die Erfahrung, die Paulus selbst als „Pfahl im Fleisch" bezeichnet.

Damit ich mich wegen der außerordentlichen Offenbarungen nicht überhebe, wurde mir ein Pfahl fürs Fleisch gegeben, ein Engel Satans, dass er mich mit Fäusten schlage, damit ich mich nicht überhebe. Seinetwegen habe ich dreimal den Herrn gebeten, dass er von mir ablassen soll. Und er hat zu mir gesagt: Lass dir an meiner Gnade genügen, denn meine Kraft wird in der Schwachheit vollkommen!

(2. Korinther 12,7–9)

8 Francis MacNutt postuliert: „Leiden gehört zur Berufung des Christen; Krankheit aber – als eine bestimmte Art des Leidens, die durch inneren Zusammenbruch entsteht – ist nicht von Jesus gewollt" (MacNutt: *Beauftragt* 92). Ähnlich argumentieren C. Peter Wagner: *Der gesunde Aufbruch*; K. E. Hagin: *Heilung gehört uns*; W. Margies: *Heilung*; D. Prince: *Heilung und Gesundheit* 19; W. J. Ouweneel: *Heilt die Kranken* 185ff. Auch die Pioniere des sogenannten „Faith-Cure-Movement" differenzieren zwischen Leiden und Krankheit (Andoniram J. Gordon; Andrew Murray).

Eine sorgfältige Exegese gibt keinen Hinweis, dass mit dem Pfahl (griech. *skolops*, auch Dorn) im Fleisch (griech. *sarks*) ein nichtphysisches Leiden gemeint sein könne.[9] Es handelt sich hier offenbar um eine körperliche Leidenserfahrung, die allerdings nicht näher bezeichnet wird. Der Apostel deutet es als diabolischen Angriff, wenn es heißt, dass „ein Engel Satans ihn mit Fäusten schlägt". Auf seine mehrfache inständige Bitte um Befreiung und Heilung empfängt er einen Zuspruch, den er so sicher nicht erwartet hat: „Lass dir an meiner Gnade genügen, denn meine Kraft ist in dem Schwachen mächtig!"

Eine solche Antwort muss nicht zwingend bedeuten, dass dieser Pfahl im Fleisch einfach nur so hinzunehmen sei als etwas „Normales". Im Gegenteil zeigt der Trost Gottes auf, dass die Gnade stärker ist als alle Erfahrung von körperlicher oder auch seelischer Schwäche und Krankheit. Paulus sollte sich nicht an seiner Schwachheit genügen lassen, sondern an der Gnade Gottes! In diesem Zuspruch hat nicht nur der Apostel seinerzeit den tröstenden Gott erlebt, sondern ungezählte Christen durch all die Jahrhunderte hindurch. Besonders auch jene, die mit einer angeborenen Erkrankung leben lernen mussten. Wenn Christen im Evangelium lediglich die Überwindung von Krankheit und Tod erkennen und nicht auch den Trost mitten in Krankheit und Tod und Trauer, so können sie kaum etwas von diesem Gott des Trostes erzählen.

Der erlösende Gott, der sich in Christus offenbart hat, zeigt sich bereits als tröstender Gott zur Zeit des Alten Testaments. Im hebräischen Wort *nicham* liegt der Klang von „seufzen", einem Mitleiden. Der entscheidende Trost geht von Gott selber aus. *„Du bist meines Herzens Trost!"* (Psalm 73,25ff). Gott tröstet durch sein Wort, durch

9 In seiner sorgfältigen Zusammenstellung der exegetischen Arbeiten zu 2. Korinther 12,7 fasst Roland Scharfenberg folgendermaßen zusammen: „Die Deutung des Stachels ist umstritten. Die früheren Interpretationen als Leiden in der fleischlichen Natur des Apostels wurden in der neueren Exegese mehrheitlich vom Verständnis des Stachels als Krankheit abgelöst" (Scharfenberg, R.: *Wenn Gott nicht heilt* 487).

Gebetserhörung, durch seinen Beistand im Todestal. Im Psalm 23, wohl einem der bekanntesten Trostgebete, bekennen wir mit den Worten Davids:

> *Und wenn ich auch wanderte durchs Tal des Todesschattens, so fürchte ich kein Unglück, denn du bist bei mir; dein Stecken und dein Stab, die trösten mich.* (Psalm 23,4)

Seinen Trost gibt Jahwe seinem angefochtenen Gottesvolk mit den Worten des Propheten Jesaja weiter:

> *Wie einen, den seine Mutter tröstet, so will ich euch trösten.* (Jesaja 66,13)

Die Mütterlichkeit Gottes drückt sich gleichsam in der hebräischen Begrifflichkeit für den Geist Gottes aus. *Ruach* ist weiblich.[10] In der Verheißung des Heiligen Geistes spricht Jesus vom „Tröster" (griech. *parakletos*), der kommen soll (Johannes 14,16). Gott spricht Worte des Lebens hinein in alle sprachlose und atemlose Leidenserfahrung. Er berührt einen Menschen in der Tiefe der Seele, wie es nur dem Schöpfer und Erhalter des Lebens selber möglich ist.

Der Trost Gottes ist eine therapeutische Erfahrung, welche die Gottesferne aufbricht. Gott selber stimmt mit ein in das Seufzen seiner Schöpfung (Römer 8,22.26). Der Messias hat nicht nur die Autorität, Leiden, Krankheit und Tod hier und jetzt zu entmachten, sondern er hilft, diesem mit Autorität zu widerstehen und sich davon nicht bestimmen zu lassen. Er ist der „Gott des Ausharrens und des Trostes" (Römer 15,5). Diesen Trost Gottes deuten Christen immer durch das Mitleiden des Christus. Die bekannte Jesaja-

---

10 Die Metapher von der geistlichen Neugeburt legt nahe, von einer „gebärenden Gottheit" (J. Moltmann) zu sprechen. Der Trost erinnert an eine Mutter. Schon bei den syrischen Wüstenvätern (z. B. Simeon von Mesopotamien) finden wir das „Mutteramt des Heiligen Geistes". Graf von Zinzendorf ließ das Mutteramt des Heiligen Geistes sogar 1744 in den Rang einer Gemeindedoktrin für die Brüdergemeine erheben. Vgl. Moltmann, J.: *Der Geist des Lebens* 173ff.

verheißung weist darauf hin, dass der erwartete Messias „ein Mann der Schmerzen“ und „mit Leiden vertraut“ ist. Er ist es, der „unsere Krankheit getragen und unsere Schmerzen auf sich geladen“ hat (Jesaja 53,3–4). Paulus bekennt diesen Gott des Trostes mit den Worten:

> *Gelobt sei der Gott und Vater unseres Herrn Jesus Christus, der Vater der Barmherzigkeit und Gott alles Trostes, der uns tröstet in all unserer Bedrängnis, damit wir die trösten können, die in allerlei Bedrängnis sind, durch den Trost, mit dem wir selbst von Gott getröstet werden. Denn wie die Leiden des Christus sich reichlich über uns ergießen, so fließt auch durch Christus reichlich unser Trost.* (2. Korinther 1,3–5)

Den Trost erfahren Christen durch die „Tröstungen des Evangeliums“ im Wort Gottes, in der Gemeinschaft der Heiligen und in seiner Gegenwart in Brot und Wein. Sie werden konkret im Zuspruch und der barmherzigen Nähe in Zeiten der Einsamkeit und Verlassenheit. Trost ereignet sich nicht nur in Worten, sondern primär in der Präsenz der Mitfühlenden, Mitleidenden und Mitschweigenden. Besonders ereignet sich der Trost in der Geistesgabe der Paraklese, der Seelsorge, des Zuspruchs (Römer 12,8). Er wird ebenso erfahren in konkreter Unterstützung und Hilfeleistung.

Als ich seinerzeit so traurig im Gottesdiensten saß und diesen Trost suchte, wurde ich durch den Heiligen Geist an den auferstandenen und segnenden Jesus erinnert. Er sagte: „*Warum seid ihr so bekümmert? Seht meine Hände und Füße, dass ich es selbst bin!*“ (Lukas 24,39). Was aber sahen die Jünger da? Es waren offensichtlich die Wundmale in den Händen und an den Füßen des Auferstandenen. Doch dieser von den Wundmalen Gekennzeichnete stellt sich ihnen vor als der Pantokrator, dem alle Autorität im Himmel und auf der Erde gegeben ist (Matthäus 28,18). Von ihm werden sie gesegnet.

So segnet der erhöhte Christus auch heute. Mir war es, als wenn er eine Hand erhob und mir sagte: „Ich habe hier und heute die Macht, jede Krankheit, jeden Tod von dir zu nehmen. Ich bin der Todesüberwinder und Heiland!“ Sodann erhob er die andere Hand zum Segen mit den Worten: „Ich habe hier und heute die Macht, dich in jeder Krankheitsnot zu tragen und dir in der Stunde des Todes nahe zu sein.“ So sah ich in dem auferstandenen Christus zugleich den Heilenden und den Tröstenden, den Überwinder und den, der mit mir durch das Tal des Todes geht.

Beide Hände des segnenden Heilandes, dem alle Macht im Himmel und auf der Erde gegeben ist, brauchen wir heute. Wir bezeugen seine Autorität, wenn er uns das Leiden und die Krankheit nimmt und uns heilt. Wir bezeugen seine Macht ebenso, wenn er uns mitten im Leiden und in der Krankheit trägt und tröstet. Diese beiden Hände Jesu gehören zusammen.

Kürzlich sagte mir ein befreundeter Pastor, der durch sehr viel Krankheitsnot und Leiden gehen musste: „Ich weiß nicht, was für mich schöner und wichtiger ist, die Segnungen in der Höhe des Lebens oder die Segnungen in den Tälern meines Lebens. Diesen Jesus liebe ich, denn er lässt mich niemals fallen!“

Eindrücklich war auch das Erleben mit Isabell. Sie kam gemeinsam mit ihrem Ehemann zum Ältestengebet (vgl. Jakobus 5,14ff). Die Ärzte hatten bei ihr einen Gehirntumor diagnostiziert. Diese Diagnose wurde nochmals in einer auswärtigen Spezialklinik bestätigt. Die Operation sollte schon in zwei Tagen stattfinden. Wir beteten und legten ihr die Hände auf und segneten sie mit heilender Kraft von Jesus. Sodann salbten wir sie mit Öl, als Zeichen seiner Berührung und Nähe. – Als die Ärzte vor der Operation nochmals eine Untersuchung machten, stellten sie fest, dass der Tumor nicht mehr auffindbar war. Sie erlebte eine Spontanheilung.

Es war nicht das erste Mal, dass Isabell die heilende Kraft Jesu erlebte. Schon einmal war sie von einer Krebserkrankung geheilt worden; die Heilung hatte sich allerdings im Miteinander von Gebet und medizinischer Behandlung ereignet. – Einige Jahre nachdem sie das Wunder der Heilung von einer Tumorerkrankung erfahren hatte, litt Isabell unter einer zunehmenden körperlichen Schwäche. In einer Nacht stand ihr Herz plötzlich still (Herzstillstand). Ihr anwesender Ehemann verständigte umgehend den medizinischen Notdienst und versuchte seine leblose Frau wiederzubeleben. Gott schenkte Gnade und sie konnte gerettet werden. Allerdings wurde sie in ein künstliches Koma verlegt, damit das Herz neu zur Ruhe und Kraft käme. Doch nach mehreren Versuchen, sie aus dem Koma ins Bewusstsein zurückzuholen, hatten die Ärzte kaum noch Hoffnung.

Der Ehemann bat mich, nochmals über seiner Frau zu beten. Sie habe ja schon zweimal eine Heilung erlebt, zumal er mit ihr noch einige wichtige Dinge klären wollte. So war ich am Bett auf der Intensivstation, legte ihr erneut im Namen Jesu die Hände auf, salbte sie mit Öl und hörte mich sagen: „Du sollst leben, denn dein Herr lebt auch!" – Wenige Stunden später erwachte sie aus dem Koma und war zur Überraschung der Mediziner voll ansprechbar. Es war wie ein Wunder und sie konnte mit ihrem Ehemann so manche Dinge klären, besprechen und mit ihm und dem erwachsenen Sohn und seiner Familie beten.

Doch nach einigen Tagen wurde sie wieder schwächer. Nochmals wurde ich zum Gebet gerufen. Als ich auf dem Wege zu ihr ins Krankenhaus war, betete ich für sie und zwar in einer Gebetssprache (Gabe der Glossolalie). Ich wusste wirklich nicht, wie ich nun beten sollte, aber ich wusste, dass der Geist mich mit „unaussprechlichen Seufzern" vertritt (Römer 8,26). Ich traf Isabell gemeinsam mit ihrem Mann. Als ich ihr erneut die Hände auflegte, spürte ich, dass ich um den Trost Gottes beten solle, der ihr in aller Schwachheit Frieden schenken könne. Es war ein sehr friedvoller Moment. Anschließend konnte sie mit ihrer Familie das Abendmahl nehmen.

Die Zeit war voller Frieden und gefüllt von der Gegenwart Gottes. Wenige Stunden später schlief sie im Beisein von ihrer Familie ein. Jesus hatte sie erlöst von ihrer Schwachheit und ihrem Leiden. Er hatte sie an seine Hand genommen und durch das Todestal zum Leben geführt. „Ich habe die Kraft und Autorität Jesu erlebt", sagte mir ihr Sohn. „Jesus hat unsere Herzen erfüllt mit einem Trost, den nur er geben kann. Es war ein heiliger Moment in der Gegenwart

Gottes, als meine Mutter den letzten Atemzug hier aushauchte. Gott ist ein Gott der Heilung, aber er ist auch ein Gott des Trostes!"

Der Gott des Friedens

Nur zögerlich kam sie auf mich zu. Ihr graues Haar war schon etwas dünn und ihr Rücken gebeugt. „Können Sie mir helfen? Kann Jesus mir helfen?" Ängstlich schaute sie mich an. Gerade hatte ich noch gepredigt und nachdrücklich darauf hingewiesen, dass Jesus auch heute noch Menschen verändern und berühren kann und sich als Heiland erweist, indem er unter uns Heilungen wirkt. Wir zogen uns in einen Nebenraum zurück, um Zeit zum Gespräch und Gebet zu haben. „Wissen Sie, ich bin schon lange in der Nachfolge Jesu und ich liebe ihn wirklich. Doch seit nunmehr fast zehn Jahren leide ich an enormen Nierenschmerzen. Ich habe bereits viele Ärzte, Seelsorgerinnen und Therapeuten aufgesucht, doch niemand konnte mir helfen. Sie sagen mir, dass meine Nierenwerte vollkommen normal sind und auch die anderen inneren Organe meinem Alter gemäß in Ordnung seien. Aber ich bilde es mir doch nicht ein! Die Schmerzen sind oft unerträglich."

Die Tränen dieser älteren Frau bewegten mich sehr. Mehr hilflos riet ich ihr: „Wir können natürlich hier sofort beten, aber ich schlage vor, dass wir den Heiligen Geist in den nächsten drei Tagen bitten, dass er uns bei der Diagnostik hilft, sodass wir dann auch konkreter beten können. Was meinen Sie?" – Sie nickte und sogleich baten wir den Heiligen Geist um seine Hilfe. – Es dauerte gar keine drei Tage. Schon am nächsten Tag trafen wir uns wieder, denn in einem Traum hatte der Geist Gottes offenbar auf eine Ursache des Leidens hingewiesen. „Heute Nacht träumte ich von meiner jungen Ehezeit. Mein Mann ist ja schon länger verstorben und wir hatten auch eine sehr schwierige Ehe", berichtete sie mir:

> „Meine Schwiegermutter, auch eine tiefgläubige und in ganz Deutschland hoch geachtete Frau, war gegen unsere Eheschließung; ja, sie war wohl irgendwie neidisch auf mich? Wir lebten damals nach dem Krieg in sehr ärmlichen Verhältnissen und so teilten wir

Ich habe in den vielen Jahren der Seelsorge immer wieder erfahren, welche Kraft die Vergebung hat. Wir empfangen durch Jesus nicht nur die Vergebung unser Sünden, sondern wir werden zu Menschen, die selber vergeben können. Dieser Zusammenhang von Vergebung und Heilung zieht sich wie ein roter Faden durch das biblische Zeugnis. Die Überwindung des Bösen, die Jesus am Kreuz als Friedefürst gewirkt hat, ist nicht nur eine gute Nachricht für Täter, sondern auch für Opfer.[11] Das Kreuz hat sowohl eine vertikale als auch horizontale Dimension. Es geht immer um eine Versöhnung zwischen Gott und Mensch und zwischen Mensch und Mensch. Ja, noch umfassender ist dieses Heilungsgeschehen des Messias, der alle unsere Übertretungen auf sich nahm und durch dessen Wunden wir geheilt sind (Jesaja 53): Er schafft Frieden und Versöhnung zwischen Menschen, Völkern und ganzen Systemen dieses Universums. Jesus ist der Retter der gesamten Schöpfung und er versöhnt uns miteinander in der Schöpfungsgemeinschaft.

Diese soziale Dimension von Heilung ist begründet im Wesen Gottes, der als „Gott des Friedens" (Richter 6,24; 1. Korinther 14,33; 2. Korinther 13,11; Hebräer 13,20) bekannt wird:

> *Er selbst aber, der Gott des Friedens, heilige euch durch und durch, und euer ganzes Wesen, der Geist, die Seele und der Leib möge untadelig bewahrt werden bei der Wiederkunft unseres Herrn Jesus Christus!* (1. Thessalonicher 5,23)

Er wird als der „Friedefürst" (Jesaja 9,5), der ewig Friedensstiftende (Jesaja 9,6; 54,10; Jeremia 29,11; Lukas 2,14; Johannes 14,27;) verheißen und als „unser Friede" gelobt (Epheser 2,14). Das hebräische *Schalom* weist auf den Zusammenhang von Versöhnung, Verge-

11 „Die Solidarität des gekreuzigten Christus mit den Opfern des Bösen ist nur der erste Schritt zu ihrer Befreiung. Die Vergebung der Schuld der Täter ist die Voraussetzung für ihre wahre Geburt" (Moltmann, J.: *Im Ende der Anfang* 109). Siehe auch: Moltmann, J.: *Die Vergebung der Sünden … und wer rechtfertigt die Opfer?* In: Moltmann, J.: *So komm, dass wir das Offene schauen* 90–95.

bung und Heilserfahrung hin. Friede ist der „ungestörte, geordnete, heile Zustand".[12] Der Friede Gottes setzt Gott und seine Schöpfung, sein Volk und die Gemeinde Jesu miteinander in einen versöhnten Frieden, der sich im angebrochenen Reich Gottes manifestiert (Römer 14,17).

Christen erfahren einen Frieden, der höher ist als alle Vernunft (Philipper 4,7), und werden zu Friedensstiftern in der Kraft des Heiligen Geistes (Matthäus 5,9; 1. Korinther 7,15; Galater 5,22). Das Gegenteil von Frieden ist Feindschaft, die sich in menschlicher Zerrissenheit, Hass, Ablehnung, Streit, Krieg und Mord äußert, aber auch in den vielen Nuancen menschlichen Neidens und Vergleichens. Die Bibel sieht den Ursprung aller Feindschaft in dem großen Bruch des Menschen zu Gott (1. Mose 3). Nur durch die Versöhnung des Friedefürsten Jesus kann diese Feindschaft überwunden werden.

> *Euch, die ihr einst entfremdet und feindlich gesinnt wart in den bösen Werken, hat er jetzt versöhnt.* (Kolosser 1,21)

Christen werden als Versöhnte zu Versöhnern, als Feinde zu Friedensstiftern. Heilung im umfassenden Sinn kann ohne diese sozialen Bezüge nicht geschehen. Die Gemeinschaft der Christen soll ein Ort der Heilung sein, bei dem kranke, unversöhnte, geschwächte und „mikropsychische"[13] Menschen Friede und Heil erfahren.

Die Vorstellung, dass Heilung lediglich ein individuelles Geschehen ist, unabhängig von den sozialen Einbindungen eines Kranken, ist nicht deckungsgleich mit dem umfassenden Heilwerden, das uns in den biblischen Texten begegnet. Eine Krankheit eines Einzelnen ist niemals losgelöst von seiner Familie und seinen sonstigen Beziehungen zu diagnostizieren. „Der Gott des Friedens" stellt sich uns vor als ein Gott der sozialen Vertrauensbeziehungen. Allein

---

12 Scheffbuch, R.: „Heil/Frieden/Rettung" in: Grünzweig, F. u. a. (Hg.): *Brockhaus Biblisches Wörterbuch* 173.

13 Vgl. 1. Thessalonicher 5,14. Der griech. Begriff *mikropsychisch* wird häufig mit „kleinmütig" übersetzt.

die Offenbarung Gottes in der sozialen Einheit als Vater – Sohn – Geist bezeugt, dass im Wesen Gottes selber heilende Gemeinschaft begründet ist. Ein Mensch kann nicht mit Gott in Frieden sein und mit seinem Nächsten im Krieg. Anbetung und Gottesgemeinschaft ist nicht möglich, wenn das Herz eines Menschen in Feindschaft und Unversöhnlichkeit gebunden ist (Matthäus 5,23–24).

> *Wenn jemand sagt: „Ich liebe Gott" und hasst doch seinen Bruder, so ist er ein Lügner, denn wer seinen Bruder nicht liebt, den er sieht, wie kann der Gott lieben, den er nicht sieht?* (1. Johannes 4,20)

Die Erfahrung von Heilung und Trost, die Gott in Jesus und im angebrochenen Reich Gottes zeichenhaft schenkt, zielt nicht nur auf körperliche oder seelische Wiederherstellung und Genesung, sondern sie beinhaltet sogleich eine soziale und spirituelle Dimension. Die Evangelisten berichten über die Heilung einer Frau, die jahrelang an Blutungen litt. Ärzte konnten ihr nicht helfen. Nach jüdischem Recht war sie somit ausgeschlossen aus dem Beziehungsgeflecht der Synagoge. Durch die Berührung mit Jesus erlebt sie eine umfassende Heilung. Jesus spürt, dass eine Kraft (griech. *dynamis*) von ihm ausgegangen ist. Doch sodann legt er Wert darauf, dass diese Frau auch wieder eingegliedert wird in die Gemeinschaft. Als sie sich ängstlich zu erkennen gibt, sagt er zu ihr: „*Sei getrost, meine Tochter! Dein Glaube hat dich gerettet; geh hin in Frieden!*" (Lukas 8,48). Die Blutung war bereits gestillt (vgl. Lukas 8,44), doch nun sagt Jesus ihr, dass sie „gerettet" ist. Hier wird der griechische Begriff *sozein* verwendet, der auf eine spirituelle Heilung hinweist. Diese Frau ist durch den Glauben wieder in eine heile Gottesbeziehung gekommen. Jesus spricht sie an als „Tochter" und zeigt damit, dass sie zum Volk Gottes gehört. Sie soll in Frieden weiterleben, in einer heilen sozialen Einbindung.

Die soziale Dimension und sogar die spirituelle Dimension von Heilung und Gesundheit wurden auf dringendes Anraten der Mediziner aus der nichtwestlichen Welt von der Weltgesundheitsorganisation (WHO) im Jahr 1998 mit aufgenommen: „Gesundheit ist ein

Zustand vollkommenen körperlichen, geistigen, spirituellen und sozialen Wohlbefindens und nicht allein das Fehlen von Krankheit und Gebrechen."[14]

Ein solcher ganzheitlicher Ansatz, der Krankheit nicht auf ein individuelles physisches, psychisches oder geistiges Problem reduziert, sondern sowohl die zwischenmenschliche und soziale als auch die spirituelle Beziehung des Menschen im Blick hat, findet in der westlichen Welt nur eine zögerliche Annahme.

Auf dem afrikanischen Kontinent oder auch im lateinamerikanischen und asiatischen Raum ist es durchaus normal, dass ein Patient nicht nur als Einzelperson in eine Klinik kommt, sondern in Begleitung eines oder mehrerer Familienangehörigen oder Freunde.

Hierzulande scheint so etwas nicht finanzierbar zu sein. Ganz zu schweigen von einer sogenannten „spirituellen Anamnese", bei der ein Patient nach seiner Gottesbeziehung gefragt wird. Sie ist selbst in kirchlich geführten Krankenhäusern bei einer Diagnose noch die Ausnahme. Umso mehr ist eine engere Zusammenarbeit zwischen Medizinern, Therapeuten und Theologen und Seelsorgern erstrebenswert. Wenn im Raum der Gemeinschaft von Christen, in der christlichen Gemeinde, kranke Menschen Hilfe suchen, so sollte eine solche Hilfe allerdings nicht nur auf eine spirituelle oder physische Heilung zielen, sondern auf die Erfahrung von Heilung und Trost durch eine Gemeinschaft, die vom Geist des Friedens und der Liebe Gottes geprägt ist. So krankmachend auch soziale Beziehungen bzw. fehlenden Beziehungen sein können, so ist die heilende Gemeinschaft von unschätzbarem Wert. Paulus beschreibt eine solche Sozietät wie eine seelsorgerliche heilende Verbindung:

> *Die Liebe sei ungeheuchelt! Hasst das Böse, haltet fest am Guten! In der Bruderliebe seid herzlich gegeneinander; in der Ehrerbietung komme einer dem anderen zuvor! Im Eifer lasst nicht nach, seid*

14 „Health is a dynamic state of complete physical, mental, spiritual and social well-beeing und not merely the absence of disease or infirmity" (WHO, Executive Board 101).

brennend im Geist, dient dem Herrn! Seid fröhlich in der Hoffnung, in Bedrängnis haltet stand, seid beharrlich im Gebet! Nehmt Anteil an den Nöten der Heiligen, übt Gastfreundschaft! Segnet, die euch verfolgen, segnet und flucht nicht! Freut euch mit den Fröhlichen und weint mit den Weinenden! Seid gleich gesinnt gegeneinander, trachtet nicht nach hohen Dingen, sondern haltet herunter zu den Niedrigen; haltet euch nicht selbst für klug! Vergeltet niemand Böses mit Bösem! Seid auf das bedacht, was in den Augen aller Menschen gut ist. Ist es möglich, soviel an euch liegt, so haltet mit allen Menschen Frieden. (Römer 12,9–18)

Der Gott des Friedens ist ein Heiland der Beziehungen und Gemeinde kann ein „Heil-Land" werden,[15] wo der Gott des Friedens Vergebung und Versöhnung wirkt. Eine solche soziale Heilung muss von körperlich oder seelisch erkrankten Menschen allerdings ebenfalls gewünscht werden. Es ist durchaus denkbar, dass Gott in seiner Gnade einem Kranken eine spontane körperliche oder auch psychische Heilung gibt, die dann allerdings nur kurze Zeit währt.

Sicher sind alle Heilungen angesichts des Sterbens etwas Vorläufiges und sie behalten einen Hinweischarakter im Sinne eines „Zeichens" (griech. *semeion*) auf das angebrochene Reich Gottes. Auch ein Lazarus oder eine vom Tode auferweckte Tabea sind erneut gestorben. Es gibt allerdings auch auffallende Rückfälle, die nach einer Spontanheilung eines Menschen eintreten können, wenn dieser sich gegen eine soziale Heilung geradezu wehrt oder sie ablehnt oder womöglich selbst zerstört.

Ich denke an eine junge Frau, die über viele Jahre aufgrund einer Erkrankung an den Rollstuhl gebunden war. In einem Heilungsgottesdienst erlebte sie eine spontane Heilung. Sie konnte laufen und umhergehen. Im Laufe dieser Heilung erlebte sie allerdings auch, dass sie nun viele Bequemlichkeiten[16] aufgeben musste. Ihr wurde z. B. die Arbeitsfähigkeit bescheinigt. Innerlich wehrte sie sich gegen

15 Vgl.: Zulehner, P./Bernaek, M.: *Gemeinde als Heil-Land.*

16 Sigmund Freud hat vom „sekundären Krankheitsgewinn" gesprochen. Vgl. Zaudig, M. u. a.: *Therapielexikon* 401f.

ein angeblich so anstrengendes Berufsleben. Auch die finanziellen Unterstützungen, die ihr als Kranke zukamen, bis hin zu der Aufmerksamkeit, die einem Menschen zukommt, wenn er im Rollstuhl sitzt, blieben aus. Innerlich lehnte sie die Heilung zunehmend ab. Nach und nach trat die Krankheit mit allen Symptomen erneut auf.

Die soziale Dimension von Heilung wird mir häufig in den oft spontanen Gebeten in Gottesdiensten deutlich. Als vor einiger Zeit eine Dame unser Gebetsteam aufsuchte, weil sie schon über viele Monate enorme Rückenbeschwerden und Verspannungen hatte und nur noch mit Schmerztabletten durch die Tage kam, hatten die Beterinnen und Beter den Eindruck, sie sollten sie fragen, ob sie nicht auch für den Ehemann dieser Frau beten dürfen. „Auf gar keinen Fall! Er ist unmöglich und behandelt mich wie ein Stück Dreck!", kam die spontane Antwort. Es schloss sich ein längerer Seelsorgeprozess an, bei dem die soziale Heilung bedacht wurde. Je mehr die Ehe wieder ins Lot kam, umso mehr erlebte die Frau auch körperliche Heilung.

Ich weise in diesem Zusammenhang allerdings darauf hin, dass hier keine einfachen Zusammenhänge bestehen, wie einige erfahrene Seelsorger sie vermuten könnten oder sogar in Lehrbüchern zu vermitteln suchen. Krebs muss nicht immer mit Verbitterung zu tun haben und Osteoporose nicht prinzipiell durch den Neid und die Eifersucht des kranken Menschen begründet sein.[17] Derartige Erfahrungstheorien entbehren der Sorgfalt und der geistlichen Wachheit, die in einer Differenzialdiagnostik geboten sind.

Sicher hat Gott unterschiedliche Mandate im Heilungsgeschehen gegeben. Es gibt Christen, denen er ein Heilungscharisma gegeben

17 „Prostatakrebs wird durch Wut, Schuld, Selbsthass und Bitterkeit gegen sich selbst verursacht. Jede Krebsart mit geistlicher Wurzel geht mit irgendeiner Art von Bitterkeit gegen jemanden aus irgendeinem Grund einher." –„Die Wurzel von Osteoporose ist Neid und Eifersucht, das ist übereinstimmend mit Gottes Wort." (Wright, H. W.: *Der herausragende Weg*. 260. 298).

hat, das sich vorwiegend auf innere Heilung oder Heilung von psychischen Krankheiten bezieht. Wieder jemand anderes kann von Gott in der Seelsorge gebraucht werden, damit krankhafte soziale Strukturen aufgedeckt und therapiert werden können. Und wieder andere Christen gebraucht Gott, indem ein Mensch vorrangig zu einer spirituellen Heilung geführt wird. Da werden kranke Menschen mit allen ihren seelischen Brüchen z. B. an das „Vaterherz" Gottes geführt und erleben darin eine sich ausbreitende Heilung. Immer wieder erlebe ich, wie die eigene Heilungskompetenz und -begabung geradezu ignorant machen kann in Bezug auf andere Heilungsmandate. Auch hier brauchen wir es, dass der Gott des Friedens das zusammenhält und versöhnt, was zusammengehört. Der spirituelle Heilungsdienst ersetzt nicht alle anderen Wege, die der Gott der Heilung, des Trostes und des Friedens für kranke Menschen bereithält.

Der Gott der Hoffnung

„Jesus hält immer Heilung bereit! Ein Christenmensch ist nicht dazu berufen, die Krankheit in seinem Leben zu akzeptieren. Wir widerstehen im Namen des Herrn Jesus diesen Krankheitsmächten. Jesus hat alle geheilt, die ihn um Heilung gebeten haben, und er will es auch heute tun! Das ist das volle Evangelium. Jesus ist nicht nur dafür gestorben, dass unsere Sünden vergeben werden, sondern auch, dass unsere Krankheiten geheilt sind!" Markus, ein junger Heilungsevangelist, war begeistert und überzeugt von dem, was er da sagte. Und doch hatte ich meine Fragen. Als er in einem Nachbarort zu einem Dienst bei einem Heilungsgottesdienst eingeladen wurde, lernte ich ihn näher kennen.

Noch war ich beeindruckt von den vielen Menschen, die im Anschluss an seine Verkündigung nach vorne drängten, damit er ihnen im Namen Jesu die Hände auflegte und sie Heilung empfingen. Einige hatte es offenbar stark bewegt, sodass sie bei dem Gebet anfingen zu taumeln und schließlich in sich zu Boden sanken. Doch nach kurzer Zeit erhoben sie sich freudestrahlend und riefen in die Versammlung: „Preist den Herrn! Ich bin geheilt!"

Und dennoch bemerkte ich auch, dass ein junges Mädchen nur sehr schleppend mit Gehhilfen nach vorn kam. Sie hatte Tränen in den Augen, als sie mit den gleichen Gehhilfen wieder zurück an ihren Platz ging. Als ich Markus anschließend danach fragte, wie er denn die Nichtheilung von diesem jungen Mädchen und auch anderen im Saal deutete, erwiderte er: „Sie sind alle geheilt! Es ist nur eine Frage des Glaubens. Bei manchen braucht die Heilung etwas Zeit." Meinte Markus wirklich, was er da sagte? Ich konnte es kaum fassen.

Die Kirchengeschichte und auch die Gegenwart zeigte mir eine Wirklichkeit, in der tiefgläubige Frauen und Männer durch schwere Krankheitsnöte gehen mussten. Kritisch fragte ich nochmals bei Markus nach: „Glaubst du wirklich, dass Jesus alle Krankheiten hier und jetzt schon geheilt hat und von dir und uns genommen hat?" Daraufhin zog er seine Bibel aus der Tasche und las die Worte laut wie ein Glaubensbekenntnis vor: *Fürwahr, er hat unsere Krankheiten getragen und unsere Schmerzen auf sich geladen … und durch seine Wunden sind wir geheilt* (Jesaja 53,4.5). „Das ist Gottes Wort und das ist wahr! Daran werde ich nicht zweifeln!", gab Markus mir unmissverständlich zu verstehen. Daraufhin fragte ich ihn, warum er denn immer noch eine Brille trage, wenn er jetzt schon geheilt sei, dann brauche er diese doch auch nicht mehr, oder? – Die Antwort ist er mir schuldig geblieben, wenngleich wir bis heute in Freundschaft verbunden sind. Aber in Sachen Heilung haben wir wohl unterschiedliche theologische Positionen.

Selbstverständlich ist das Wort Gottes auch für mich verbindliche Wahrheit. Ich war und bin davon zutiefst überzeugt, dass die Evangelienberichte über das Wirken und Leben Jesu keinen anderen Schluss zulassen, als dass Jesus ganz offensichtlich viele Kranke geheilt und dämonisierte Menschen befreit hat. Selbst in der Apostelgeschichte lesen wir von Heilungen und Totenauferweckungen.

Lag es denn nun einfach an unserem mangelhaften Glauben, dass diese Wunderheilungen heute nicht mehr so häufig geschehen? Oder hatten womöglich jene recht, die behaupteten, dass in unserer Zeit ja die Medizin Hervorragendes leiste und Gott nun die Medizin gebrauche? Oder sollten Heilungen als begleitende Zeichen und Wunder lediglich auf die apostolische bzw. vorkanonische Zeit beschränkt sein?[18]

Alle diese theologischen Deutungsversuche überzeugen mich nicht. Dass Jesus der erwartete Messias ist, in dessen Wirksamkeit Heilung, Befreiung und Trost liegen, das steht für mich angesichts der eindeutigen neutestamentlichen Bezüge zu den alttestamentlichen Verheißungen außer Frage. Ebenso hatte ich selbst in meinem Leben und meinem Dienst schon viele Heilungen und Wunder erleben können. Eine Beschränkung auf die apostolische Zeit war deshalb weder theologisch noch von meiner Erfahrung überzeugend. In den apostolischen Schriften finde ich keinen Hinweis, dass diese Zeichen des angebrochenen Reiches Gottes nach dem Abschluss des biblischen Kanons keine Bedeutung mehr hätten.[19]

---

18 Siehe hierzu eine ausführliche Diskussion der unterschiedlichen theologischen Positionen bei Ouweneel, W. J.: *Heilt die Kranken* 99–130.

19 „Ehe das NT vollendet war, würden die Menschen Apostel und andere um Beweise bitten, dass das Evangelium von Gott ist. Um die Predigt zu bestärken, gab Gott mit Zeichen, Wundern und verschiedenen Geistesgaben davon Zeugnis. Diese Wunder werden heute nicht mehr benötigt. Wir haben die gesamte vollständige Bibel. Wenn die Menschen der nicht glauben, werden sie sowieso nicht glauben" (MacDonald, W.: *Kommentar zum Neuen Testament* 219). Diese Lehre wird von Cessationisten vertreten. Ansätze für diese theologische Deutung finden sich auch bei Theologen des modernen Dispensationalismus (John Nelson Darby, Carl und Rudolf Brockhaus, Emil Dönges, Dwight L. Moody oder Cyrus I. Scofield). Sie gehen von unterschiedlichen Heilszeiten aus (Dispensation = Haushaltung; griech. *oikodome*). Sie begründen ihre Auffassung u. a. mit 1. Korinther 13,10: „Wenn aber das Vollkommene da ist, dann wird das Stückwerk weggetan." Das „Vollkommene" wird mit dem Abschluss der Zusammenstellung der neutestamentlichen Schriften im 4. Jahrhundert identifiziert. Ich halte eine solche Auslegung für eine „Eisegese", ein willkürliches Hin-

Auch eine Theologie, welche mich lediglich zu einer Ergebung gegenüber allem Leiden und aller Not in dieser Welt einlädt, überzeugt mich keineswegs. „Wir nehmen alles aus Gottes Hand. Wir können ja sowieso nichts ändern!" Wie oft habe ich einen solchen Satz oder ähnliche gehört, wenn Menschen mit schwerer Krankheit zu kämpfen hatten oder wenn ein Baby mit schwersten Behinderungen auf die Welt kam.[20] Sodann habe ich recherchiert, wie denn Heilungsevangelisten der jüngeren Kirchengeschichte gestorben sind. Ich wollte wissen, wie sie selber mit Krankheit umgingen, die sie offenbar weder durch eine Lehre vom „vollen Evangelium" noch

---

eininterpretieren. Das „Vollkommene" (griech. *to teleion*) weist meines Erachtens klar auf die Wiederkunft Jesu und die Vollendung des Reiches Gottes hin. Die theologische Auffassung der Cessationisten hat enorme Konsequenzen und Folgen gezeitigt. So werden einige Geistesgaben und auch begleitende Zeichen in der Verkündigung (vgl. Markus 16,17f) als überflüssig angesehen oder sogar eines dämonischen Ursprungs zugeordnet (vgl. Ebertshäuser, R.: *Die charismatische Bewegung*).

20 Der Reformator J. Calvin behauptet: „Die Gabe der Gesundmachung ist verschwunden, genauso wie die übrigen Wunder, die der Herr eine Zeit lang hat stattfinden lassen wollen, um die neue Verkündigung des Evangeliums in Ewigkeit wunderbar zu machen. Auch wenn wir noch so sehr zugeben, dass die Salbung (Jakobus 5,14–16) ein Sakrament dieser Kräfte gewesen ist, die damals durch die Hände der Apostel vermittelt wurden, so hat das jetzt keinen Bezug auf uns, da die Vermittlung dieser Kräfte uns nicht anvertraut ist" (Calvin, J.: *Institutio IV.* 19,18). Die Folge einer solchen theologischen Position war, dass kranke Christen sich der Krankheit nur ergeben und danach fragen können, was Gott durch die Krankheit im Leben für Früchte bringen kann. Krankheit wurde als Ort der Bewährung des Glaubens gesehen. Diese calvinistische Grundposition ist in ihrer Entschlossenheit eine Ergebungslehre. Der Christ fragt nicht nach dem „Warum?", sondern nur nach dem „Wozu?". Krankheit ist eine Art „Medizin, um uns zu reinigen von Neigungen zur Welt und um abzuschneiden, was überflüssig ist" (Calvin). – Ähnliche Facetten einer Ergebungslehre finden wir bei dem Reformator Martin Luther oder auch bei Friedrich D. E. Schleiermacher, der Krankheiten wie „Reizmittel" zur Vervollkommnung der Persönlichkeit und des Gottesbewusstseins ansah und das Gebet um Heilung ablehnte (vgl. Schleiermacher, F. D. E.: *Der christliche Glaube* 381; Eibach, U.: *Der heilende Mensch vor Gott* 69f).

durch einen starken Glauben oder sonst etwas loswerden konnten. Erstaunlicherweise bemerkte ich, dass es hierzu kaum Berichte gibt.

Es geht ja nicht nur um eine Randfrage des christlichen Glaubens, sondern um die Frage, was wir hier und jetzt schon von dem neuen angebrochenen Reich Gottes erwarten dürfen und was nicht. Es gibt eine gegenwärtige und auch eine zukünftige Verheißung von dieser neuen Wirklichkeit, die wir „Gottesherrschaft" oder „Reich Gottes" nennen. So lohnt es sich, darüber nachzudenken, welche Rolle der Glaube in diesem Zusammenhang spielt und welche Bedeutung die Hoffnung im Heilungsgeschehen hat. Die neutestamentlichen Texte wissen nicht nur von einem „Schon jetzt" – einer Gegenwart des angebrochen Reiches Gottes – zu berichten, sondern auch von einem „Noch nicht" – einer noch ausstehenden Erfahrung. Welche Bedeutung hat also die Lehre von den letzten Dingen (Eschatologie) gerade in Bezug auf die Heilung von Kranken? Letztlich ist alle Theologie auch Eschatologie. Was für die einen wie Schwärmerei klingt, ist für die anderen der Maßstab ihres Glaubens. Was für die einen wie ein glaubendes Warten auf die Vollendung ist, klingt in den Ohren anderer wiederum wie ein ungläubiges Vertrösten auf das Jenseits.

„Warum hat ihr Gott nicht gleich einen neuen Himmel und eine neue Erde geschaffen?", wollte Herr H. wissen. Ich kannte ihn nur flüchtig und er war das erste Mal bei uns in der Kirche. Herr H. weiter: „Wenn dieser Jesus wirklich der erwartete Erlöser der Welt ist, dann müsste man davon ja wohl auch etwas mehr spüren in dieser Welt!" Herr H. bezog sich nicht nur auf die Erfahrung der vielen Krankheitsnöte in seiner eigenen Familie, sondern auf das große Weltendilemma, das sich in globalen Ungerechtigkeiten und Leiden äußert.

Warum müssen Tausende Kinder heute in Afrika verhungern? Warum gibt es immer noch Kriege? Warum gibt es Menschen, die alles verlieren, obwohl sie feine Leute sind? Wer kennt sie nicht, jene Fragen, die wir häufig unter dem Stichwort der „Theodizee" –der „Rechtfertigung Gottes" – verhandeln wollen. Für mich spitzt sich die Frage zu: Warum wartet Gott so lange mit der Vollendung? Was geht in diesem Gott bloß vor? Warum ist mit Jesus und seinem Tod und seiner Auferstehung „lediglich“ eine neue Qualität der Präsenz Gottes in dieser Weltwirklichkeit gegeben? Warum gibt es nur einen Vorgeschmack auf den Himmel und warum werden heutzutage – auch in den großen Heilungs- und Glaubensversammlungen – eben nicht alle von ihren Krankheiten erlöst? Haben jene Heilungsevangelisten und Christen einfach zu wenig in den biblischen Schriften geforscht, um diesen eschatologischen Vorbehalt auch in ihrer Theologie aufzunehmen und zu reflektieren?

Das Phänomen von persönlichem Leid und substanzieller Krankeitsnot lediglich als eine Art pädagogisches Lernfeld anzusehen, welches Gott den Menschen zumutet, scheint mir nicht mit dem Zeugnis von Jesus in Einklang zu kommen. Ich kenne inzwischen im deutschsprachigen Raum viele Freunde, die ähnlich wie einst Markus lehren und auch im Heilungsdienst aktiv sind. Sie erzählen mir von den Wundern Gottes, die er heute wirkt, und schreiben Bücher mit erbaulichen und glaubensstärkenden Berichten von dem angebrochenen Reich Gottes. Selbstverständlich ist ihre Eschatologie, wenn sie ihre Lehre von den letzten Dingen überhaupt so nennen, von einer Hoffnung geprägt. Diese Hoffnung bezieht sich aber weniger auf die Heilung von Krankheiten, sondern auf die Überwindung der letzten Todesmacht und der Überwindung von Leid und Ungerechtigkeit in dieser Welt. Die globalen Fratzen des Bösen lassen auch sie seufzen: „Herr, komme bald!“ Doch in Bezug auf die individuelle körperliche oder auch seelische Not halten sie daran fest, dass Heilung schon im vollen Umfang für die Zeit vor dem zweiten Kommen Jesu zu erwarten sei.

Da die Redeweise und Lehre vom „Tausendjährigen Friedensreich“ (Millennium, vgl. Offenbarung 20,1–6) gegenwärtig im deutschsprachigen theologischen Diskurs kaum anzutreffen ist, fließt die Hoffnung auf eine vom *Schalom* geprägte Friedenszeit hier auf dieser Erde oft mit der Hoffnung auf die Schaffung eines neuen Himmels und einer neuen Erde zusammen.[21] Ein markantes Datum ist die Auferstehung der Toten und die neue Verkörperung der neuen Schöpfung. Wer hier und jetzt allerdings mit vollkommener Heilungsrealität des Reiches Gottes rechnet, erwartet im Sterben quasi ein friedliches „Abholen“ hinüber in den Zustand des Wartens auf die Auferstehung.

Nicht alle argumentieren in der Schärfe, wie ich es einst bei Markus hörte. Zudem sind meines Erachtens viele Vertreter des sogenannten Faith-Movements[22] zurückhaltender geworden in ihren theologischen Positionen. Selbst Kenneth Hagin, einer der führenden Köpfe dieser Linie, weist darauf hin, dass auch Jesus nicht jeden heilte, da auf eine Verwirklichung der schon geschehenen Heilung gewartet werden müsse.

Andere begründen das Ausbleiben von Heilung damit, dass es hier offenbar an glaubensvollem Ergreifen dieser Wirklichkeit fehlt.

> „Wenn wir im Namen Jesu um Heilung beten, werden mehr und mehr Menschen geheilt. Und doch erleben wir, dass manche nicht geheilt werden. Natürlich bewegt uns die Frage, wie auch diese Menschen noch geheilt werden können. Ein Mann Gottes, Kenneth Copeland, hat Gott gefragt, warum nach Gebet um Heilung manche Menschen noch nicht geheilt werden. Die Antwort Gottes, die Copeland meinte zu hören, lautete: Von uns aus, vom Himmel aus, werden alle Menschen geheilt, für die um Heilung gebetet

21 „Auch wenn die Dialektik zwischen dem Schon-Jetzt und dem Noch-Nicht des Reiches Gottes sich nicht dadurch auflöst, dass sie in ein zeitliches Nacheinander gebracht wird, können auch die Kritiker des Chiliasmus anerkennen, dass er ein berechtigtes Anliegen verfolgt: Er verweist auf die diesseitige Dimension christlicher Hoffnung“ (Hempelmann, R.: EZW 116).

22 Der Zusammenhang von Heilung und Glaube wird besonders in der „Faith-theology“ herausgestellt. Vertreter dieser Richtung sind u. a. Kenneth Hagin und Ulf Ekman. Auch in einzelnen Pfingstkirchen und extremeren charismatischen Gruppierungen wird der Akzent auf den Glauben der Kranken bzw. des Heilung Vermittelnden gesetzt (z. B. in der Bewegung „Wort und Geist“).

wird, aber viele Menschen wissen noch nicht, wie man seine Heilung ergreift und behält."[23]

Wieder liegt sodann der Grund für eine ausbleibende Heilung bei dem kranken Menschen oder bei den mangelhaft glaubenden Betern. Konsequenter wird die eschatologische Dimension von Heilung u. a. bei Jack Deere[24], Wolfram Kopfermann[25], John Wimber[26] oder C. Peter Wagner[27] und Francis MacNutt aufgenommen. Wenngleich sie an dem uneingeschränkten Heilungswillen Gottes festhalten, unterscheidet z. B. MacNutt vier Ebenen von Heilung:

Das Ideal ist die vollkommene Heilung, die erst in Gottes neuer Welt eintritt. Eine zweite Ebene ist gegeben, wenn ein Mensch hier schon Heilung von bestimmten Krankheiten erfahren kann. Eine dritte Ebene der Heilung ist dann angesagt, wenn die Heilung hier ausbleibt. Dann geht es um die heilende Dimension der tröstenden Gegenwart Gottes, die sich gleichfalls in den Kräften der zukünftigen Weltzeit manifestiert. Schließlich ist die heilende Kraft Gottes beim Sterben nötig. Im Heilungsdienst brauche der Beter nicht nur Glauben, sondern auch ein Unterscheidungsvermögen, auf welcher Ebene Heilung erfahren werden soll. Das, was MacNutt auf der drit-

23 Häselbarth, C.: *Jesus heilt gerne* 9.

24 „Wenn Heiler ihre Versammlungen so ankündigen, dass sie versprechen, Gott werde die Leute aus den Rollstühlen holen, Blinde heilen und so weiter, und dies dann nicht geschieht, dann ist Kritik berechtigt" (Deere, J.: *Überrascht von der Kraft des Heiligen Geistes* 56).

25 Vgl. Scharfenberg, R. 71ff.

26 John Wimber betont die Spannung zwischen dem Schon-Jetzt und Noch-Nicht zwischen dem ersten und zweiten Kommen Christi. „Diese Erkenntnis hilft uns zu verstehen, warum wir die körperliche Heilung, die Jesus für uns in seinem Sühnetod wirkte, noch nicht in allen Fällen erfahren" (Wimber, J./Springer, K.: *Heilung in der Kraft des Geistes* 154).

27 „In der Zwischenzeit ... werde ich Verlorenen von Jesus erzählen und für Kranke beten, auch wenn ich schon im Voraus weiß, dass dadurch nicht jeder gerettet wird und auch nicht jeder geheilt wird. Einige jedoch werden Rettung oder auch Heilung erleben. Und das ist ein überwältigender Lohn, der jeden Aufwand rechtfertigt" (Wagner: *Gesunder Aufbruch* 99).

ten Ebene beschreibt, verbinde ich mit dem „Gott des Trostes"; dass was auf der vierten Ebene von ihm als Heilungskraft Gottes benannt wird, verbinde ich mit dem „Gott der Hoffnung".

Ob nun die Heilung auf der von MacNutt beschriebenen Ebene drei hier als ein zu erwartendes „Zeichen" des schon angebrochenen Reiches Gottes gedeutet wird (Markus 16,18; Hebräer 6,5) oder als eine Ausnahme, wird wiederum je nach eschatologischer Einschätzung unterschiedlich gewertet.

> „Der große Vorbehalt der Erlösung betrifft vielmehr die Vergänglichkeit der jetzigen leiblichen Existenz. Denn Paulus geht weniger von der Unsterblichkeit des irdischen Leibes aus noch auch nur von der Unsterblichkeit der Seele. Auch die Gläubigen sehnen sich noch seufzend mit der vergänglichen nicht menschlichen Kreatur nach ihrer endgültigen Erlösung von der Vergänglichkeit, der sie noch unterworfen sind und unter der sie noch körperlich und seelisch leiden müssen (Römer 8,18–27)."[28]

Der „Gott der Hoffnung" (Römer 15,13) vertröstet jedoch nicht nur, sondern er weckt selber in den Gläubigen eine Hoffnung, die sich als präsentische Realität in ihrem Leben heilsam auswirkt. Der Theologe Jürgen Moltmann hat mich durch seine „Theologie der Hoffnung" in diese lebendige Vision eines christlichen Lebens geführt.[29] In seinem Werk *Das Kommen Gottes* erarbeitet er eine systematische Eschatologie. Er definiert christliche Hoffnung ausdrücklich als persönliche, als historische und als kosmische Hoffnung. Die persönliche Hoffnung beinhaltet die Erlösung des Menschen und auch seines Körpers.[30] Heilungserfahrungen, Totenauferweckungen sind so etwas wie ein Vorgeschmack auf die eigentliche Vollendung, die sich sodann in der Auferstehung aus den Toten und der Schaffung eines neuen Körpers ereignet (Johannes 5,29; Offenba-

28 Eckstein: *Gesund im Glauben* 44.

29 Moltmann: *Theologie der Hoffnung*.

30 Moltmann: *Das Kommen Gottes* 80ff.

rung 20,1–8; Offenbarung 21,1ff;). Die historische Hoffnung bezieht sich auf die Erlösung der Geschichte und der globalen Gesellschaft. Das Jüngste Gericht beinhaltet nach Moltmann die Erlösung und Wiederherstellung der globalen Gesellschaft.[31] Die kosmische Hoffnung manifestiert sich in der Schaffung einer neuen Welt. Nicht die Vernichtung des Kosmos, sondern seine Transformation und Vollendung markieren die christliche Hoffnung.[32] Die Lehre von der Auferstehung der Toten und der Schaffung einer vollendeten Welt ist verankert in der leibhaftigen Auferstehung Jesu aus den Toten.

> *Ist aber Christus nicht auferweckt worden, so ist euer Glaube nichtig, so seid ihr noch in euren Sünden; dann sind auch die in Christus Entschlafenen verloren. Wenn wir nur in diesem Leben auf Christus hoffen, so sind wir die elendsten unter allen Menschen! Nun aber ist Christus aus den Toten auferweckt; er ist der Erstling der Entschlafenen geworden.* (1. Korinther 15,17–20)

Eine endgültige Erlösung des menschlichen Körpers von aller Krankheits- und Todesmacht findet während des zweiten Kommens Christi statt. In den vorläufigen Formen und Wirkungen der Auferstehungskraft und der „Kräfte der zukünftigen Weltzeit" (Hebräer 6,5) geschehen jedoch heute schon zeichenhaft Heilungen und Wunder.[33] Sie gehören als Ermutigung und Anbruchzeichen der neuen Wirklichkeit des Reiches Gottes in die christliche Existenz und sie bringen die vergängliche Schöpfung in eine Berührung mit dem Ewigen. Moltmann erklärt, dass wir diese Heilung und Erlösung in unserem jetzigen Leben zwar niemals vollständig erfahren, diese aber trotzdem in einer Kontinuität des Heilswirkens Gottes liegt. Der jetzige Moment, ob in Leid oder in Heilung, kann und soll durch die Kraft des Heiligen Geistes zu einem eschatologischen

---

31 Moltmann: *Das Kommen Christi* 262.

32 Moltmann: *Das Kommen Christi* 297f.

33 Auf den Zusammenhang von Eschatologie und zeichenhaften Wundern weist Werner Thiede hin (Thiede, W.: *Heilungswunder*).

Moment werden, zu einem Augenblick der Ewigkeit. Die Erfahrung einer solchen lebendigen Hoffnung verbindet den Glaubenden zugleich mit dem Gott der Hoffnung. Alle christliche Hoffnung ist für Moltmann in diesem Hoffen in der Geduld Gottes verankert.

Gerhard Sauter markiert das Abendmahl als einen Ort, an dem die Hoffnung genährt wird, weil es zu einer Kommunion, einer Verbindung mit dem Gott der Auferstehung, dem Gott der Heilung, des Trostes und der Hoffnung kommt.[34] Ähnlich wie Moltmann sieht er die innere trinitarische Einheit zwischen Vater, Sohn und Geist als Grundmuster der durch das Opfer Jesu ermöglichten und im Geist Gottes realisierten Gotteserfahrung des Christen. Der Gott der Hoffnung fordert uns nicht nur auf, Hoffende zu sein, die Zähne zusammenzubeißen, im Leiden durchzuhalten oder die Krankheiten als große Lebenslektionen anzunehmen. Das Leiden ist auch nicht nur eine Gemeinschaft mit dem leidenden Christus, sondern ein Ort der Hoffnung auf die Auferstehung. Das Gebet Jesu: „Nicht mein Wille geschehe, sondern dein Wille“ ist ein tiefer Ausdruck der Einheit zwischen Vater und Sohn und nicht ein Ausdruck von ohnmächtiger Ergebenheit oder Orientierungslosigkeit. Christen sind in allen Lebenslagen, auch in Zeiten der Not, der Krankheit, der Bedrängnis und des Sterbens durch den Heiligen Geist mit diesem Gott der Hoffnung verbunden.

> *Da wir nun aus Glauben gerechtfertigt sind, so haben wir Frieden mit Gott durch unseren Herrn Jesus Christus, durch den wir im Glauben auch Zugang erlangt haben zu der Gnade, in der wir stehen, und wir rühmen uns der Hoffnung auf die Herrlichkeit Gottes. Aber nicht nur das, sondern wir rühmen uns auch in den Bedrängnissen, weil wir wissen, dass die Bedrängnis standhaftes Ausharren bewirkt, das standhafte Ausharren aber Bewährung, die Bewährung aber Hoffnung, die Hoffnung aber lässt nicht zuschanden werden, denn die Liebe Gottes ist ausgegossen in unsere Herzen durch den Heiligen Geist, der uns gegeben worden ist.* (Römer 5,1–5)

34 Vgl. hierzu: Koopmann, N.: *Endgültige Heilung* 399–400.

Diese transformierende Herzenserfüllung mit der Liebe Gottes macht uns zu Menschen der Hoffnung, die zu Hoffnungsträgern auch für andere werden. Hoffnung ist gepaart mit Glaube und Liebe. Sie haben etwas unvergleichbar Nachhaltiges, Ewiges (1. Korinther 13,13). Keine Krankheit, kein Tod, keine Macht der Finsternis wird Christen aus der Gegenwart und Verbindung mit Gott herausreißen können (Römer 8,38–39). Hoffende und Wartende werden Teil des großen schon begonnenen Advents Gottes in dieser Welt. Sie sind lebendige Proteste gegen alle Krankheit, alle Todesrealität (lat. *pro testari,* d. h. Zeuge für etwas sein).

Eine solche christliche Hoffnung ebnet den Weg für eine Praxis der Hoffnung in Aktion. Sie wird konkret in menschlichem Hoffnungshandeln und im aktiven Warten auf die große Vollendung. Jürgen Moltmann sandte mir kürzlich einen neu erschienenen Aufsatzband mit dem Titel: *Über Geduld, Barmherzigkeit und Solidarität*[35] zu. Dazu notierte er „In der Bruderschaft Jesu lernt man die brennende Geduld der Hoffnung und den Trost, in ihm ewig vereint zu sein." Diesen Gott der Hoffnung und den Gott der Geduld brauchen wir, wenn wir christusgemäß das „volle Evangelium" Kranken und Trauernden weitergeben wollen.

> *Der Gott des Ausharrens und des Trostes aber gebe euch, untereinander eines Sinnes zu sein, Christus Jesus gemäß.*
>
> *Der Gott der Hoffnung aber erfülle euch mit aller Freude und mit Frieden im Glauben, dass ihr überströmt in der Hoffnung durch die Kraft des Heiligen Geistes!* (Römer 15,5.13)

Ich denke an Angelika. Sie hatte auf eine wunderbare Weise die „Kräfte der zukünftigen Welt" in einer Heilung von Krebs erfahren. Viele Jahre hat sie gemeinsam mit ihrem Mann für Kranke gebetet und Wunder Gottes erfahren. Als sie selber nochmals sehr stark erkrankte und immer schwächer wurde, durfte ich sie begleiten.

35 Moltmann, J.: *Über Geduld.*

„Ich sterbe nicht an einer Krankheit, sondern nur, wenn der Herr mich ruft!“, sagte sie entschlossen. Doch dann erlebten wir, wie sie diesen Ruf Jesu hörte und voller Hoffnung auf die Zukunft friedlich starb. Bei unserer letzten Begegnung hier auf der Erde erinnerte ich sie an das Wort Jesu, das ein Überwinderwort, ein Heilandswort ist:

> *Ich bin die Auferstehung und das Leben. Wer an mich glaubt, wird leben, auch wenn er stirbt; und jeder, der lebt und an mich glaubt, wird in Ewigkeit nicht sterben. Glaubst du das?* (Johannes 11,25f)

Mit einem Strahlen in den Augen nickte sie und sagte „Amen“. Das sind Begegnungen mit dem heilenden, dem tröstenden Heiland Jesus, mit dem Gott des Friedens und der Hoffnung, die wertvoll und glaubensstärkend sind.

Sicher könnte ich in diesem Kapitel meines Buches noch andere Wesenszüge Gottes herausstellen, vor allen ist er ein Gott der Liebe (1. Johannes 4,8). Gerade in der Begleitung von kranken oder auch sterbenden Menschen ist es von großer Bedeutung, dass die begleitenden Personen von dieser Liebe Gottes erfüllt sind.

Wenn Gott als Zeichen des angebrochenen Reiches „Kräfte der zukünftigen Welt“ hineinfließen lässt in solche Situationen, können wir nur staunen und ihn dafür preisen. Diese heilende Kraft kann sich darin ereignen, dass hier und jetzt Heilung geschieht. Der Gott der Heilung kann das unter Einbeziehung von Medizin und ärztlicher und therapeutischer Hilfe geschehen lassen, oder auch ohne ein solches Zusammenwirken. Die „Kräfte der zukünftigen Welt“ fließen nicht nur in den Kirchen, sondern überall, wo Gott sich über Menschen erbarmt. Sie fließen sowohl in der Pflege und Begleitung durch die Gegenwart und die Hände der Betreuer, aber sie fließen auch unmittelbar durch den Heiligen Geist als Trost, Hoffnung und Liebe aus dem Herzen Gottes in die Herzen der kranken Menschen. Durch seinen Heiligen Geist wohnt Gott nicht nur auf der Seite der Starken, sondern mit Vorliebe auf der Seite der Schwachen. Er schaut nicht nur mit den Augen der Pflegenden auf den Kranken, sondern auch mit den Augen des Kranken auf die Pflegenden.

Diesen wunderbaren dreieinen Gott können wir wohl niemals voll ergründen. Und vor allen Dingen können wir ihn nicht in unsere stückwerkartige Gotteserkenntnis sperren, indem wir ihn reduzieren auf einen dieser Wesenszüge, die ich uns vor Augen geführt habe. Unsere Gotteslehre und auch unsere Gotteserfahrung bilden allerdings die Basis für den praktischen Dienst an kranken Menschen.

Aus diesem Grund ist eine theologische Grundlage für ein Buch über die Heilungskompetenz der christlichen Gemeinde nicht nur in einer Fußnote oder in einigen Erfahrungswerten zu begründen. Wir tun gut daran, miteinander im Gespräch zu sein, wie wir diesen Heiland erfahren und wie wir sein biblisches Wort verstehen. Wer mit Gott unterwegs ist, wird niemals aufhören, zu lernen und zu hören.

Eines dürfte bei allem, was ich Ihnen in meinem ersten Kapitel zugemutet habe, deutlich geworden sein: Gott ist nicht nur ein Zuschauer oder Dulder unserer Krankheitsnot und unserer Leiden. Er berührt uns auch nicht nur kurz und überlässt uns dann der Gottesferne.

Dieser Gott, der sich in Jesus offenbart hat, er teilt das Leiden mit uns; er überwindet das Leiden und die Krankheit und heilt und befreit. Er tröstet uns und zieht uns durch sein Wort und seinen Geist hinein in die Hoffnung auf eine Zeit, in der er uns selbst alle Tränen abwischen wird; eine Zeit, in der es keinen Tod, kein Leid, kein Geschrei und keinen Schmerz mehr geben wird (Offenbarung 21,4). Dann heißt es nicht mehr „Aua! Halleluja!“, sondern nur noch „Halleluja!“.

II

DIE URSACHEN VON KRANKHEIT

„Wie geht es Ihnen denn?" Sehr freundlich schaute mich meine Ärztin an, die mich nun schon seit einigen Jahren behandelte und begleitete. Eine „Grande Dame" der Medizin mit hohem Fachwissen, und dennoch hatte sie diesen geradezu mütterlichen Tonfall, wenn sie sich nach mir erkundigte. An diesem Tag ging es mir wirklich nicht so gut, obwohl ich lediglich zur „Routineuntersuchung" kam, um meine Laborwerte zu aktualisieren. Ich setzte mich, atmete tief durch und dann begann ich alle meine schmerzlichen Symptome und Unpässlichkeiten aufzuzählen. Sie notierte sich die Einzelheiten, um ihrer diagnostischen Sorgfalt nachzukommen.

Als ich dann aber geradezu ins Klagen verfiel, schaute sie mich entschlossen an: „Nun hören Sie aber auf! Sie sind doch nicht krank, Sie haben nur ein Leiden!" – Damals war diese unerwartete Reaktion für mich wie ein Therapeutikum. Man kann sich solange mit den Beschwernissen und Aufweichungen des Lebens befassen, dass man sich sogar darüber definiert.

Meine erfahrene Ärztin wollte mir wohl klarmachen, dass meine Leiden mich nicht zu sehr gefangen nehmen sollten. Für sie gehörten Leiden auch zum Leben dazu. So habe ich sie seinerzeit verstanden. Und es war eine heilsame, geradezu eindrückliche therapeutische Unterbrechung aus einem langen Lamento. Was ist aber der Unterschied zwischen Krankheit und Leiden? Können nicht gerade Erkrankungen zu einem unerträglichen oder chronischen Leiden führen? Oder führen Leiden womöglich auch zu Erkrankungen? Oder ist das nur eine Wortspielerei?

Eine Differenzierung zwischen diesen beiden Begriffen begegnet uns in der theologischen Diskussion um Krankheit und Heilung durchaus. Da behaupten einige ganz kühn, dass das Leiden nicht nur allgemein zum Menschsein – sprich zu der Befindlichkeit unseres Lebens gehöre –, sondern durch unsere bewusste Christusnachfolge noch ergänzt wird. Es gehöre zu einem konsequenten Christsein, *„dass wir durch viele Bedrängnisse in das Reich Gottes eingehen müssen“* (Apostelgeschichte 14,22).

Darin sind sich geradezu alle Bibelleser einig, dass Leiden aufgrund unserer Christusnachfolge irgendwie dazugehören. Man muss dabei nicht ausschließlich an Christenverfolgung denken, sondern der griechische Begriff *thlipsis* zeigt ein weites Spektrum von Defiziten und Bedrängnissen auf: Da können die „Leiden der jetzigen Zeit“ (Römer 8,17) gemeint sein oder auch Hungersnöte, Blöße und Gefahren. Die Kernfrage ist, ob die Erfahrung von *Thlipsis* gleichsam auch Krankheit beinhalten kann.

Es könnte verwirren, wenn wir Argumentationslinien von Bibelauslegern hören, die zwar Leiden aufgrund unserer Christuszugehörigkeit als etwas „Normales“ ansehen, ein Leiden aufgrund von Krankheit jedoch als Sonderfall aus diesem Leidenskontext isolieren. Kranke sollen Heilung erfahren, weil ja Jesus bekanntlich als Messias gekommen sei und wir durch seine Wunden hier und jetzt schon Heilung erfahren sollen.

Ich habe bereits darauf hingewiesen, dass eine solche Differenzierung zwischen Leiden und Krankheit nur ansatzweise im biblischen Zeugnis auszumachen ist. Heilung geht einher mit dem angebrochenen Reich Gottes als ein begleitendes Zeichen. Dennoch seufzt auch ein geisterfüllter Apostel Paulus gemeinsam mit der vergänglichen und leidenden Schöpfung und wartet auf das endgültige Offenbarwerden der neuen Wirklichkeit des Reiches Gottes. Dass beim Leiden um der Nachfolge Christi willen nicht nur die äußere Bedrängnis einer Verfolgungssituation zu sehen ist, sondern gleichfalls auch die physischen und psychischen Aspekte, ist keinesfalls auszuschließen (z. B. Galater 4,14; 1. Korinther 7,28; Philipper 1,17).

Krankheits- und Todeserfahrungen gehören zum Christenleben dazu und sie sind nicht die Ausnahmen oder das Resultat einer schwachen Glaubenshaltung. Christen begegnen dieser Krankheits- und Todeserfahrung allerdings nicht ohnmächtig. Sie deuten ihr gesamtes Leben immer in Relation zu Christus. So wenden sie sich entschlossen gegen die Krankheitsmächte, die sie wie Opfer stilisieren wollen. Jesus überträgt seinen Nachfolgern sogar ausdrücklich das Mandat, der Krankheit und dem Tod zu widerstehen, wenn er sie mit den Worten sendet: *„Geht hin, verkündigt und sprecht: Das Reich der Himmel ist nahe herbeigekommen! Heilt Kranke, reinigt Aussätzige, weckt Tote auf, treibt Dämonen aus!"* (Matthäus 10,7–8).

Christen haben nicht nur einen Widerstand gegen die Krankheits- und Todesmächte, sondern sie widerstehen allem „Bösen" (griech. *poneros*) im Namen Jesu. Nirgends werden Christen dazu aufgefordert, sich mit ungerechten Strukturen des Bösen, mit Leid einfach nur abzufinden oder sich hinzugeben. Ein solcher Widerstand des Glaubens kann sich artikulieren in einer Klage, einer Bitte oder auch einem aktiven geistlichen Lösen und Heilen. Der Sieg Jesu über die Mächte der Lebenszerstörung kann sich darin zeigen, dass diese offenbar und hier und jetzt schon entmachtet werden. Er kann sich auch darin zeigen, dass mitten im bestehenden Leiden die Gegenwart Gottes erfahrbar wird.

Nun können sich Krankheiten durchaus in sehr unterschiedlicher Weise manifestieren. Sie beziehen sich immer auf den Menschen in seiner gesamten sozialen Einbindung und seiner Gottesbeziehung. Krankheiten manifestieren sich ebenso wie ein heiles, gesundes Leben in somatischen, psychisch-mentalen, sozialen oder auch spirituellen Dimensionen. Doch warum werden wir überhaupt krank? Was ist die Ursache von allem Leiden?

Das Grundübel

Warum trifft es mich? Diese Frage stellen sich die meisten Menschen, wenn sie von einer schweren Krankheitsnot oder einem Leiden betroffen sind. Da hört ein junges, 15-jähriges Mädchen, dass sie Bauchspeicheldrüsenkrebs im Endstadium hat. Warum sie? Hat sie nicht ein Recht auf Leben wie ihre gleichaltrigen Freundinnen? Verstört und ratlos sind wir, wenn Brücken einstürzen, Bomben explodieren oder Seuchen ungezählte Frauen, Männer und Kinder aus dem Leben reißen. Und nicht nur das, da sind die Spätfolgen solcher Ereignisse, Traumata, psychische Störungen oder auch körperliche Erkrankungen. Warum werden schwerstkranke Babys geboren und warum steigt die Zahl der chronisch Erkrankten?

Warum müssen wir überhaupt sterben und warum altern wir und werden gebrechlich? Warum hat das Gesetz des Todes und der Vergänglichkeit noch so viel Einfluss in dieser Welt und auch im Leben von Christen? Ist Gott wirklich allmächtig? Wenn er allmächtig ist, warum lässt er dann die Menschen leiden und entsetzlich sterben? Wenn Krankheiten und Leiden lediglich von Gott zugelassen werden, damit wir uns bessern oder daraus etwas lernen, warum sterben dann Neugeborene schon am Tag ihrer Geburt?! Und warum strotzen freche, ungerechte und unmoralische Zeitgenossen feist vor Gesundheit und feine, fromme und anständige Leute schreien in tiefen Schmerzen Tag um Tag zu Gott um Erlösung?

Es mag müßig sein, diese grundlegenden Fragen hier so pompös aufzustellen. Ich werde auch nicht den Versuch machen, darauf eine umfassende und systematische Antwort zu geben. Und dennoch will ich aufzeigen, wie die Komplexität der Fragestellung sich auch in einer Komplexität der Zuordnung von Krankheit und Heilung, Leiden und Erlösung im christlichen Leben niederschlägt, ja im Leben aller Kreatur. Wenn es denn so einfach wäre, eine Erkrankung immer auf eine bestimmte Ursache zurückführen zu können!

Wenn schon die Mediziner und Therapeuten sich um eine differenzierte Diagnostik bemühen, so wird unter der Einbeziehung des Gottesbezuges (spirituelle Anamnese) die Angelegenheit nicht gerade einfacher. Ist Gott womöglich der Verursacher von Krankheit?[36] Reduziere ich Gott in seiner Offenbarung auf den Allmächtigen, so komme ich logischerweise unmittelbar auf eine derartige Fragestellung.

Schaue ich allerdings in das Zeugnis der biblischen Schriften über Gottes Offenbarung, so zeigt er sich am klarsten in Jesus als Heiland, Tröster und Herr. Dabei verschweigen die biblischen Texte nicht, dass Erlösung, Befreiung von Leiden und Schmerzen notwendig sind, denn es gibt ein Grundübel, das zu einer universalen Sündenverfallenheit führte. Ich spreche von der Realität der Macht des Bösen. Sie wird erfahren als agierende Kraft, die alles Göttliche infrage stellt und zerstören will. Das Böse manifestiert sich in allen seinen Verwicklungen und verborgenen (okkulten) Einflüssen in dieser Welt und im Leben von ungezählten Menschen, die unergründlich leiden müssen. Manche Krankheitsfolgen oder -symptome lassen sich durch Medikamente oder durch die Eliminierung von krankhaften Zellen aus dem menschlichen Organismus oder auch durch gute therapeutische Maßnahmen drosseln bzw. beseitigen. Gott sei Dank! Aber viele Krankheiten bleiben, auch wenn die Symptome und kranken Zellen beseitigt werden konnten.

Claudia, 55 Jahre, Sportlehrerin und Mutter von vier inzwischen erwachsenen Kindern, ist eine fromme Frau. Zunächst hatte sie es sehr tapfer, geradezu wie eine sportliche Herausforderung angenommen, als sie hörte, dass sie an einer amytrophen Lateralsklerose (ALS) litt, die nach und nach eine nicht aufhalt- oder umkehrbare Schädigung und Zerstörung derjenigen Nervenzellen bewirkt, die für die muskulären Bewegungen zuständig sind. Würde sie bald nur noch im Rollstuhl sitzen? Ist es Gottes Wille, dass sie nur noch

36 In Sonderheit können alttestamentliche Aussagen über Jahwe zu der Annahme führen, dass es zum Wesen Gottes gehöre, dass in seiner Gegenwart Menschen sterben müssen (vgl. 2. Mose 33,20–23). Ausführlich hierzu: Volz, P.: *Das Dämonische bei Jahwe.*

wenige Jahre lebt? Weinend saß sie da: „Warum hat Jesus es bloß zugelassen? Was habe ich falsch gemacht?“

Und dann berichtet sie von den vielen Ratschlägen und Lösungen, die man ihr von unterschiedlichen Seiten mitgegeben habe.

> „Will Gott mich wirklich strafen, weil ich mich damals von meinem alkoholkranken Ehemann habe scheiden lassen? Oder gibt es eine dicke Sünde in meinem Leben? Oder ist es womöglich ein Fluch, der auf meiner Familie liegt? Die genetischen Untersuchungen stehen noch aus. Habe ich meinen Sport zu intensiv betrieben und ist er mir zum ‚Gott‘ geworden? Oder ist diese Krankheit ein Dämon, der mich befallen hat? Oder soll ich einfach nur etwas lernen aus dieser Krankheitserfahrung? Vielleicht soll ich auch einfach nicht fragen und Jesus so gut vertrauen, wie es mir jetzt noch möglich ist? Aber offen gestanden, mein Glaube hat tiefe Risse bekommen.“

Da sind sie, all die Ursächlichkeiten, die fromme Leute so ratschlagend mitgeben oder auf die man möglicherweise beim Bibellesen selber kommen könnte. Ist die Ursache der Erkrankung von Claudia nun in einem konkreten persönlichen Fehlverhalten, einer Sünde, zu sehen? Oder hat Gott es einfach zugelassen, damit sie durch diese Krankheit etwas lernen soll für das Leben? Oder haben diejenigen Recht, die ihr nahegelegt haben, sie solle doch zu einem Seelsorger gehen, der dann den Dämon von ALS austreiben könne? Soll ich mit Claudia nun die ganze Ahnenfolge bis ins dritte und vierte Glied zurückverfolgen, ob hier noch Anrechte des Bösen in ihrem Leben vorliegen?

Offengestanden, ich habe zunächst einfach mit Claudia geweint. Wenn es denn so einfach wäre!

Und doch ist alles Grundübel, ob es sich nun in einer Krankheit, einer Sünde, einem Fluch oder einer persönlichkeitsstörenden Dämonisierung manifestieren will, immer zurückzuführen auf das „Böse“. Die biblischen Schriften gehen ohne weitere Erklärungen davon aus, dass das „Böse" aktiv ist.[37] Das Böse ist nicht erst entstanden, als Adam und Eva in Sünde gefallen sind, sondern die Schöpfungsberichte (1. Mose 1–3) gehen davon aus, dass es in der Figur einer Schlange bereits da ist. Das Grundübel entsteht demnach nicht erst durch den ersten Sündenfall der Menschheit.[38]

Die Lehre von der Erbsünde hat zwar deutlich herausgestellt, dass alle Menschen unter den Folgen der Ursünde von Adam und Eva leiden und erlösungsbedürftig sind, sie gibt jedoch keine befriedigende Antwort auf die Frage nach dem Grund der Sünde. Diesen einzig und allein in der dem Menschen von Gott gegebenen Freiheit zu sehen, legt die Ermöglichung des Bösen bei Gott fest.

Ich halte hingegen daran fest, dass die Frage nach dem „Woher des Bösen" in den biblischen Schriften, abgesehen von einigen Denkmodellen (Hesekiel 28,1–17; Jesaja 14,12–21), offenbleibt. Das Böse wird sodann in den unterschiedlichen Schriften und Traditionshintergründen der biblischen Zeugen u. a. in der Figur des Satans (Ankläger), des Diabolos (Durcheinanderwerfer), des Vaters der Lüge oder auch in seiner Wirksamkeit durch boshafte Dämonen (griech. *daimones*) beschrieben. Es tritt nicht lediglich als Bestandteil menschlichen oder universalen Seins auf, sondern als ein handelndes, agierendes Subjekt.

---

37 Ich verweise auf mein Buch *Und wenn die Welt voll Teufel wär…* Dort erläutere ich sechs in der Theologie gängige Antworthorizonte auf die Frage nach dem „Unde mallum – Woher kommt das Böse?". Letztlich bleibt diese Frage offen, bei allen Denkmodellen, die hierzu – auch aufgrund von biblischen Deutungen – möglich sind. Das Böse wird als gegeben und aktiv vorausgesetzt. Klar und eindeutig wird in den biblischen Schriften jedoch das Ende des Bösen markiert und Christus als der Erlöser gefeiert. Vgl. Rust, H. C.: *Und wenn die Welt voll Teufel wär…* 70–110.

38 Die Erbsündenlehre beschreibt eine universale Sündenverfallenheit der Menschheit und gründet sich u. a. auf die Aussagen in Römer 5,12–15; 1. Korinther 15,22. Sie markiert den Zustand der Erlösungsbedürftigkeit des Menschen, aber nicht eine konkrete persönlich begangene Tat. Vgl. dazu ausführlich: Wandinger, N.: *Die Sündenlehre als Schlüssel zum Menschen.*

Sein Einfluss wird besonders im neutestamentlichen Zeugnis nicht nur auf die Transzendenz oder eine innermenschliche Gegebenheit reduziert. Satan versucht seine neidhafte Bosheit in Kooperation mit dem Menschen und mit einer von universaler Sündenverfallenheit geprägten Menschheit auf den Weg zu bringen. Der Böse entwickelt geradezu ein ganzes „Reich der Finsternis" (Kolosser 1,13; Epheser 6,12). Nicht nur einzelne Menschen und Kreaturen, sondern ganze Systeme, Nationen und der gesamte Kosmos können von dem Diabolos durcheinandergebracht werden.

Eine Zurückführung auf die Ursünde der Menschheit, wie sie durch Adam in der ersten Schöpfung geschehen ist, erklärt letztlich nicht die Existenz Satans. Nicht die Freiheit des Menschen hat den Satan auf den Plan gebracht, sondern der zur Freiheit geschaffene Adam hat diese Freiheit missbraucht und sich in Sünde von Gott abgewandt. Diese Sündenverfallenheit der Menschheit bezeichne ich als das Grundübel, das sich wie eine Zecke an der guten Schöpfung Gottes festgebissen hat und sich immer fetter und fetter vollsaugt. Die Agitationen des Bösen zielen darauf, dass Menschen die guten Ordnungen Gottes missachten und sich von ihm abwenden. Die Sünde zeigt sich jedoch nicht nur in moralischen Entgleisungen, sondern in einer gezielten Abwendung von Gott selber. Zudem werden ganze Systeme in Mitleidenschaft gezogen. Das Grundübel nimmt seinen Lauf. Hochmut, Eitelkeit und Neid breiten sich aus, der satanische Vergleicher streut Missgunst und Missachtung in die Schöpfung. Ganze Nationen und Kulturen können Züge des Diabolischen tragen. Man denke nur an die menschenverachtende und zerstörerische NS-Herrschaft in Deutschland oder an den weltweit neu aufkeimenden nationalen Egoismus. Tausenden und Abertausenden Menschen wurde das Recht auf Leben gestohlen und sie wurden zu Werkzeugen des Bösen. Die Nationen sind krank und sie benötigen ebenso eine Heilung (Offenbarung 22,2).

Auch im individuellen Bereich gibt es eine Ausbreitung des Grundübels, wenn ein Mensch unter den Einfluss von unsauberen und bösen Geistern gerät oder diese seinen Personenkern mehr und mehr belegen. Im neutestamentlichen Zeugnis lesen wir von dämonisierten Personen. Dabei kann auch eine Krankheit wie eine dämonische Intelligenz auftreten und als dämonisches Gegenüber benannt werden.

Diese Dimension und das Ausmaß des Bösen, dieses Grundübels, sollte im Blick sein, allerdings auch nicht mehr als das. Wir sind nicht dazu berufen, uns auf alle Taktiken und angeblichen Chaossysteme des Satans zu konzentrieren, sondern auf Jesus in all seiner Autorität über Himmel und Erde zu blicken. Er ist gekommen, um die Werke des Satans zu zerstören (1. Johannes 3,8).

Zudem ist es wenig hilfreich, wenn ein kranker Mensch, wie Claudia, nun noch dazu aufgerufen wird, das ganze Leben zu durchforschen, wo denn die Sünde sich festgebissen habe, die eine solche Krankheitsstrafe zur Folge habe. Ohnehin ist das Denkmuster, dass Krankheit als Strafe Gottes auszumachen sei, im Licht des neutestamentlichen Zeugnisses allenfalls in der Kontur einer zum Guten führenden Pädagogik Gottes zu deuten. Sehr deutlich widersetzt sich Jesus dem Deutungsmuster eines Tat-Ergehens-Zusammenhangs als einzige Ursache für ein Leiden oder eine Krankheit (Johannes 9,1ff). Gleichwohl wird der Zusammenhang von Krankheit und individueller Sünde nicht ignoriert. So vergibt Jesus einem gelähmten Menschen zunächst seine Sünden und sodann erfolgt eine körperliche Heilung (Markus 2,1–12). Es handelt sich dabei allerdings nicht um einen offensichtlichen Kausalzusammenhang, sprich: Die Lähmung des Kranken muss nicht unbedingt die Folge seiner Sünde sein. Jesus erweist sich durch die Sündenvergebung jedoch als „göttlich" und somit auch legitimiert, Heilung zu vermitteln.

Sünde und Schuld des Menschen zeigen sich allerdings auch in erfahrenem Leiden durch Unfälle und Leben auslöschenden Wirksamkeiten.

Es waren aber zur selben Zeit etliche eingetroffen, die ihm von den Galiläern berichteten, deren Blut Pilatus mit ihren Opfern vermischt hatte. Und Jesus antwortete und sprach zu ihnen: Meint ihr, dass diese

Galiläer größere Sünder gewesen sind als alle anderen Galiläer, weil sie so etwas erlitten haben? Nein, sage ich euch; sondern wenn ihr nicht Buße tut, werdet ihr alle auch so umkommen! (Lukas 13,1–5)

Während ich diese Zeilen schreibe, trauert die Welt mit den Angehörigen der 43 Todesopfer, die bei einem Brückeneinsturz in Genua am 14. August 2018 das Leben verloren haben. Viele weitere Personen sind schwer verletzt und sie werden unter den Verletzungen womöglich ihr ganzes Leben lang leiden müssen. Davide Capello berichtete einen Tag nach dem Einsturz der Brücke, dass er wie durch ein Wunder mit seinem Wagen bei dem Absturz in 30 Meter Tiefe in einem Baum hängen geblieben sei. Man spricht vom „Wunder von Genua" und er und viele Menschen danken Gott für die Bewahrung. Waren bzw. sind nun alle Opfer eines solchen Unglücks Sünder und ein Davide Capello nicht?

Oder ich denke an die erschütternden Szenen des Einsturzes der Türme des World Trade Centers am 11. September 2001, bei dem etwa 3000 Menschen zu Tode kamen und über 15000 Menschen das World Trade Center und die Umgebung noch lebend verlassen konnten. Derartige „Hochrechnungen" machen deutlich, dass Sünde sich in sündhaften Systemen niederschlägt und nicht lediglich individuell zu deuten ist. Um es noch klarer auf den Punkt zu bringen: Sind alle schwer verletzten Soldaten, die einen Krieg überlebt haben, aber nun für ihr Leben traumatisiert und mit Schmerzen gequält sind, Sünder bzw. sind ihre Kameraden, die ungezählte Menschen vernichtet haben und selbst unverletzt von der Front zurückgekommen sind, etwa keine Sünder, sondern Helden? Diese Logik ist nicht das, was Jesus seinen Jüngern vermittelt. Vielmehr geht es darum, Unfälle und Krankheiten zum Anlass zu nehmen, um das eigene Gottesverhältnis zu überprüfen.

Wie sieht es aber aus, wenn sogar der gesamte Kosmos, die Schöpfung Gottes, von den Folgen des Grundübels gebrandmarkt sind? Es gibt eine zunehmende Zahl von Umweltkrankheiten, die durch verschmutzte Luft, unsaubere Meere und verseuchtes Ackerland zustande kommen. Da, wo Satan sich in Gestalt des „Mammon" zeigt

(Matthäus 6,24), erkrankt die Welt und die Abgründe öffnen sich. Das gesamte kosmische Gleichgewicht gerät aus den Fugen; Gletscher weinen und Wälder verbrennen. Schon in den Weisheitstexten des Judentums sah man das Wirken des Bösen in der Gestalt des stürmenden Meeres, welches diese Welt in den Untergang treiben will (Psalm 46). Wieviel Krankheiten heute durch Umweltsünden oder auch systemische Versündigung auftreten, kann gegenwärtig wohl niemand abschätzen.

Zusammenfassend halte ich fest, dass die Existenz und das Agieren der Macht des Bösen, des Satans, das Grundübel und damit auch Grundursache für alles Leiden und alle Erkrankung sind. Dieser satanische Gottesneider agiert als transzendente Kraft, die Menschen geradezu verschlingen und vor allen Dingen Gott in den Schatten stellen will. Sie ist die Ursache, das Grundübel aller Krankheits- und Todeserfahrung in dieser Welt. Dabei bedient sie sich der Menschen, die dieser sich anbietenden und getarnten Bosheit nicht widerstehen und sich von ihr bewusst oder unbewusst beeinflussen und dominieren lassen.

Die ganze Schöpfung seufzt und will aus der Gefangenschaft der Vergänglichkeit befreit werden. Und auch die Christen, in denen bereits die Anzahlung der neuen Schöpfung durch die Erfüllung mit dem Heiligen Geist geschehen ist, auch Christen seufzen mit unter dieser krankheits- und leidverursachenden manifesten Bosheit (Römer 8,18–23). Aber Christen sind zugleich Zeugen für eine neue Wirklichkeit, ein neues System, in dem das Grundübel nicht mehr das Sagen hat: Jesus ist der Heiland, der Erlöser! Er befreit dämonisierte Menschen, die sich wie Tiere verhalten, er heilt kranke Menschen und befreit von Seuchen, er weckt Tote zu neuem Leben auf. Wir leben nicht mehr nach der Gesetzmäßigkeit des Bösen und des Todes, sondern nach der Gesetzmäßigkeit Gottes und des Lebens (Römer 8,2).

Eine entscheidende Frage stellt sich allerdings noch: Inwiefern dieser Gott des Lebens selbst die Agitationen des Bösen *ad absurdum* führt und sie womöglich nutzt, sodass Menschen durch Leidenserfahrungen in die Arme Gottes getrieben werden. Gott will Menschen nicht mit Macht zu etwas zwingen, vielmehr möchte er seine Kinder mit seinen Augen leiten (Psalm 32,8). Wenn sie bewusst oder wie instinktgeleitete dumme Tiere sich in Systeme des Bösen hineinbegeben, dann kann er es zulassen, dass diese Agitation des Bösen Menschen zu einer neuen Hinkehr und Buße führt. Daraus lässt sich jedoch nicht ein Prinzip ableiten, dass sich Gott selber als Verursacher von Krankheit oder anderem Leiden positioniert. Gott ist durch und durch gut! Er ist Licht und bei ihm ist keine Finsternis. In ihm ist nichts Böses und aus ihm kommt nichts Böses und Lebenszerstörendes. Es gilt an dieser klaren Aussage des Evangeliums festzuhalten, auch angesichts einer Verkündigung von Himmel und Hölle, angesichts von einem Gott, der unseren Glauben prüfen und stärken kann, auch im Feuerofen des Leides.

> *Es hat euch bisher nur menschliche Versuchung getroffen. Gott aber ist treu, er wird nicht zulassen, dass ihr über euer Vermögen versucht werdet, sondern er wird zugleich mit der Versuchung auch den Ausgang schaffen, sodass ihr sie ertragen könnt.* (1. Korinther 10,13)

Wenn der Apostel bekennt, dass dieser Gott uns niemals über das Maß unseres Vermögens prüfen wird, so bleiben dennoch Fragen offen. Für Claudia war subjektiv das Maß überschritten. Der Glaube allerdings äußert sich sodann nicht nur in der Überwindung von Zweifeln und allem Schmerz und Leiden, sondern in der Klage und Bitte und vor allen Dingen in der Sprache der christlichen Hoffnung.

Claudia zeigte in ihrem Fragen nach dem „Warum?“ sogleich das ganze Spektrum auf, in welchem sich das Grundübel angesichts der Erfahrung einer medizinisch unheilbaren Erkrankung manifestieren kann: Krankheit als Ergebnis von Sünde und Schuld, als dominierender Einfluss dämonischer Mächte und Krankheitsgeister, als Folge eines Hineingeborenseins in teuflische Systeme, als Fluch oder als eine Zulassung Gottes, der mit einer Krankheit etwas bewirken will. Oft korrespondieren diese Ursachen miteinander, was die Angelegenheit nicht einfacher macht. Und zudem finden sich für alle diese Kausalzusammenhänge sogar Bibelstellen, die zumindest aufzeigen, dass die Überlegungen nicht aus der Luft gegriffen sind.

Wenn ich in den folgenden Ausführungen einzelne Aspekte ausführlicher darlege, so tue ich das nicht im Sinn einer Orientierungshilfe für eine geistliche Diagnostik, die davon ausgeht, dass sie mit einer klaren Diagnose der Krankheitsursache zugleich auch eine heilende therapeutische Maßnahme findet. Ich selber würde mir bei der Komplexität des biblischen Zeugnisses und der Vehemenz, mit der einige ihre Heilungserfahrung als eine Regelerfahrung vermitteln wollen, so etwas wie ein kleines Nachschlagewerk wünschen. Doch Gott mutet uns hingegen diese eigentümliche Verwicklung von Gottesnähe und gefühlter Gottesferne, von erfahrener Glückseligkeit und ohnmächtig machendem Leiden zu. Muss ich mich begnügen mit dem Satz des sonst so wertgeschätzten Theologen Karl Rahner, wenn er zusammenfasst: „Die Unbegreiflichkeit des Leides ist ein Stück der Unbegreiflichkeit Gottes"?[39]

Ich muss einsehen, dass meinem Verstehen und Erforschen nach der Ursache von Leiden und Krankheit deutliche Grenzen gesetzt sind. Ich muss womöglich gar nicht ergründen, warum eine Krankheit oder ein Leiden mich oder andere treffen und was das mit Gott zu tun hat. Vielmehr will ich dem differenzierten Zeugnis der biblischen Schriften nachgehen, um aufzuzeigen, dass sich Krankheit niemals als das letzte Wort im Leben erweisen muss. Auch wenn ein Mensch, eine weinende Claudia, nicht herausfindet, warum sie sich dieser Krankheit stellen muss, so darf sie doch herausfinden, wie Gott ihr bei allen offenen Fragen als Heiland und Tröster begegnen kann.

39 Siehe: Rahner, K.: *Warum lässt Gott uns leiden?*

Die universale Verfallenheit

„Pastor Rust, bitte bete mit mir! Ich glaube, ich habe einen Geist des Hustens!" Torsten, der sonst so frische Jugendleiter einer Gemeinde, hustet sich wirklich geradezu „die Seele aus dem Leib". Mit einigen Jugendlichen war er auf einem Zeltlager und schon nach wenigen Tagen breitete sich eine Erkältungswelle aus, die es in sich hatte. Viele mussten abbrechen, aber Torsten hielt durch. Er sah in den Erkältungen Angriffe des Satans, der wohl verhindern wolle, dass die jungen Leute hier eine gute Erfahrung mit Jesus machen würden. Das scheußliche Regenwetter und die plötzlich in den Keller sinkenden Temperaturen konnte ja keiner erwarten.

Und geradezu zum Trotz gegenüber den angeblichen Angriffen des Bösen und als Zeichen des Gottvertrauens zog nicht nur Torsten eine luftige leichte Sommerkleidung an. Meines Erachtens war sein Husten weder durch einen „Geist des Hustens" verursacht noch durch einen Verhinderungsangriff satanischer Mächte, sondern aufgrund unzureichend warmer Kleidung. Wir können nicht unsere Dummheiten als Angriffe des Bösen deklarieren und dann noch um eine Befreiung bitten!

So manche Erkrankung entsteht, weil wir in dieser Welt leben. Wenn ich im ersten Abschnitt dieses Kapitels vom Grundübel des Bösen geschrieben habe, so äußert es sich nicht nur in einer durch die Ursünde geprägten Realität, sondern in einer Verfallenheit der Welt. Die Evangelien überliefern kein Jesuswort vom Sündenfall Adams, dessen Fehler Jesus rückgängig zu machen habe. Wir finden hingegen Aussagen über die Verderbtheit der Welt (griech. *kosmos*), welche die Erlösungsbedürftigkeit mindestens ebenso betonen wie die kirchliche Erbsündenlehre (Matthäus 24,35; Markus 16,15; Johannes 1,29; 4,42; 16,8.33; 18,36). Auch Paulus spricht vom „Seufzen der gesamten Schöpfung". Die Verfallenheit der Welt ist allumfassend, es handelt sich um einen Universalschaden, der sich in allen Vorläufern des Todes und im Tod selbst zeigt. Christen haben zwar durch die Erfahrung einer neuen Schöpfung durch den Geist Gottes schon ein Angeld des Neuen erhalten, aber sie leben immer noch in diesem alten System „Welt“ (Johannes 17,11; 2. Korinther 1,22; 5,5; Epheser 1,14). So wie Gott seine Segnungen durch Sonne und Regen sowohl den Bösen und als auch den Guten, sowohl den Gerechten als auch den Ungerechten gibt (Matthäus 5,45), so gewiss sind alle Menschen, auch die Christen gleichermaßen, mit dem Prinzip der Vergänglichkeit und des Todes in dieser Welt konfrontiert. Auch sie bekommen Husten, wenn sie sich der Kälte aussetzen. Auch sie werden von Bakterien und Viren geplagt und auch sie erleben das Gesetz der Vergänglichkeit, indem sie altern und gebrechlich werden.

Zu diesen Erkrankungen gehören beispielsweise auch jene Stresserkrankungen wie Erschöpfungszustände (Burnout), Kreislaufprobleme oder Herzinfarkte. Krankmachende soziale Kontexte, denen wir uns nicht unmittelbar entziehen oder von denen wir uns nicht klar distanzieren, können so zu den nachhaltigsten Krankheitsursachen der modernen zivilisierten Menschheit gehören. Wir sprechen sarkastisch auch von „Zivilisationskrankheiten“ und verstehen darunter Erkrankungen, die aufgrund des Lebensstils in modernen Gesellschaften entstehen.

In der Literatur herrscht keine Einigkeit darüber, welche Krankheiten als Zivilisationskrankheiten zu bezeichnen sind. Folgende werden jedoch häufiger genannt: Herz- und Gefäßerkrankungen, Bluthochdruck, Allergien, bestimmte Hauterkrankungen (z. B. Neurodermitis) oder auch Essstörungen (z. B. Bulimie). Auslöser sind Umweltfaktoren; Ernährungs- und Essverhalten sowie gesellschaftsbedingte Lebensverhältnisse.

Francis MacNutt schreibt bereits im Jahr 1979:

> „Das allbeherrschende Konkurrenzdenken unserer Gesellschaft muss sich ändern, oder die Vierzigjährigen in unserer westlichen Kultur werden weiter durch Herzinfarkt sterben. Wir Christen scheinen nämlich dem Herzinfarkt genauso ausgeliefert wie andere Menschen, weil auch wir die unchristliche Konkurrenzhaltung unse-

rer Gesellschaft in uns aufgesogen haben und viele Christen sie gar nicht mehr als jene zerstörerische Kraft erkennen, die sie ist."[40]

Gegenwärtig kommen Erkrankungen hinzu, die durch die Digitalisierung der modernen Gesellschaft verursacht werden. Wenn Jugendliche und schon Kinder vor dem Bildschirm oder ihrem Smartphone mehr Stunden verbringen oder wenn die digitalen sozialen Netzwerke einen höheren Stellenwert erhalten als analoge direkte Begegnungen, so ist es nicht verwunderlich, wenn Menschen dadurch in soziale, psychische und somatische Abhängigkeiten und Krankheiten geraten. Allein das digitale Suchtverhalten bindet Menschen und disqualifiziert sie für ein Leben außerhalb des Netzes.

Wenn ich von der Verfallenheit der Welt als Ursache von Krankheiten spreche, so sind vor allen Dingen auch umweltbedingte Erkrankungen zu nennen. Hier ist allen voran die Verschmutzung der Luft, der Böden und der Gewässer anzuführen. Erkrankungen der Atemwege sind dabei nur eine Form. Wenn beispielsweise in der indischen Millionenstadt Delhi, der Stadt mit der derzeit höchsten Luftverschmutzung, besonders viele Menschen an Lungen- und Herzerkrankungen leiden, so sollte das nicht verwundern, weil Smog bekanntlich ein starker Lungenreizstoff ist. Durch das Verbrennen von stark schwefelhaltigen fossilen Energieträgern können sich Säurepartikel bilden, die sich leicht in den oberen Atemwegen ablagern. Diese Schwefeloxide lösen Entzündungen und Verengungen der Atemwege aus.

Im Jahr 2012 sind laut einer Schätzung der Weltgesundheitsorganisation (WHO) rund sieben Millionen Menschen weltweit an Erkrankungen gestorben, die mit verschmutzter Luft im Zusammenhang stehen.[41] Wenngleich die meisten Erkrankten und Toten im asiatischen Raum registriert wurden (5,4 Millionen), so steigt die

40 MacNutt, F.: *Beauftragt zu heilen* 114–115.

41 Deutsche Presseagentur (DPA) vom 25. März 2014. Quelle: www.zeit.de.

Zahl der Umwelterkrankungen auch in den westlichen Städten. – Fragen wir nach den Ursachen von Krankheit, so müssen wir konsequenterweise fragen, wer für die Umweltbelastung verantwortlich ist. Hier ist jeder einzelne Mensch zu nennen, aber auch jede einzelne Nation und schließlich die Weltgemeinschaft.

Es ist die Menschheit, die hier durch den Wahn einer Ausbeutung dieses Planeten Erde selbst den Zielsetzungen eines Weltklimagipfels nicht gerecht werden will bzw. gerecht werden kann. Mit Nachdruck hat sich Papst Franziskus in seiner Umwelt-Enzyklika *Laudato si* nicht nur an die katholische Kirche und auch nicht nur an die Christenheit gewandt, sondern an alle Menschen und alle Nationen.[42] Doch warum tun sich selbst die reichsten Industrienationen schwer oder distanzieren sich sogar von den Zielen des Weltklimagipfels, wie gegenwärtig die USA? Dahinter stecken nationaler Egoismus, Ausbeutung und Ungerechtigkeit in dieser Welt. Strukturelle und kosmische Sündenverfallenheit führen zu Erkrankungen und zum Kollaps des alten Planeten Erde.

Eine weitere Facette der universalen Verfallenheit erfährt jeder Mensch, nicht erst in der heutigen Zivilisation, sondern solange es die Menschheit gibt. Die menschliche Vitalität lässt im Laufe des Lebens nach. Das Alter fordert seinen Tribut. Ich spreche von Abnutzungserscheinungen, von somatischen Brüchen und Erkrankungen und nicht zuletzt von psychischen und psychiatrischen Syndromen bei Erkrankungen des Gehirns.

Laut des Welt-Alzheimer Berichtes aus dem Jahr 2015 erkrankt weltweit alle 3,2 Sekunden ein Mensch an Demenz. Derzeit leben etwa 50 Millionen Menschen mit einer Demenzerkrankung, für das Jahr 2030 geht man von ca. 75 Millionen aus.[43] Ist das Alter nun eine Krankheit? Sicher wäre das eine völlig unangemessene Pauschalisierung, die sodann die Jugendlichkeit als Gesundheit markieren würde. Dennoch ist das Alter vielfach von Alterskrankheiten

42 Papst Franziskus: *Laudato si!*

43 Quelle: Alzheimer-Bericht. In: focus.de vom 26. August 2015.

gekennzeichnet. Bei fortschreitender Medizin ist davon auszugehen, dass die Lebenserwartung in der westlichen Welt steigt, aber nicht ins Unendliche. Das Leben erfahren Menschen als begrenzt, weil Gott es begrenzt hat (1. Mose 3,19; Psalm 90,10; Hebräer 9,27).

Wodurch aber sterben alte Menschen? Die biblischen Zeugen führen hier durchaus Krankheiten an. Isaak konnte nicht mehr sehen (1. Mose 27,1); David hatte Durchblutungsstörungen (1. Könige 1,1) und der Prophet Elisa litt an einer Krankheit, an der er sterben sollte (2. Könige 13,14–19). Auch die jüdische Weisheit benennt die Grenzen des Alters durch Erkrankungen geradezu bildhaft (Prediger 12,3–5). Willem J. Ouweneel summiert, „dass das Alter mit Gebrechen kommt und dass das eine normale, natürliche Sache ist, sehen wir deutlich".[44]

Gilt also für den alten, gebrechlichen Menschen, dass er sich in sein Schicksal fügen muss und dass in diesem Fall, am Ende des Lebens, die „Kräfte der zukünftigen Weltzeit" (Hebräer 6,5) eben wirklich nur zukünftig sind, aber nicht mehr für das Leben hier auf der Erde erwartet werden dürfen? Wir lesen doch wie in einer summarischen Feststellung vom Heilungsdienst Jesu etwas anderes!

Jesus hat offensichtlich nicht nur Jugendliche oder jüngere Menschen berührt, sondern auch Ältere oder jene, die dauerhafte Gebrechen hatten. So lesen wir mehrmals, dass er alle „Krankheiten und Gebrechen" heilte (Matthäus 4,23–24; 9,35; 10,1). Hier werden zwei griechische Begriffe kombiniert, die auf die unterschiedliche Verursachung von Krankheit hinweisen können. Zum einen wird hier der Begriff *nosos* verwendet. Damit ist eine Krankheit gekennzeichnet, die durch eine Außeneinwirkung ausgelöst wird. Das kann z. B. durch eine Verletzung, Bakterien oder Viren geschehen. Zum anderen wird der Begriff *malakia* aufgegriffen, der eine Abnutzung, eine „Aufweichung" einer bestehenden Substanz bezeichnet.

Die Alterserkrankungen sind nicht ausschließlich als „Rechnung" für einen ungesunden Lebensstil zu deuten und ein langes,

44 Ouweneel, W. J.: *Heilt die Kranken* 86.

gesundes Leben nicht als Belohnung. Dennoch weisen gerade die mosaischen Gesetze, die sich auf eine gesunde Ernährung, Hygiene und Bewegung beziehen, darauf hin, dass Menschen auch entscheidend zu einer guten Lebensqualität im Alter beitragen können (2. Mose 29,14; 3 Mose 4,12; 11,1–47; 4 Mose 19,11; 31,21–24; 5. Mose 14,3–21; 23,12–14).[45]

Wenn wir von der Verfallenheit und Vergänglichkeit dieser Welt als Krankheitsursache sprechen, so will ich an dieser Stelle auch angeborene Leiden und Krankheitsnöte thematisieren. Menschen kommen mit erheblichen Einschränkungen auf die Welt; sie können blind oder taub sein, körperlich eingeschränkt oder auch geistige und psychische Erkrankungen haben. Heute sprechen wir häufig von genetisch bedingten Krankheiten. Vielfach ist jedoch keine Ursache auszumachen.

Das gängige Tat-Ergehens-Schemata, welches Krankheit, Kinderlosigkeit oder körperliche und geistige Behinderungen als Folge von individueller oder familiärer Sünde ansieht, wird nicht nur in der späten jüdischen Weisheits-Theologie (Hiob; Psalm 73) infrage gestellt, sondern von Jesus eindeutig zurückgewiesen (Johannes 9,1–3). David nimmt den gelähmten Mefi-Boschet nach dem Tod des Vaters Jonathan großmütig auf und verleiht ihm königliche Privilegien (2. Samuel 4,4; 9,1–13; 16,1ff). Ungezählte Kinder, Frauen und Männer leben mit einem angeborenen Handicap und haben ihren Platz in der Gesellschaft. Ihr Leben ist in keiner Weise minderwertig. Sie brauchen auch nicht nur Trost, sondern eine Begleitung, damit sie ihren Platz im Leben finden.

Die biblischen Zeugen berichten allerdings ebenfalls von Heilungen von Menschen mit angeborenen oder chronischen Erkran-

45 „Diese Gesetze stellen keine ‚Gesundheitsratschläge‘ dar, sondern echte Gebote. Wer sie übertrat, sündigte gegen Gott. Die Krankheiten, die durch Infektionen entstanden, durch Essen ungesunder Nahrung oder durch Mangel an Körperbewegung oder an Entspannung, sind die Folge der Vernachlässigung dieser Gesetze“ (Ouweneel, W. J.: AaO 92).

kungen (u. a. Johannes 9,4ff; Matthäus 15,30f; Markus 5,25par; Lukas 11,14f; 17,11f). Die heilende und tröstende Gegenwart Gottes ist hier zugleich gefragt. Wolfgang Bittner schreibt:

> „So wenig die körperliche Gesundheit zu idealisieren ist, so falsch oder gar zynisch wäre es, umgekehrt Behinderungen als Normalfall darzustellen. Ganz im biblischen Sinn sind wir alle nicht. Wir alle haben Gebet nötig, um reifend auf dem Weg zur Ganzheit gut unterwegs zu sein. Zu diesem Gebet gehört die Bitte, Gottes Kraft in der Überwindung unserer Schwächungen jetzt schon zeichenhaft zu erfahren."[46]

So kann und soll ein Leben mit Einschränkungen auf die Hoffnung und die Vollendung ausgerichtet sein. Kerstin Wendel leidet unter einer chronischen Erkrankung und bezeugt: „Hoffnung entsteht durch aktive Auseinandersetzung mit der eigenen Situation. Die Spielräume erkennen, sie nutzen! Hoffnung entsteht durch einen großen Gott, der sich innig und herzlich um chronisch kranke Menschen kümmert."[47]

Schließlich sei darauf hingewiesen, dass der Tod – egal aus welchen Gründen – eine Folge und ein Zeichen dieser Weltverdorbenheit und der universalen Sündenverfallenheit ist. Zwar lesen wir in den biblischen Texten auch von Totenauferweckungen, aber sie bleiben sicherlich eine Ausnahme (1. Könige 17,17; 2. Könige 4,19ff; Lukas 7,11ff, Johannes 11,1–46).

Wenngleich Jesus seine Jünger mit dem Auftrag aussendet, Kranke zu heilen und Tote aufzuerwecken (Matthäus 10,8), so wird uns in den Evangelien nicht berichtet, dass sie Tote ins Leben zurückgerufen haben. Gleichwohl lesen wir von Totenauferweckungen in der Apostelgeschichte (9,36ff; 20,7ff). Dem Tod begegnen Christen vorrangig mit der Hoffnung auf die leibhaftige Auferstehung und die

46 Bittner, W.: AaO 168.

47 Wendel, K.: *Chronisch hoffnungsvoll.* Vgl. Mette, J.: *Alles außer Mikado;* Kohröde-Warnken, C.: *Im Wartezimmer der Hoffnung;* Schneider, A.: *Eigentlich kerngesund.*

Vollendung des Reiches Gottes. Wenn Heilungen und Tröstungen im Namen Jesu hier und heute als Zeichen des angebrochenen Reiches Gottes deutlich erwartet und auch bezeugt werden, so bleiben Todesauferweckungen eine Ausnahme. Jesus hat seine Jünger auch nicht auf die Friedhöfe und zu den Grabstätten ausgesandt, um dort Tote zu neuem Leben aufzuwecken.

Aber angesichts des Todes leuchtet die Hoffnung neu auf. Der Kampf Gottes ist ein Kampf gegen die Chaosmächte, ein Kampf gegen die Zwangsläufigkeit des Todes. So weiß Paulus, „dass weder Tod noch Leben … uns zu scheiden vermag von der Liebe Gottes“ (Römer 8,38f). In dieser christlichen Hoffnung deutet Francis MacNutt den Tod von Christen wie ein Durchgangsstadium zur Heilung, als „endgültige Heilung“. Er schreibt:

> „Es ist unsinnig, so zu tun, als wolle Gott jeden heilen, als gäbe es keine Zeit zu sterben ... Der körperliche Tod ist darum ein Ereignis innerhalb des ewigen Lebens. Man kann also um Heilung beten, ohne notwendig gegen den Tod zu beten. Man kann dafür beten, dass der Mensch zur Ganzheit findet und für die Vereinigung mit Jesus vorbereitet wird – und dabei Gott überlassen, was das konkret bedeutet. Man kann immer dafür beten, dass dem Menschen Gottes Leben mehr und mehr zuteil wird. Und gerade das kann das ewige Leben sein. Wandeln muss sich also vor allem unsere Einstellung zum Tod. Ich höre Predigten über Heilung, die wirklich die Auferstehung verkünden. Dieselben Prediger sprechen längst nicht so oft über den Tod mit dem triumphierenden Ruf des Paulus: ‚Verschlungen ward der Tod im Sieg. Wo ist, o Tod, dein Sieg? Wo ist, o Tod, dein Stachel?‘ (1. Korinther 15,54–55).“[48]

Ähnlich formulierte es Dietrich Bonhoeffer:

> „Wo ... erkannt wird, dass die Macht des Todes gebrochen ist, wo das Wunder der Auferstehung und des neuen Lebens mitten in die Todeswelt hineinleuchtet, dort verlangt man vom Leben keine Ewigkeiten, dort nimmt man vom Leben, was es gibt, nicht Alles

48 MacNutt, F.: *Beauftragt zu heilen* 101.105–106.

oder Nichts, sondern Gutes und Böses, Wichtiges und Unwichtiges, Freude und Schmerz; dort hält man das Leben nicht krampfhaft fest, aber man wirft es auch nicht leichtsinnig fort, dort begnügt man sich mit der bemessenen Zeit und spricht nicht irdischen Dingen Ewigkeit zu, dort lässt man dem Tod das begrenzte Recht, das er noch hat."[49]

Die Folge der Sünde

Eine Erkrankung kann viele Ursachen haben. Alle hängen irgendwie mit dem Grundübel, dem Bösen zusammen. Alle Krankheit hat einen Resonanzraum in dem, was wir Sünde nennen. Die Sünde kennzeichnet die Distanz zu Gott und die Annäherung zur Gottlosigkeit, die Distanz zum Guten und die Nähe zum Bösen, die Abwesenheit von Heil und die Anwesenheit von Unheil. Sünde korrespondiert immer mit dem Sünder. Sie zeitigt Folgen bei dem sündigen Menschen selbst, aber auch in seinem Umfeld. Sünde hat Auswirkungen auf Geist, Seele und Leib, auf die zwischenmenschlichen Beziehungen bis hin zu familiären, nationalen und kosmischen Zusammenhängen. Der Terminus Sünde kann sowohl die Ursünde (Adam), die Macht und Gesetzmäßigkeit als auch die moralischen Auswirkungen (häufig als Plural „Sünden") bezeichnen.

Was das Alte Testament unter Sünde versteht, wird nicht nur in einem einzigen Begriff ausgedrückt, sondern es geht um Verfehlungen, Auflehnung und Schuld. Im Neuen Testament finden wir für Sünde den tragenden Begriff *harmatia*. Es entspricht dem jüdischen Verständnis von Verfehlung: Ein Mensch, eine Menschengruppe (z. B. Familie), eine Nation verfehlen das Ziel, welches Gott in seiner Schöpfungsordnung, in der Thora und in seiner Offenbarung vorgibt. Der Ursprung liegt in einer Absonderung des Menschen von Gott, dem Schöpfer und Vater. „Sünde ist, dass wir aus dem Vater-

49 Bonhoeffer, D.: *Ethik* 79.

haus Gottes weggehen. Wir wollen die Abhängigkeit vom Vater loswerden, um selbst über unser Leben zu bestimmen.“[50]

Diese Gottes-Verweigerung des Menschen ist nicht in erster Linie moralisch definiert, sie verletzt nicht nur Einzelgebote oder gute Tugenden, sondern sie setzt sich selbst zum Maß aller Dinge. Dieses hat zur Folge, dass Gott den Menschen der Macht der Sünde dahingibt (Römer 1,24).

Ein moralisches Desaster breitet sich aus, die Schöpfungsordnungen und die Gebote Gottes werden missachtet. Aus einer solchen Preisgabe folgt eine Unfähigkeit des Menschen, sich selber zu lösen von der Sündenmacht. Wenn Paulus die Sünde als Herrin im eigenen Leib darstellt, quasi als „Untermieterin“, die die Führung des Hausstandes an sich gerissen hat, dann ist die Freiheit des Menschen zunehmend eingeschränkt und er ist versklavt an die Sünde (Römer 6,17; 7,1–25). Der Mensch braucht die Erlösung durch Gott selber. Er braucht Vergebung seiner Sünde, die sich in unterschiedlichen moralischen Verfehlungen und einer hochmütigen Gottlosigkeit manifestiert. Allein Gott kann Sünde vergeben (Markus 2,7). In Jesus Christus schafft er diese Erlösung (1. Korinther 1,30). Er ist – in der Opfersprache des Alten Bundes – das Opferlamm, das die Sünden der Welt trägt (Johannes 1,29). Jesus befreit von der Sklaverei der Sünde.

> *Wahrlich, wahrlich, ich sage euch: Jeder, der die Sünde tut, ist ein Knecht der Sünde. Der Knecht aber bleibt nicht ewig im Haus; der Sohn bleibt ewig. Wenn euch nun der Sohn frei machen wird, so seid ihr wirklich frei.* (Johannes 8,34–36)

Erst durch die Wirksamkeit des Heiligen Geistes erkennt der Sünder seine Gottesverachtung, die sich neutestamentlich in der Ablehnung Jesu Christi äußert (Johannes 16,8–9). Wenn ein Mensch durch Buße (griech. *metanoia*), Glaube, Taufe und Geistempfang

50 Kimmich, E.: Artikel „Sünde“ in: Grünzweig, F. u. a.: *Brockhaus Biblisches Wörterbuch* 333.

mit Jesus Christus verbunden wird, ist die Macht der Sünde gebrochen. Der Christ ist nicht mehr der Gesetzmäßigkeit der Sünde unterworfen, sondern er kann ihr im Namen Jesu widerstehen, er erfährt Vergebung und wird selber in die Lage versetzt zu vergeben. Wenn Krankheit eine Folge von Sünde ist, so ist die Heilung eine Folge von Vergebung.

Diese Grundpfeiler einer Sündenlehre bzw. einer Erlösungslehre (Soteriologie) sind in einer biblisch-theologischen Orientierung zum Verhältnis von Krankheit und Heilung ernst zu nehmen. Sie können allerdings auch durch eine mangelnde Differenzierung zu sehr einseitigen Zuordnungen mit verheerenden Folgen führen. Zwei Beispiele sollen verdeutlichen, was ich meine.

Der 33-jährige Stefan hat nach einem schweren Autounfall eine Querschnittslähmung und ist nun an den Rollstuhl gebunden. In seiner freikirchlichen Christengemeinde hat er in der Zeit viel Halt, Trost und auch Unterstützung in der neuen Situation seiner Lebensumstände erfahren. Doch zugleich ist in seiner Gemeinde auch ein hohes „Sündenbewusstsein“. Immer wieder hört er in letzter Zeit die Frage, ob Gott ihm durch diesen Unfall und die damit verbundene Lähmung nicht etwas zu sagen habe. Freunde und auch Leute, die Stefan nur wenig kennen, erdreisten sich, ihm hier eine Verstehenshilfe zu geben, wenn sie in einem Nebensatz erwähnen, dass Gott ja nicht einfach zuschauen könne, wenn jemand sich nicht an seine Gebote halte.

Dabei haben sie nicht nur Stefans Neigung im Blick, die geistliche Leitung in der Gemeinde zu kritisieren. Andere erwähnen ihre Vermutung nicht nur im Gespräch mit Stefan, sondern hüllen sie in Gebete während einer Gebetsgemeinschaft ein: „Herr, du weißt, dass einige unter uns so oft an deinem Wort gezweifelt haben und immer noch zweifeln. du aber kannst sie zurückführen zur Treue gegenüber dem biblischen Zeugnis und zu der Gemeinde!“ Jeder im Hauskreis weiß, wer hier gemeint ist, denn Stefan war bekannt für seine Zweifel und seine Fragen.

Eine derartige subtile Unterstellung von Sünde macht auf Dauer mürbe und hat den 33-Jährigen noch tiefer in sein Elend gestürzt. Sollte der Unfall denn wirklich so von Gott initiiert oder zugelassen worden sein, damit er „zahmer und vertrauensvoller" wird? Steht seine Querschnittslähmung unmittelbar in einer Verbindung mit den „lähmenden Worten", die er angeblich immer von sich gibt?

„Herr, ich bin es nicht wert, mit dir zu reden. Ich habe mich versündigt an dir und ich tue es immer wieder. Ich habe dich angegriffen und beleidigt, herausgefordert und versucht. Zu Recht hast du mir nun diese Krankheit gegeben. So weiß ich, dass du einen anderen Weg mit mir hast!"

Wie fromm hört sich das Gebet von Sabine an. Sie ist nun schon 41 Jahre alt und hatte Gott jahrelang in den Ohren gelegen, er solle ihr doch endlich einen guten frommen Mann geben. Sie wollte unbedingt auch Mutter werden. Doch dann kam die Diagnose Gebärmutterkrebs. Sie verlor jegliches Vertrauen und kam innerlich zu dem Entschluss, dass Gott sie wohl für ihre unverschämten Bitten gestraft habe. Krankheit als Strafe für ein inständiges Bittgebet? Ein inständiges anhaltendes Bittgebet soll hier als ursächliche Sünde verbucht werden?

Wir spüren, wie gerade in Gemeinden und Gemeinschaften, die es ernst mit dem Glauben und der Nachfolge Jesu nehmen, die Nähe zu einer erschreckenden Gesetzlichkeit gegeben ist. Aber nicht nur dort. Die ganze Kirchengeschichte berichtet, wie sich Menschen kasteit haben, sich selber bestraften und sich Lasten auferlegten, nur um Gott gnädig zu stimmen. Dahinter stand ein in das christliche Vokabular eingetauchtes Deutungsschema des Lebens: Ein Tat-Ergehen-Zusammenhang. Die Grundthese lautet: Wenn ich mich nicht exakt an das halte, was Gottes Wort von mir verlangt, so hat mein Leben kein Fundament und Gott straft mich für meine Sünde. Martin Luther litt unter einer solchen knechtischen Auffassung, ehe er die reformatorische Erkenntnis bekam. Der religiöse Mensch neigt dazu, sein Verhalten zum Maßstab für Gottes Verhalten zu machen.

Nun ist der Zusammenhang von Sünde und Krankheit in den alttestamentlichen Schriften allerdings sehr klar belegt. Nicht nur einzelne Menschen, sondern ganze Familien und Völker werden so mit Krankheit geschlagen, weil sie Gott und seine Weisungen missachten. Ja, Gott selber wird als der strafende und züchtigende Gott gesehen, der geradezu wie der Verursacher einer Krankheit erscheint. Etliche alttestamentliche Stellen lassen vermuten, dass Gott selber Krankheiten bringt oder zulässt, wenn Menschen oder sein Volk von ihm und seinen Geboten abweichen (4. Mose 12,10; 5. Mose 32,39; 2. Könige 15,2–5; 2. Chronik 21,18).

Demgegenüber steht die Verheißung, dass das Volk, wenn es dem Herrn dient, nicht krank werden wird (2. Mose 15,26; 23,25f; 5. Mose 7,15). Ich habe bereits darauf hingewiesen, dass ich es aufgrund des neutestamentlichen Zeugnisses nur so deuten kann, dass Gott Krankheiten zulässt, um Menschen neu an sein Herz zu ziehen, oder dass er Menschen sich selbst in ihrer Sünde überlässt, um ihnen ihre Erlösungsbedürfigkeit zu verdeutlichen (Römer 1). Dennoch ist der Zusammenhang von Sünde und Krankheit nicht einfach mit dem Hinweis auf das neutestamentliche Zeugnis von der Liebe Gottes und der in Christus geschehenen Versöhnung und Heilung überflüssig.

Wenn die Jünger Jesu bei der Begegnung mit einem Blindgeborenen danach fragen, wer denn nun gesündigt habe, er oder seine Eltern, so weist Jesus diese Frage nicht generell zurück, sondern er zeigt auf, dass es nicht das einzige Deutungsschema von Krankheitserfahrung ist (Johannes 9,2ff). Andere Heilungsberichte lassen vermuten, dass Jesus sehr wohl einen Zusammenhang zwischen Krankheit und Sünde sah. Dem von Lähmung Geheilten sagt er anschließend: *„Siehe, du bist gesund geworden; sündige hinfort nicht mehr, damit dir nicht etwas Schlimmeres widerfährt!“* (Johannes 5,14).

Sünde und Krankheit werden auch dann benannt, wenn ein Mensch nicht nur eine körperliche Heilung erfährt, sondern zugleich eine geistliche Heilung, die Versöhnung mit Gott durch die Vergebung der Sünde (Markus 2,5). Das griechische Wort *sozein* kann im neutestamentlichen Kontext sowohl für „retten", als auch für „heilen" stehen (Matthäus 9,2f; 14,36; Markus 5,23.28.34; 6,56; Lukas 7,3; 8,36.48; Apostelgeschichte 14,9). Im Gebet der Ältesten für einen Kranken wird ebenfalls auf die Bedeutung des Sündenbekenntnisses hingewiesen:

> *Das Gebet des Glaubens wird den Kranken retten, und der Herr wird ihn aufrichten; und wenn er Sünden begangen hat, so wird ihm vergeben werden. Bekennt einander die Übertretungen und betet füreinander, damit ihr geheilt werdet!* (Jakobus 5,15–16)

Eine besondere Ausformung von Sünde ist gemäß dem apostolischen Zeugnis gegeben, wenn das Abendmahl nicht von einer gewöhnlichen Essensaufnahme unterschieden wird. Paulus mahnt zu einer Selbstprüfung, damit das Mahl nicht unwürdig empfangen wird:

> *Denn wer unwürdig isst und trinkt, der isst und trinkt sich selbst ein Gericht, weil er den Leib des Herrn nicht unterscheidet. Deshalb sind unter euch so viele Schwache und Kranke, und eine beträchtliche Zahl sind entschlafen.* (1. Korinther 11,29–30)

Es geht bei einer solchen Prüfung nicht darum, dass nur Menschen das Mahl nehmen dürfen, die sich „keiner Sünde mehr bewusst sind", sondern es geht um die Unterscheidung von einer normalen Essensaufnahme und dem Vergegenwärtigen der Vergebung durch das Opfer Jesu im Abendmahl. Das Abendmahl ist für Menschen, die durch das vergossene Blut Jesu Vergebung suchen und empfangen und so in eine Gemeinschaft mit Gott kommen dürfen. Die Verbindung zwischen Krankheit und Sünde kommt in der messianischen Jesajaverheißung auf besondere Weise zum Ausdruck und wird im 1. Petrusbrief 2,24 und in Matthäus 8,17 aufgenommen:

Fürwahr, er hat unsere Krankheit getragen und unsere Schmerzen auf sich geladen; wir aber hielten ihn für bestraft, von Gott geschlagen und niedergebeugt. Doch er wurde um unserer Übertretungen willen durchbohrt, wegen unserer Missetaten zerschlagen; die Strafe lag auf ihm, damit wir Frieden hätten, und durch seine Wunden sind wir geheilt worden. (Jesaja 53,4–5)

An dieser Stelle will ich nicht nochmals auf den eschatologischen Vorbehalt eingehen, der in Bezug auf Heilung gegeben ist, jedoch nicht in Bezug auf die Versöhnung mit Gott und die erfolgte Vergebung durch das vergossene Blut Jesu Christi.[51] Es sollte aber deutlich sein, dass Heilung, Lösung von Schmerzen hier in einem Zusammenhang benannt werden mit der Vergebung und Versöhnung. Doch dieser Zusammenhang ist nicht wie eine Eins-zu-eins-Regel darzulegen nach dem Motto: Wenn ein Mensch krank ist, so hat er persönlich gesündigt. Schon das Buch Hiob oder auch Psalm 73 verdeutlichen, dass der Sünder recht gesund sein kann und der Fromme wie ein geschlagener Hund in der Ecke liegen. Gott selber weist die Ratgeber und Freunde Hiobs zurück, die immer wieder danach fragen, wo Hiob denn in Schuld gefallen sei (Hiob 42,7).

Zudem ist Folgendes zu bedenken: Die Sünde kann sich auf mehreren Ebenen zeigen: Wir unterscheiden die persönliche Sünde eines Menschen von einer Sünde, die ein ganzes Volk oder eine

51 „Nicht alle Ergebnisse des Werkes Christi werden jetzt schon vollständig sichtbar. Dem Menschen, der zu ihm kommt, können wir vollständige Vergebung seiner Sünden garantieren, ob dieser nun viel oder wenig Glauben hat. Wir können ihm aber nicht auf dieselbe Weise Heilung garantieren, auch wenn er einen noch so großen Glauben hätte" (Ouweneel, W. J.: *Heilt die Kranken* 229). „Es gibt einen wesentlichen Unterschied zwischen der Weise, in welcher Gott mit unserer Ungerechtigkeit umgeht, und der Weise, in welcher er mit unserer Krankheit umgeht … Unser Herr trug unsere Sünden in seinem Leib am Kreuz. Blieb eine einzige Sünde unvergeben? Absolut keine, denn das Werk Gottes ist so vollkommen, dass die Sünde vollkommen vernichtet wird. Als er aber unsere Schwachheiten auf sich nahm und unsere Krankheiten trug, während er hier auf Erden lebte, vernichtete der Herr Jesus nicht alle Krankheiten und Schwachheiten" (Nee. W.: *Der geistliche Christ* 608).

Gemeinschaft betrifft. Zudem gibt es die Auswirkungen der Sünde anderer Menschen, die uns Bösen antun. Missbrauch, Hass, körperliche und seelische Übergriffe und andere Widerwärtigkeiten, die einen verletzen, können zu seelischen und körperlichen Krankheiten führen. Eine kausale und direkte Zuordnung der Auswirkungen von bestimmten Sünden in bestimmten Erkrankungen suchen manche Bibelausleger in einzelnen Schriftbeweisen zu begründen; eine Regel kann hier allerdings nicht aufgezeigt werden.

Der Zusammenhang von Erkrankung und Sünde weist somit auch auf die Frage, wie ich mit erfahrener Ungerechtigkeit und Bosheit umgehe. Nicht nur die eigene Sünde, sondern auch die Sünde anderer kann einen Menschen in Krankheitsnöte bringen. Viele Krankheiten, ja womöglich alle Krankheiten, haben multikausale Ursachen. Wie aber geht ein Mensch mit der Sünde eines anderen um? Auch hier kann eine Heilung nur durch einen Prozess der Vergebung geschehen. Vergeben wiederum kann ein Mensch, wenn er selber von der Vergebung Gottes lebt. So beten wir im Vaterunser: „Vergib uns unsere Schuld, wie auch wir vergeben unseren Schuldigern.“

Wir können zusammenfassend festhalten: Krankheit und Sünde werden im Zeugnis der biblischen Schriften in einem Zusammenhang gesehen. Dieser kann sich sowohl auf den einzelnen Menschen als auch auf die Sünde einer Gemeinschaft beziehen. Eine generelle Zuordnung zwischen dem persönlichen Ergehen und einer persönlichen Schuld wird allerdings nicht prinzipiell vorausgesetzt. Sowohl die jüdische Weisheit (Hiob, Psalm 73), als auch neutestamentliche Zeugnisse weisen eine solche prinzipielle Begründung von Leiden und Krankheit entschieden zurück. Dabei wird allerdings nicht ausgeschlossen, dass es einen solchen Zusammenhang auch einmal geben kann (Johannes 5,14; Markus 2,3ff; Jakobus 5,16). Ohnehin wird ein gottesfürchtiger Mensch, ein Christ, sein ganzes Leben immer wieder in seiner Relation zu Gott einschätzen und bewerten. Er wird nicht nur in Krankheitszeiten von der Vergebung Jesu leben und sich daran erinnern, sondern solange er in dieser

Welt lebt. Jede Abendmahlsfeier kann somit den Charakter einer Heilungsfeier haben.

Flüche, Krankheitsgeister und Dämonen

Geradezu demonstrativ breitete sie auf dem Tisch vor uns alles aus: Die Bibel, gespickt mit vielen bunten Zetteln; ein Fotoalbum, einen alten zerfledderten Brief und ein geradezu zerlesenes Buch. Frau M. hatte sich gut auf das Gespräch vorbereitet. Sie litt seit vielen Jahren unter Osteoporose. Wir kannten uns aus der Jugendzeit, aber offen gestanden hätte ich sie nun auf der Straße nicht wiedererkannt. Sie war durch den Knochenschwund geradezu geschrumpft. Mehrere Knochenbrüche und andere Symptome dieser Erkrankung hatten sie sehr geprägt. „Nun bin ich schon 62 Jahre alt, aber erst jetzt habe ich erkannt, was hinter dieser Krankheit steckt", begann sie zu erzählen. „Ich wusste schon länger, dass auch meine Mutter und meine Großmutter wohl diese Erkrankung hatten, aber man hat das damals wohl nicht so diagnostiziert. Doch als ich kürzlich Fotos aus meiner Kinderzeit anschaute, da wurden mir die Augen geöffnet!" Fleißig zeigte Frau M. mir sodann einige Fotos. Und es war wirklich erschreckend, wie sehr sie nun als erwachsene ältere Frau ihrer damaligen Großmutter ähnelte. „Und dann habe ich vor einigen Tagen noch diesen alten Brief entdeckt, den meine Oma mir einmal aus dem Urlaub geschickt hat. Es ging ihr seinerzeit sehr schlecht und sie hatte starke Schmerzen. Da schreibt sie: ‚Ich glaube, unsere Nachbarn haben einen Fluch über uns ausgesprochen. Sie sind ja wirklich gegen Jesus und fluchen manchmal lauthals im Garten, wenn ihnen irgendetwas nicht passt. Sie gehen uns aus dem Weg und schauen uns böse an. Betet doch für uns, dass wir geschützt sind!'"

Frau M. war nicht davon überrascht, dass Osteoporose schon in ihrer Familie vorkam, darauf hatten sie die behandelnden Ärzte gleich hingewiesen. „Was ist das mit dem Fluch? Kann es sein, dass ein Fluch auf meiner Familie liegt und ich deshalb an dieser Krankheit leide?", fragte sie mich, allerdings mehr im Grundton einer

Überzeugung. Nun nahm sie das Buch *Segen oder Fluch* von Derek Prince in die Hand.[52] Sie hatte es von einer Freundin erhalten, die darin wohl auch schon sehr fleißig gelesen hatte.

„Dieses Buch hat mir nun die Augen geöffnet. Ich bin davon überzeugt, dass ein Fluch die Ursache für meine Erkrankung ist und ich möchte, dass jemand mit mir betet und diesen Fluch löst!" – Es ging Frau M. also nicht um die Frage, ob ein Fluch die Ursache war, sondern sie kam mit einer festen Überzeugung. Ein längeres Gespräch und auch ein Gebet schlossen sich an. Ich schloss nicht aus, dass ein Fluch ursächlich oder mitursächlich für eine solche Krankheit über Generationen hin sein kann, aber ich hatte auch keine Gewissheit. Dennoch würde es sicher gut sein, hier alle Anrechte einer bösen krankheitsverursachenden Macht im Namen Jesu zu binden.

Frau M. war kein Einzelfall. Es geschieht verhältnismäßig häufig, dass chronisch Kranke, die nach einer spirituellen Zuordnung und Deutung ihres Leidens fragen, schließlich fest davon überzeugt sind, dass es wohl ein Fluch aus der Zeit ihrer Voreltern sein müsse. Sodann wird recherchiert, es werden Nachforschungen angestellt über die Sünden der Vorväter und -mütter; über okkulte Kontakte und Berührungspunkte oder über einen möglichen Einfluss dämonischer Mächte.

Um es gleich zu sagen: Ich bin davon überzeugt, dass sich Krankheiten auch durch Flüche, über sich fortsetzende Sündentraditionen in Familien, durch Krankheitsgeister oder Dämonen im Leben eines Menschen einnisten können. In der Einführung zu diesem Buch habe ich Ihnen bereits mitgeteilt, wie ich selber von einer lebensbedrohlichen Krankheit durch ein Befreiungsgebet im Namen Jesu gelöst wurde und eine unmittelbare Heilung erlebte. Aber meine persönliche Erfahrung allein ist nicht ausschlaggebend für meine theologische Zuordnung.

52 Prince, D.: *Segen oder Fluch.*

Die biblischen Schriften gehen eindeutig von einer Macht des Bösen aus, die u. a. als Satan, Teufel, Diabolos oder Vater der Lüge bezeichnet wird. Es ist eine agierende Macht, die von außen auf den Menschen und alles Geschaffene einwirken und davon Besitz ergreifen will. Das Fatale daran ist, dass diese Übergriffe des Bösen nicht in ein logisches oder womöglich vernünftiges System einzuordnen sind. So ist es nicht nur Ausdruck einer differenzierten Beurteilung der Erfahrung des Bösen in unterschiedlichen Zeitepochen und -kulturen, wie diese lebensvernichtende böse Macht benannt wird, sondern die biblischen Schriften zeigen deutlich, dass mit der zunehmenden Offenbarung Gottes, die in Jesus Christus ihren Höhepunkt erreicht hat, das Böse ebenso zunehmend Konturen bekommt. Dass die Welt nicht nur aus einer sichtbaren, für die menschliche Ratio nachvollziehbaren Wirklichkeit besteht, sondern dass es da auch eine transzendente, unsichtbare Welt gibt, steht in den biblischen Schriften nicht zur Debatte.

> *Denn in ihm ist alles erschaffen worden, was im Himmel und was auf Erden ist, das Sichtbare und das Unsichtbare, seien es Throne oder Herrschaften oder Fürstentümer oder Gewalten: alles ist durch ihn und für ihn geschaffen; und er ist vor allem, und alles hat seinen Bestand in ihm.* (Kolosser 1,16–17)[53]

Die neutestamentlichen Schriften gehen von der Existenz des Bösen, vom Satan aus. Er verführt zur Sünde, er nimmt Raum ein im Leben von Personen und Geschöpfen, ja, in ganzen Lebenssystemen und Gesellschaften. Dass hinter allem Leben immer auch eine transzendente Macht, ein Geist steht, war beispielsweise auch im Hellenismus die Weltanschauung. So sprach man von den *daimones* als den Geistern und Mächten, die hinter einer jeden Tugend, hinter

53 Siehe dazu: Rust, H. C.: *Und wenn die Welt voll Teufel wär…* 49–110. Paulus setzte offenbar voraus, dass die Empfänger des Kolosserbriefes wussten, was gemeint ist, wenn er von Gewalten (*archai*), Mächten (*exousiai*), Kräften (*dynameis*), Herrschaftsgebieten (*kyriotetes*) oder Thronen (*thronai*) sprach.

jeder negativen oder guten Erfahrung, ja sogar hinter Personen, in Räumen oder Gegenständen einen Wirkungsort haben konnten. Die Schriften des Neuen Testaments ordnen Dämonen oder böse und lebenszerstörerische Geister allerdings nur der Macht des Bösen, des Teufels zu.[54]

Als Christen müssen wir jedoch aufpassen, dass wir nicht in ein geradezu dualistisches Weltbild zurückfallen, in dem Licht und Finsternis immer noch um die Vorherrschaft ringen. Dieser Kampf ist entschieden, und nicht erst seit der Auferstehung Jesu Christi von den Toten. Die Schriften der Bibel lassen keine Zweifel aufkommen, dass allein Jahwe, der Vater Jesu Christi, der dreieine Gott alle Autorität im Himmel und auf der Erde hat. Jesus Christus ist der Anfang, das Ziel und der Ursprung allen Seins, und ihm ist als Auferstandenem alle Autorität in den himmlischen Welten und auf Erden gegeben (Matthäus 28,18).

Es ist mir wichtig, dass wir dem Bösen und seinen „Gesellen", so will ich einmal Dämonen, Engel Satans oder auch böse und teuflische Geister bezeichnen, nicht mehr Aufmerksamkeit zukommen lassen als unbedingt nötig. Vom Teufel und Dämonen spreche und schreibe ich nur, weil Jesus sie besiegt hat. Von der Finsternis will ich nur wissen, weil Jesus das Licht ist.

54 „Zwischen den physischen Objekten und den Mächten, die ihnen zugeordnet wurden, wurde vielfach sprachlich nicht unterschieden. So kannten die Griechen z. B. den Ausdruck *hephaestos* für das Feuer und auch für den Geist des Feuers. Dämonen (*daimones*) waren Beauftragte dieser Geistesmächte. Sie übten die Herrschaft konkret aus. Man gab ihnen unterschiedliche Namen … Für eine Reihe von klassischen Autoren, angefangen bei Porphyrios bei Hermetica bis hin zu Celsus, sind die *daimones* sowohl gut als auch böse. Die guten *daimones* beaufsichtigen den Staat, den Handel und die Familien. Die bösen *daimones* versuchen an Macht zu kommen, die ihnen nicht gegeben ist, indem sie die Verehrung auf sich ziehen wollen. Die Vorstellung von Dämonen, die hinter aller Herrschaft standen, war also durchaus lebendig im Kontext des Neuen Testaments. Dennoch übernimmt das Neue Testament nicht einfach dieses Verständnis" (Rust, H. C.: *Und wenn die Welt voll Teufel wär …* 72).

Kommen wir noch einmal auf Frau M. zu sprechen. Was war denn nun wirklich die Ursache ihrer Krankheit? Auch nach unserem Gespräch und Befreiungsgebet hatte sie weitere Krankheitssymptome und nicht eine umfassende Befreiung oder Lösung von der Osteoporose erfahren. War da zu wenig Vollmacht oder Glaube oder war es womöglich auch nicht die ausschlaggebende Ursache für ihre Erkrankung? Es steht mir nicht an, das zu bewerten. Ich schließe allerdings nicht generell aus, dass es die Wirksamkeit von Flüchen, Familiensünden und auch Dämonen gibt. Wie kommt es aber, dass Menschen unter einen Fluch geraten? Und wie kommt es zu dämonischen Manifestationen in einer Krankheitsnot? Können sogar Christen davon betroffen sein?

Betrachte ich das Gesamtzeugnis der biblischen Schriften, so stelle ich Folgendes fest: Satan ist aktiv, obwohl sein Ende bereits beschlossen ist. Er gleicht einem angeschossenen bösartigen Löwen, der in Agonie brüllt und alles verschlingen will (1. Petrus 5,8). Dieses Brüllen, diese diabolische Einflussnahme, kann durch seine Agitationen, seine Angriffe oder Versuchungen ihren Lauf nehmen. Willigt ein Mensch bewusst ein oder widersetzt er sich dieser satanischen Macht nicht, so kann der Teufel „Raum" gewinnen im Herzen eines Menschen oder auch in seinem Umfeld oder in ganzen gesellschaftlichen Systemen. So ist die apostolische Ermahnung zu verstehen: „*Gebt nicht Raum* (griech. *topos*) *dem Teufel!* (Epheser 4,27; vgl. Galater 5,13).

In diesem Zusammenhang haben wir von den verheerenden Folgen der Sünde als Grundübel oder auch als persönliche bzw. Sünde anderer gesprochen. Sünde geschieht in der Regel durch ein aktives oder passives Teilnehmen an der Auflehnung des Menschen gegen die Gottesgemeinschaft und gegen Jesus. Wird die Sünde sogar gesucht oder geradezu „kultiviert", so nimmt der Gottesneider immer mehr Raum im Leben ein. Verborgene oder auch offensichtlich gewollte und geduldete Sünde führt immer mehr in eine Gottesferne des Menschen.

Werden sogar Mächte der Finsternis um Hilfe gebeten, dass das Leben beeinflusst oder gar zerstört werden soll, so kommt es zu einer gewollten Liaison zwischen Mensch und Satan. Das kann durch unterschiedliche Formen von Magie bzw. Spiritismus geschehen. Wir reden von „weißer Magie", wenn Menschen sowohl Satan als auch andere spirituelle Quellen anrufen bzw. herbeirufen, um das eigene Leben oder das Leben anderer positiv zu beeinflussen. Die „schwarze Magie" hingegen will Leben negativ beeinflussen; Krankheiten, Leiden bis hin zum Tod werden auf einen Menschen, eine Familie oder eine Gesellschaft ausgerufen. Ein Fluch ist immer ein ausgesprochenes Negativum, das einem Menschen zusetzen, ihn einschränken oder zu einer Änderung führen soll.

Wir leben heute in einer Zeit des spirituellen Interesses an diesen Dingen und es sollte uns Christen hellhörig machen, wenn satanische Zirkel, die Anrufung von transzendenten Mächten, angeblichen Gottheiten oder Verstorbenen geradezu modern werden.[55] Menschen geraten unter einen desaströsen, zerstörerischen Einfluss. Das Gegenteil von einem Fluch ist der Segen, das Aussprechen des Guten. Der Segen fließt von Gott und wird durch Segensworte, Segensgesten bzw. Segensrituale für Menschen vermittelt. Segen und Fluch sind nicht leere Worte, sondern Worte, die Leben beeinflussen.

Inwiefern auch Gott bzw. Christen nicht nur Segen, sondern Fluch aussprechen, soll an dieser Stelle nicht ausführlich diskutiert werden. Ich gehe darauf im folgenden Abschnitt nochmals ausführlicher ein. Eines will ich an dieser Stelle jedoch umso klarer und ein-

55 „Der modernen, naturwissenschaftlich und rational orientierten Weltauffassung ist es nicht gelungen, eine magische Weltsicht zu überwinden und zu einer religionsgeschichtlich überholten Alternative zu machen. Trotz Aufklärung und Religionskritik, trotz Entzauberung des Unsichtbaren und Geheimnisvollen finden mythologische Weltbetrachtungen zunehmend Akzeptanz … Nach der Rationalitätsdominanz kommt die Empfänglichkeit für das Übersinnliche, Geheimnisvolle und Irrationale" (Hempelmann, R. in: Kick, A./Hemminger, H.: *Geister, Mächte* 3).

deutiger feststellen: Der Segen ist immer stärker als der Fluch! Ich weiß es offen gestanden nicht, wo und wie oft mich andere schon verfluchen wollten.

Ich kann mich noch sehr gut an eine Situation erinnern, als in einem öffentlichen Gottesdienst plötzlich eine Frau aufstand, und sie begann lauthals unflätige und hässliche Worte in die Versammlung zu rufen. Aus ihr sprachen in diesem Moment offensichtlich unsaubere Geister. Als ich sie aufforderte zu schweigen, schrie sie noch lauter und begann mich und die Besucher des Gottesdienstes zu verfluchen. Sofort erhob ich meine Hände und sagte: „Im Namen Jesu Christi, des auferstanden und erhöhten Herrn: Ich gebiete dir zu schweigen! Gesegnet sollst du sein und nicht fluchend!" Sie schwieg und verließ daraufhin sofort den Gottesdienstsaal. Ich war wirklich froh, dass Gott der ganzen Gemeinde geradezu eine Demonstration gegeben hatte, dass der Segen stärker ist als der Fluch.

Ein besonderes Augenmerk soll an dieser Stelle noch auf zwei Bibelstellen des Alten Testaments gelegt werden. Es geht um den Einfluss, der durch die Sünden und Missetaten der Voreltern in eine Familie kommen kann. Es ist Gott zuwider und ein Gräuel, wenn Menschen andere Götter oder gar die Geister der Verstorbenen anrufen, um so Einfluss zu bekommen.

> *Es soll niemand unter dir gefunden werden, der seinen Sohn oder seine Tochter durchs Feuer gehen lässt, oder einer, der Wahrsagerei betreibt oder Zeichendeuterei oder ein Beschwörer oder ein Zauberer, oder einer, der Geister bannt, oder ein Geisterbefrager, oder ein Hellseher oder jemand, der sich an die Toten wendet. Denn wer so etwas tut, ist dem HERRN ein Gräuel, und um solcher Gräuel willen vertreibt der HERR, dein Gott, sie vor dir aus ihrem Besitz.* (5. Mose 18,10–12)

> *Denn ich, der HERR, dein Gott, bin ein eifersüchtiger Gott, der die Schuld der Väter heimsucht an den Kindern bis in das dritte und vierte Glied derer, die mich hassen, der aber Gnade erweist an vielen Tausenden, die mich lieben und meine Gebote halten.* (2. Mose 20,5–6)

Es ist mir in den Jahren meiner Seelsorge an kranken Menschen, besonders an Christen aus charismatischen und evangelikalen

Gemeinschaften, aufgefallen, dass diese beiden alttestamentlichen Stellen geradezu wie ein Schlüssel für die spirituelle Diagnostik, sprich die Ursachenbenennung, von Erkrankungen angeführt werden. Praktiken des Okkultismus oder auch die Sünden der Voreltern werden als die Haupteinflusstore für einen stärkeren dämonischen Einfluss angesehen, der sich in Krankheiten oder anderen Leiderfahrungen niederschlägt. Ich habe ungezählte Situationen und Dienste vor Augen, bei denen ein Befreiungsdienst diesbezüglich auch zu einer unmittelbaren Heilung geführt hat.[56]

Zurückhaltend bin ich jedoch, wenn es geradezu zu einer Ahnenforschung kommt, um an die Wurzeln des gegenwärtigen Leidens zu kommen. So wird das diagnostische Spektrum in Bezug auf die Voreltern noch erweitert auf alle in der Thora benannten Gräuel und andere Sünden. W. J. Ouweneel zitiert in diesem Zusammenhang aus dem Buch der Sprüche Salomos: *„Diese sechs hasst der HERR, und sieben sind seiner Seele ein Gräuel: stolze Augen, eine falsche Zunge, Hände, die unschuldiges Blut vergießen, ein Herz, das böse Pläne schmiedet, Füße, die schnell zum Bösen laufen, ein falscher Zeuge, der Lügen ausspricht, und einer, der Zwietracht sät zwischen Brüdern"* (Sprüche 6,16–19). Ouweneel erweitert das Sündenspektrum, indem er Diebstähle, Hass, Mordneigungen, Anarchie (Ungehorsam gegenüber jeder Autorität), Habsucht, böse Nachrede, Streitsucht, Neid und Aufreizungen, Egoismus, Arroganz oder das ganze Spektrum sexueller Verfehlungen hinzufügt.[57]

Meine Zurückhaltung in Bezug auf die Konzentration auf die Sünden der Voreltern liegt vor allen Dingen in meiner Untersuchung der neutestamentlich bezeugten Heilungen und Befreiungen. An keiner Stelle wird hier eine Ahnenforschung oder eine Rückbe-

56 Insbesondere in der Zeit der Zusammenarbeit mit Willem C. van Dam (1979–1987) ist mir die Konzentration auf die Sünden der Voreltern bzw. okkulte Praktiken bei einer Diagnostik und einer Lehre zum Befreiungsdienst aufgefallen.

57 Ouweneel, W. J.: AaO 205f.

sinnung auf die Voreltern empfohlen. Bereits die alttestamentlichen Propheten lassen vermuten, dass die Familiensünden noch nicht einmal von einer Generation zur anderen Auswirkungen auf die Segnungen Gottes haben müssen.[58] In der neuen Wirklichkeit des angebrochenen Reiches Gottes postuliert der Apostel Paulus:

> *Christus hat uns losgekauft von dem Fluch des Gesetzes, indem er ein Fluch wurde um unsertwillen, denn es steht geschrieben: ‚Verflucht ist jeder, der am Holz hängt', damit der Segen Abrahams zu den Heiden komme in Christus Jesus, damit wir durch den Glauben den Geist empfingen, der verheißen worden war.* (Galater 3,13–14)

Die Gesetzmäßigkeit des Fluches wird durch Jesus Christus und die Ausgießung des Heiligen Geistes relativiert. Die Sünden der Voreltern werden nicht in dem Maße Auswirkungen auf folgende Generationen haben. Gott beurteilt und segnet jeden Menschen, unabhängig von seinen Vorfahren bzw. Nachkommen. So ist es verständlich, dass ich im neutestamentlichen Zeugnis keinen Katalog sehe, wie wir ihn vielfach in Seelsorgebüchern vorfinden, wie ein Befreiungsdienst in einer korrekten Weise geschehen muss, damit er auch wirksam wird.

Es gibt hier sehr eigenartige Lehren, die sich jedoch nur auf ein sehr schmales Schriftzeugnis gründen können. Die einen plädieren dafür, dass ein Mensch erst dann eine Befreiung und Heilung erfahren könne, wenn er zuvor Buße getan habe oder sich geradezu formelhaft von den dämonischen Mächten, Einflüssen und damit verbundenen Personen losgesagt habe. Die anderen mutmaßen, dass eine nachhaltige Befreiung nur möglich sei, wenn die Namen, die Identitäten der diabolischen Mächte, Dämonen und Geister

58 „In jenen Tagen wird man nicht mehr sagen: ‚Die Väter haben saure Trauben gegessen, und den Kindern sind die Zähne stumpf geworden!', sondern jedermann wird für seine eigene Missetat sterben; jeder Mensch, der saure Trauben isst, dessen Zähne sollen stumpf werden!" (Jeremia 31,29–30. Vgl. Hesekiel 18,1ff).

auch genannt werden.[59] So empfehlen sie, diese Geister und Dämonen nach ihrem Namen zu befragen, falls der Heilige Geist ihnen diese Namen nicht offenbart.

Ich finde für ein solches prinzipielles Vorgehen keine Basis in der Schrift. Allein die Berufung auf die positiven Erfahrungen bei einem solchen Vorgehen überzeugt mich nicht. Ich entdecke in den neutestamentlichen Berichten eine Zurückhaltung, was die Diagnostik anbelangt. Es ist offenbar gar nicht so wichtig, genau herauszufinden, woher und wodurch Dämonen oder unsaubere, böse Geister Menschen ergriffen haben. Sie müssen im Namen Jesu weichen und können sich ihm nicht widersetzen.

Ich plädiere für ein Höchstmaß an geistgewirkter Nüchternheit und Klarheit in diesem Befreiungs- und Heilungsgeschehen. Zudem scheint mir die Gabe der Geisterunterscheidung[60] vonnöten zu sein angesichts der Tatsache, dass diabolische Mächte zugleich Lügen- und Chaosmächte sind. Sie lenken ab, lenken die Aufmerksamkeit auf sich und wollen weiter bestimmen. Doch im Befreiungsdienst haben sie keine Stimme, egal ob sie schreien oder schweigen. – Wichtig ist allerdings, dass ein so befreiter und geheilter Mensch sich sodann Christus und dem Heiligen Geist voll anvertraut. Jesus vergleicht diese Situation mit einem gereinigten, leeren Raum, der gefüllt werden muss mit dem Geist Gottes und mit der Herrschaft Jesu Christi. Wenn das nicht erfolgt, so kann eine unmittelbare Befreiung und Heilung zwar erfolgen, aber es kann auch zu einem verheerenden Rückfall kommen.

Wenn der unreine Geist von dem Menschen ausgefahren ist, so durchzieht er wasserlose Gegenden und sucht Ruhe. Und da er sie nicht findet, spricht er: Ich will zurückkehren in mein Haus, aus dem ich weggegangen bin. Und wenn er kommt, findet er es gesäubert und geschmückt. Dann geht er hin und nimmt sieben andere Geister mit sich, die bösartiger sind als er selbst, und sie ziehen ein und wohnen

59 Ken und Sylvia Thornberg, James Stanton.

60 Siehe dazu: Rust, H. C.: *Herr, bist du es?*

dort, und es wird der letzte Zustand dieses Menschen schlimmer als der erste. (Lukas 11,24–26)

Wenn ich davon ausgehe, dass ein Mensch unter den Einfluss von bösen Geistern, Krankheitsmächten oder Dämonen erkranken kann, so belege ich das durch neutestamentliche Heilungsberichte, die hier einen Zusammenhang herstellen: Matthäus 4,23–24; 8,16–17; 8,28–34; 9,32–34; 12,22–24; 15,22–28; 17,14–21; Markus 3,10–12; Lukas 7,18–23; 8,2; 13,11; 13,32.[61]

Oft werden auch Heilungen und Befreiungen geradezu wie Synonyme verwandt, um den Heilungsdienst Jesu zu beschreiben. Bis in die Wortwahl hinein werden die gleichen Begriffe für „heilen" und „befreien" bzw. „lösen" verwendet. Es gibt Beispiele, in denen eine Besetzung von dämonischen Mächten derart massiv ist, dass die eigene Identität geradezu aufgelöst scheint. Menschen verhalten sich fast wie Tiere, sie wenden sich in Aggression und Gewalt gegen sich und andere. So berichten die Evangelien von einem dämonisierten Mann in der Gegend der Gadarener, der durch Jesus eine umfassende Befreiung und Heilung erfährt(Lukas 8,26ffpar). Weiterhin lesen wir von einer Frau, die an einem „Geist der Krankheit" (griech. *astheneia*) litt. Jesus legt ihr die Hände auf. Die unmittelbare Heilung erfolgt (Lukas 13,11). Andere Heilungsberichte differenzieren kaum oder gar nicht, ob es sich bei der Ursache der Krankheit um eine dämonische Belastung handelt oder nicht.

Es gibt offenbar unterschiedliche Ausmaße einer dämonischen Einflussnahme, von Übergriffen des Bösen auf einen Menschen. Sogar Christen können erleben, dass Satan ihr „Herz erfüllt", sodass sie unter einen starken Einfluss des Bösen kommen (Apostelgeschichte 5,3ff). Dennoch wird ein Christ im neutestamentlichen Zeugnis nicht als „dämonisiert" beschrieben. Kann ein Christ also

61 Roland Scharfenberg stellt 27 Einzelheilungen und 14 summarische Heilungsberichte zusammen, die in den Evangelien von Jesus erwähnt werden. Davon ordnet er 12 Einzelheilungen einer Befreiung zu. Vgl. Scharfenberg, R.: *Wenn Gott nicht heilt* 399–400.

demgemäß nicht dämonisiert sein? Oder wie weit kann der Einfluss des Bösen im Leben eines vom Geist neu geborenen Christenmenschen sein? Diese Frage wird immer wieder diskutiert.[62]

Ich gehe davon aus, dass ein Christ zwar durch böse Mächte, Krankheitsgeister oder Dämonen angefochten und belastet sein kann, ich spreche aber nicht von einer absoluten Herrschaft oder einer Besessenheit. Immerhin deutet Paulus seine körperliche Not als einen „Dorn im Fleisch" und sieht dahinter einen Engel Satans, der ihn mit Fäusten schlägt (2. Korinther 12,7).

Hilfreich ist die Differenzierung aus der katholischen Praxis des Exorzismus. Ausgehend von dem lateinischen Verb *sedere* (sitzen, besetzen) unterscheidet man eine *Circumcessio* (*Circus* = rundum), bei der die Mächte ein Individuum umzingeln und bedrängen, aber es nicht einnehmen, von einer *Obsessio*, bei der finstere Mächte Teile des Individuums belagern und besetzen, aber es nicht vollends bestimmen. Schließlich ist die Redeweise von der *Posessio*, einer Besessenheit, bei der das ganze Individuum von diabolischen Mächten belagert ist. Eine solche *Posessio* ist bei einem Christen nicht denkbar, weil seine Identität von Christus und seinem Geist eingenommen ist. Es sei denn, ein Christ sagt sich selber bewusst los von Christus und gibt sich dem Teufel hin.

Eine Umlagerung, Anfechtung oder teilweiser Identitätsverlust im Sinn einer *Obsessio* oder *Circumcessio* ist allerdings durchaus möglich. So fordert Paulus die Christen auf: „Gebt auch nicht Raum dem Teufel!" (Epheser 4,27). Jakobus verwendet das eigentümliche griechische Wort *dipsychos* (Jakobus 1,8; 4,8), was so viel wie „doppeltbeseelt" bedeutet.

Eine Person, die doppeltbeseelt ist, erlebt sich wie ein gespaltenes Wesen. Eine solche Seelenspaltung kann dämonischen Ursprungs sein, sie kann aber auch als psychische Erkrankung andere Ursa-

62 Ich verweise auf die Diskussion: Rust, H. C.: *Und wenn die Welt voll Teufel wär…* 170–176.

chen haben. Ich kann nur dringlichst dazu auffordern, nicht voreilig eine Dämonisierung oder einen dämonischen Einfluss bei einem kranken Menschen zu diagnostizieren, sondern um die Gabe der Geisterunterscheidung zu beten.

Viele psychische Störungen werden zu Unrecht als Dämonisierung angesehen, weil die Symptome einer Dämonisierung und gewisser psychischer Erkrankungen sich sehr ähneln können. Gerade deshalb ist es ebenso voreilig, eine dämonische Einflussnahme bei psychischen und auch bei körperlichen Krankheiten von vornherein auszuschließen. Kurt Koch, der sich in seinem Standardwerk[63] mit einer Differenzialdiagnostik befasst, empfiehlt bei psychischen Störungen immer in erster Instanz eine naturwissenschaftliche Diagnostik. Erst, wenn eine solche nicht möglich ist, sollte nach möglichen dämonischen Ursachen gefragt werden. W. J. Ouweneel hingegen empfiehlt genau den anderen Weg: Zunächst seien „in vielen Fällen dämonische Einflüsse anzunehmen, auch bei psychischen und somatischen Übeln, die wissenschaftlich ganz erklärbar zu sein scheinen".[64] Ich plädiere hier beidseitig, sowohl bei Medizinern und ausgebildeten Therapeuten als auch bei Seelsorgern, für einen Dialog, sofern ein solcher trotz unterschiedlicher Weltanschauungen möglich ist.[65]

Ähnlich wie seinerzeit bei Frau M. erlebe ich es zunehmend, dass Menschen mit einer langen Krankheitsgeschichte sich geradezu wünschen, dass die Ursache ihrer Erkrankung in einer dämonischen Einflussnahme oder aufgrund von voreIterlichen Sünden liege. Sie erwarten eine schnelle, zumeist sofortige Heilung nach einem Befreiungsgebet. Damit würden nicht nur alle schmerzlichen

63 Koch, K. E.: *Okkultismus und Aberglaube.*

64 Ouweneel, W. J.: AaO 176.

65 Ich verweise auf Demling, J. H./Thierauf, P.: *Zur ärztlichen Einschätzung von dämonischer Besessenheit*; Grossklaus, M.: *Free Church Pastors in Germany – Perceptions of Spirit Possession and Mental Illness*; Niemann, U.: Exorzismus oder Therapie?

Krankheitssymptome aufhören, sondern auch die immer wiederkehrenden Klinikaufenthalte.

Wenn ich dann als Seelsorger und im Hören auf Gottes Geist keine solche dämonische oder vorelterliche Belastung bestätigen kann, erlebe ich es zuweilen, dass Menschen geradezu enttäuscht sind oder auch wütend den Raum verlassen. „Sie glauben mir also auch nicht, dass ich von dämonischen Mächten angegriffen und krankgemacht werde. Dann muss ich eben einen anderen Seelsorger aufsuchen!“, heißt es dann. Umso erfreulicher ist es, wenn Seelsorger, Therapeuten und Ärzte gemeinsam um eine klare Diagnostik ringen und betend vor Gott um Weisheit bitten, wie dem Kranken geholfen werden kann.

Züchtigungen und Erziehung Gottes

Es wird geradezu wie eine erlösende Formel ausgesprochen, gebetet oder auch verkündigt: „Frage nicht: warum?, sondern: wozu?!“ Wenn die Ursache einer Erkrankung oder eines fürchterlichen Leides nicht erklärbar ist, so ist der fromme Mensch nicht sprachlos. Er kann Gott seine Not, seine Klage und Enttäuschung entgegenschreien. Wenngleich er von Finsternis umgeben ist und keinen Horizont mehr erkennen kann, auf den das Leben hinsteuern sollte, so bleibt die vom Geist Gottes gegebene Gewissheit, oder besser gesagt, das Bekenntnis, dass „man nie tiefer fallen kann, als in die Hände Gottes!“ Diese Aussage als eine „Resignationslehre“[66] abzutun, wird meines Erachtens weder dem Schriftzeugnis noch dem tröstenden Gott gerecht. Klaus Berger fasst es wie folgt zusammen:

> „Die Frage ‚Warum trifft es gerade mich?‘ haben wir umgewandelt in die andere: ‚Wozu trifft es gerade mich?‘ Und die Antwort ist: Alles, was mir begegnet, gehört zu mir. Es gibt kein Recht auf ein bestimmtes, durchschnittliches Maß an Schicksal oder Lebenslänge, an Besitz oder Bildung. Es gibt aber jeden einzelnen Menschen mit

66 Ouweneel, W. J.: AaO 38.

seinem eigenen Weg. Für den Christenglauben ist dieser Weg eine Antwort vor dem, in dessen Hand wir für immer geborgen sind.“[67]

Schon seit einiger Zeit kam Erwin mit seiner Familie in die Gottesdienste. Der erfolgreiche Geschäftsmann suchte die Nähe Gottes und den Segen Gottes. Er war interessiert und öffnete sich dem Evangelium immer mehr. Doch an diesem Sonntag kam er in schwarzer Kleidung und mit Tränen in den Augen. Seine Ehefrau war sehr unerwartet und plötzlich nach einem Herzinfarkt verstorben. Ich nahm ihn in den Arm und sprach ihm mein Beileid aus. Ebenso seinen beiden Kindern. „Gott macht keine Fehler!“, schluchzte er, wohl auch, um seine Kinder zu trösten und mir mitzuteilen, dass er durch diese Not nicht den Glauben über Bord schmeißen würde.

Und doch kamen die Wochen der Trauer, der Einsamkeit und des Fragens. „Gott ist doch allmächtig, warum hat er mir die Frau genommen? Warum sollen unsere Kinder nun ohne Mutter heranwachsen? Will Gott mir dadurch etwas sagen?“ Wir haben oft miteinander gebetet und Trost und Orientierung gesucht. Ich erlebte, wie Erwin und auch seine Teenagerkinder in dieser Zeit der Not immer stärker im Glauben wurden. Sie lasen viel gemeinsam in der Bibel und hatten ihre Familiengebetszeiten. Erwin nutzte jede Gelegenheit, um seinen Kunden und Geschäftspartnern von Jesus zu erzählen. In der Gemeinde waren sie tragende Mitarbeiter geworden. Nach etwa drei Jahren sagte er mir: „Vielleicht musste es so kommen, sonst hätte ich niemals so richtig in diese Nachfolge Jesu gefunden. Paulus hat vollkommen Recht, wenn es heißt: ‚Denen, die Gott lieben, müssen alle Dinge zum Besten dienen.‘ Der Tod meiner Frau hat mich in die Arme Gottes getrieben!“

Erwin ist nur einer von unzähligen Menschen, die bezeugen, dass schwere Krankheitsnöte, Unfälle und tiefes Leid sie nicht von Gott trennen konnten. Dennoch gibt es auch viele andere, die aus ihren Zweifeln an der Liebe und Gerechtigkeit Gottes keinen Ausweg

67 Berger, K.: *Wie kann Gott Leid und Katastrophen zulassen?* 35.

fanden. Jene, die sich von ihm abgewandt haben, obwohl sie den lebendigen Gott doch einst so stark erlebt hatten. Die Erfahrung von persönlichem Leiden, von einem „Dorn im Fleisch“, einem schmerzlichen Verlust durch den plötzlichen Tod treibt ganz offensichtlich nicht immer in die Arme Gottes, sondern auch von ihm weg.

Sophia war einst eine tragende Säule in ihrer Kirchengemeinde. Sie leitete den Kirchenchor und war mit ihrer Familie ein Vorbild für viele. Doch dann kamen Krankheitsnöte mit großer Macht über sie. Ihr Ehemann erkrankte mit 34 Jahren an Leukämie und starb innerhalb weniger Wochen. Ein Jahr später verlor sie ihren ältesten Sohn, der auf dem Schulweg von einem betrunkenen Autofahrer überfahren wurde. Wenig später erfuhr sie, dass sie an Multipler Sklerose erkrankt sei. Das Strahlen in den Augen von Sophia suchte man nun vergebens. Sie litt unter starken Schmerzen und war als junge Frau an den Rollstuhl gefesselt.

Soll ich einer solchen Frau sagen, dass sie nicht nach dem Warum fragen soll, sondern nach dem Wozu? Soll sie den voll gefüllten Becher des Leides dankbar von Gott annehmen? „Und reichst du uns den schweren Kelch, den bitter‘n, des Leids gefüllt bis an den höchsten Rand, so nehmen wir ihn dankbar ohne Zittern aus deiner guten und geliebten Hand. Von guten Mächten wunderbar geborgen, erwarten wir getrost, was kommen mag. Gott ist mit uns am Abend und am Morgen und ganz gewiss an jedem neuen Tag!“[68] Was für ein Bekenntnis. Ich muss offen gestehen, dass ich selber diese Liedstrophe nur noch sehr leise und fragend mitsinge. Vielmehr möchte ich beten: Nimm alle bitteren Leidenskelche weg von mir, von uns. Wir wollen dir doch mehr vertrauen, du Gott der guten Mächte, bei dir wollen wir geborgen sein! – Doch wir alle

68 Der Text wird Dietrich Bonhoeffer zugeschrieben (1944), siehe: Bismarck v., R.: *Brautbriefe Zelle 92: Dietrich Bonhoeffer, Maria von Wedemeyer* 209. Vertont u. a. von Joseph Gelineau 1971.

wissen, es kommen Leiden, und dazu gehören auch Krankheiten, die unser Vertrauen nicht fördern, sondern es auf den Prüfstand stellen.

Da ist die Ohnmacht, die Ursache für ein widerfahrenes Leiden, eine todbringende Krankheit nicht begründen zu können, sondern lediglich in ein rationales und emotionales Loch zu fallen, in eine Deutungs- und vielfach auch Bedeutungslosigkeit, ja, eine Sinnlosigkeit des Leidens und Lebens. Warum musste Paulus so leiden und der Satansengel durfte ihn mit Fäusten weiter schlagen? Immerhin hat er eine Antwort bekommen: „Lass dir an meiner Gnade genügen, denn meine Kraft wird in der Schwachheit vollkommen" (2. Korinther 12,9). Was aber ist, wenn kein Wort von Gott gehört wird? Ist die Antwort Gottes an Paulus dann zugleich die Antwort an alle, die so sehr mit Krankheit und Leiden überschüttet werden, dass ihnen Hören und Sehen vergeht?

Mutet Gott uns Menschen Leiden zu? Lässt er sie zu, um sich darin als Herr der Lage zu erweisen? Die Kirchengeschichte zeigt, dass es ganze theologische Schulen und Bekenntnisbewegungen gab, die geradezu im Leiden immer zugleich eine besondere Leidensgemeinschaft mit Gott suchten. Der leidende Gott ist dem Leidenden nicht fern. In Jesus Christus, dem Gekreuzigten, hat er sich als leidender Gott vorgestellt, ohne Zweifel. Die Leidensmystik des Mittelalters hat auch ihre Ausprägungen in der Gegenwart. Ich bezweifle nicht, dass es so etwas gibt wie die „Gemeinschaft mit den Leiden Christi", ein Mitleiden Gottes mit den Menschen und ein Mitleiden des Christen mit Christus.[69] Doch es sind nicht die Leiden, die wir suchen müssen, um die Verbindung mit ihm in eine Tiefendimension zu führen. Warum lässt Gott aber Krankheit und Leiden zu? Was ist der Grund dafür?

69 Zur Christuspräsenz in Leid und Krankheit hat Papst Johannes Paul II 1984 ein apostolisches Schreiben *Salvifici Doloris* verfasst, welches die verschiedenen Dimensionen einer Christuserfahrung im Leiden und in der Krankheitsnot aufzeigt. Vgl. Johannes Paul II, Papst: *Salvifici Doloris.*

Einige Bibelausleger verweisen auf die unmissverständlichen Aussagen, dass Gott selber Krankheiten, Not und Leiden über einen Menschen, ja, ein ganzes Volk schicken kann. So finden wir Aussagen im Alten Testament, die darauf hindeuten, dass Gott selber einen Fluch über alle ausspricht, die sich nicht an seine Thora halten:

> *Wenn du nicht darauf achten wirst, alle Worte dieses Gesetzes zu tun, die in diesem Buch geschrieben sind, sodass du diesen herrlichen und furchtgebietenden Namen, den Herrn, deinen Gott, fürchtest, so wird der Herr dich und deinen Samen mit außerordentlichen Plagen treffen, ja, mit großen und andauernden Plagen und mit bösen und andauernden Krankheiten und er wird alle Seuchen Ägyptens über dich bringen, vor denen du dich fürchtest, und sie werden dir anhaften; dazu alle Krankheiten und Plagen, die nicht in dem Buch des Gesetzes geschrieben sind – der Herr wird sie über dich kommen lassen, bis du vertilgt sein wirst!* (5. Mose 28,58–61)

Nach diesen Texten veranlasst Gott Krankheiten und Plagen bis hin zum Tod, wenn Menschen sich bewusst von ihm abwenden. Er ist hier der Handelnde. Zugleich lesen wir geradezu wie ein Gegenstück, dass Gott Krankheiten fernhält und aus dem Leben nimmt, wenn Menschen sich an seine Weisungen halten (2. Mose 15,26; 23,25f). Jahwe vernichtet auch Ungläubige und Götzendiener und schlägt sie mit Krankheiten (2. Chronik 21,18). Krankheit wird als Bestrafung Gottes gedeutet. Mirjam und der König Asarja oder Usija (4. Mose 12,10; 2. Könige 15,2–5; 2. Chronik 26,3–21) werden von Gott mit Krankheiten geschlagen. Auch Hiskia (Jesaja 38,1) und der Prophet Elisa (2. Könige 13,14) werden von Krankheiten betroffen. Hiob bekennt, dass Gottes Hand verwundet und verbindet; er zerschlägt, und seine Hand hält (Hiob 5,18).

Gott lässt das Böse, Leiden und Krankheiten nicht nur zu, sondern er setzt es geradezu bewusst ein, um Menschen damit zu strafen, zu erziehen oder Gutes zu bewirken. Auch im neutestamentlichen Zeugnis finden wir den Engel des Herrn, der Herodes schlug, weil er Gott nicht die Ehre gab. Herodes starb daraufhin, „von Würmern zerfressen“ (Apostelgeschichte 12,23). Gott ist auch hier als der Verursacher von Krankheit angegeben, jemand, der Leid gezielt zufügt, der „schlägt“ durch seine Engel oder der Menschen bewusst durch Leiden zu einer Umkehr und Hinkehr führen will.

Kann aber ein Gott des Lichtes, ein Gott der Liebe so etwas tun? Eine solche Lesart ist aufgrund der alttestamentlichen Texte nicht abwegig. Und dennoch teile ich sie nicht. Vielmehr erkenne ich in diesen Texten die Aussage, dass Jahwe selbst das Böse zulässt, um das Gute zu bewahren. W. J. Ouweneel versucht eine ähnliche Zuordnung, wenn es heißt: „Gott ‚schafft‘ manchmal das Unheil, aber dann ausschließlich als ein Zwischenschritt zum letztendlichen Bewirken des großen Heils“.[70]

Eine andere Sinngebung von Leiden und Krankheiten könnte gegeben sein, wenn Gott dadurch das Vertrauen prüfen will, um es zu stärken. Die neutestamentlichen Texte vermitteln ein nicht eindeutiges Bild, wenn wir danach fragen, ob Gott versucht oder ob eine Versuchung durch menschliche Sünde oder durch eine teuflische Initiative geschieht. Die Bitte des Vaterunser-Gebetes „Und führe uns nicht in Versuchung“ könnte darauf hindeuten, dass Gott selber eine Versuchung einleitet. Viele Ausleger deuten diese Bitte jedoch in folgender Interpretation: „Und führe uns durch die Versuchung hindurch“ [71]. Die Versuchungsgeschichte Jesu wird eingeleitet mit dem Hinweis, dass der Geist Gottes Jesus in die Wüste führte, „damit er vom Teufel versucht würde“ (Matthäus 4,1). Der Geist führt zu einer Versuchung, aber er führt sie nicht aus. Jesus selber wurde durch die Versuchungen in seinem Verhältnis zum

---

70 Ouweneel. W. J.: AaO 214.

71 So z. B. Helmut Thielicke: „Darum können wir die Bitte ‚Führe uns nicht in Versuchung‘ auch so umschreiben, dass wir sagen: ‚Lass mir nichts zur Versuchung werden‘; denn alles kann mir zur Versuchung werden, nicht nur bestimmte Triebe und Süchte, denen ich hörig werden kann und denen gegenüber ich Gottes gebietendes Wort geschickt abdämpfe oder noch geschickter für unzuständig erkläre, … sondern auch das Große im Leben kann mir zur Versuchung werden“ (Thielicke, H.: *Das Gebet, das die Welt umspannt* 132).

Vater gestärkt. Wir sprechen auch von Prüfungen Gottes (griech. *peirasmos*), die er zulässt. Bei Jakobus lesen wir:

> *Meine Brüder, achtet es für lauter Freude, wenn ihr in mancherlei Anfechtungen (griech.* peirasmoi*) geratet, da ihr wisst, dass die Bewährung eures Glaubens standhaftes Ausharren bewirkt. Das standhafte Ausharren aber soll ein vollkommenes Werk haben, damit ihr vollkommen und vollständig seid und es euch an nichts mangelt … Niemand sage, wenn er versucht wird: Ich werde von Gott versucht. Denn Gott kann nicht versucht werden zum Bösen, und er selbst versucht auch niemand, sondern der Einzelne wird versucht, wenn er von seiner eigenen Begierde gereizt und gelockt wird. Danach, wenn die Begierde empfangen hat, gebiert sie Sünde; die Sünde aber, wenn sie vollendet ist, gebiert den Tod.* (Jakobus 1,2–4.13–15)

Jakobus postuliert, dass von Gott nichts Böses ausgehen kann und dass er auch niemanden dazu verführen will. Dennoch kann Gott in einer Versuchung, bei der der Teufel bei den Begierden des Menschen anknüpft und zu einer Sünde verleiten will, die Treue und den Glauben eines Menschen stärken, sodass dieser Bewährung erfährt. Gott ist nicht die Ursache für Versuchungen, aber ähnlich wie in der Hiobgeschichte lässt er es zu. Paulus findet Trost in der Erkenntnis, dass Gott das Maß der Versuchung festlegt. Er ist treu und wird nicht zulassen, dass Christen über ihr Vermögen versucht werden, sondern „*er wird zugleich mit der Versuchung auch den Ausgang schaffen, sodass ihr sie ertragen könnt*“ (1. Korinther 10,13).

Zusammenfassend halte ich fest, dass Versuchungen nicht von Gott ausgehen, sondern dass hinter jeder Versuchung der Böse, der Teufel steht. Jesus schickt nicht Krankheiten, aber er kann uns in den Krankheiten begegnen. Gott kann diese teuflischen Versuche so steuern, dass ein Angefochtener darin die Bewährung seines Glaubens erfährt. Das Ziel solcher „Zulassungen“ besteht dann darin, dass Gott das Böse zum Guten wenden kann und will. Paulus fasst eine solche Erfahrung in einem Bekenntnis zusammen, wenn es heißt:

Wir wissen aber, dass denen, die Gott lieben, alle Dinge zum Besten dienen, denen, die nach dem Vorsatz berufen sind ... Denn ich bin gewiss, dass weder Tod noch Leben, weder Engel, noch Fürstentümer, noch Gewalten, weder Gegenwärtiges noch Zukünftiges, weder Hohes noch Tiefes, noch irgendein anderes Geschöpf uns zu scheiden vermag von der Liebe Gottes, die in Christus Jesus ist, unserem Herrn.

(Römer 8,28.38–39)

Der Apostel bekennt: *„Ich vermag alles, durch den, der mich stark macht, Christus“* (Philipper 4,13). Von Gott gewährte Versuchungen sollen somit zu bewährten Glaubenserfahrungen führen. Einige Bibelausleger sind allerdings der Auffassung, dass Gott niemals Krankheiten zulassen würde, sondern nur Versuchungen anderer Art (z.B. Verfolgung, Ablehnung, Hunger, Gefahren und Ängste). Ich gehe hingegen davon aus, dass Krankheiten und somatische Schwächungen nicht ausgenommen sind, und deute die Erfahrung, die Paulus als „Dorn im Fleisch“ oder als Schwächung (*Astheneia*) bezeichnet, so, dass damit durchaus auch Krankheiten gemeint sein können.

Warum Gott Krankheit und Leiden zulässt, ist jedoch nicht immer mit dem Gedanken der Erziehung Gottes zu erklären. Jesus führt das Motiv Gottes an, dass durch Krankheit, bzw. Heilung die großen Taten Gottes verkündigt werden sollen.

Weder dieser hat gesündigt noch seine Eltern; sondern an ihm sollten die Werke Gottes offenbar werden! (Johannes 9,3)

Musste deshalb ein Mensch viele Jahre als Blindgeborener sein Leben fristen, damit Gott an ihm seine Heilungskraft offenbar machen kann? Oder sollten sich die Gegenwart Gottes und seine Werke schon in der Krankheit erweisen? In dieser Art deutet Paulus schließlich Gottes Präsenz und er rühmt sich sogar der somatischen Schwachheit, weil darin die Größe Gottes verdeutlicht wird.

Darum will ich mich am liebsten vielmehr meiner Schwachheiten (griech. astheneias*) rühmen, damit die Kraft des Christus bei mir wohne.* (2. Korinther 12,9)

Ein Sinn, wenn auch ein verborgener, könnte dann darin liegen, dass Menschen in Schwäche und Krankheitsnot die Kraft Gottes erfahren, aber nicht dadurch, dass die Schwachheit, die Krankheit genommen wird, sondern dass sich der Schwache an der Gnade Gottes genügen lässt in aller Krankheitsnot.

Der Apostel interpretiert zudem sein Leiden als Teil des Leidens Christi, welches bei anderen Menschen Hoffnung und Lebensmut hervorbringen kann.

> *Wir tragen allezeit das Sterben des Herrn Jesus am Leib umher, damit auch das Leben Jesu offenbar wird. Denn wir, die wir leben, werden beständig dem Tod preisgegeben um Jesu willen, damit auch das Leben Jesu offenbar wird an unserem sterblichen Leib. So ist der Tod wirksam in uns, das Leben aber in euch.* (2. Korinther 4,10–12)

Das eigene körperliche Leiden, das Hineingegebensein in den Tod Christi, führt demnach dazu, dass andere dadurch in das Leben Jesu geführt werden. Dann wäre Leiden wie eine Saat des Lebens. Die Kirchengeschichte weiß von vielen Märtyrern, deren Blut als „Samen des Christentums " (Tertullian) gedeutet wird. Diese geradezu paradoxe Zuordnung von Tod und Leben, von Vergänglichkeit und Ewigkeit, von Leiden und Freude kann der Apostel nur mit Blick auf Jesus selber vollziehen. Nun sind nicht alle Menschen, auch nicht alle Christen als Apostel berufen, und dennoch dürfen alle Christen ihr Leben „in Christus" und als Teilhaber seines Lebens und seines Leides deuten (vgl. Römer 8,17; 2. Timotheus 2,10–11).[72]

Wir fragen nach den Ursachen von Krankheit und können im alttestamentlichen Zeugnis erkennen, dass Gott Krankheiten als Strafe

72 „Im Kreuz Christi hat sich nicht nur die Erlösung durch das Leiden erfüllt, sondern das menschliche Leiden selbst ist dabei erlöst worden … Jeder ist auch zur Teilhabe an jenem Leiden aufgerufen, durch das die Erlösung vollzogen wurde … Christus hat gleichzeitig das menschliche Leiden auf die Ebene der Erlösung gehoben" (Johannes Paul II, Papst: *Salvifici Doloris* 22–23).

ankündigt und auch vollzieht. Im neutestamentlichen Zeugnis wird jedoch betont, dass aus Gott nichts Bösen kommt (Jakobus 1,13). Vielmehr steuert und nutzt er die Versuchungen des Bösen; er setzt ihnen das Maß, sodass in der Versuchung die Bewährung des Glaubens wachsen kann. Damit liegt keine direkte Ursache einer Krankheit vor, sondern eine indirekte, wenn wir davon sprechen, dass Gott durch Krankheiten zu uns spricht, uns erziehen will oder uns „in seine Arme treibt".

In der Kirchengeschichte hat sich hingegen nicht nur das Motiv einer Bewährung in dem Leiden und in der Krankheit durchgesetzt, sondern es ist gepaart mit dem Motiv der Ergebung in den Willen Gottes. „Was Gott zulässt, das nehme ich auch an!" Besonders W. J. Ouweneel hat als Niederländer die fatalen Ausprägungen einer solchen Ergebungstheologie in der reformierten Tradition angeprangert:

> „Der Calvinismus hat sich ganz und gar der unbiblischen Ergebungslehre angeschlossen ... So schrieb Calvin, der selber von vielen Krankheiten und Übeln heimgesucht wurde: ‚Die Krankheiten müssen uns als Medizin dienen, um uns zu reinigen von Neigungen zur Welt und um abzuschneiden, was in uns überflüssig ist.' Und über sich selbst schrieb er 1561: ‚Wenn Gott es für gut befunden hat, meinen anderen Leiden noch das der Gicht hinzuzufügen, dann muss ich mit Geduld seine väterliche Züchtigung tragen.'"[73]

Auch bei anderen Reformatoren zeigt sich ein ähnlich passives, geradezu fatalistisches Verhalten gegenüber Krankheit. Bezüglich des Ältestengebetes für Kranke nach Jakobus 5,14 heißt es bei dem jüngeren Luther: „Ich glaube nicht, dass dieser Rat allen Kranken gilt, da die Krankheit eine Ehre der Kirche ist und der Tod unser Gewinn, sondern nur denen, die ihre Krankheit ungeduldig und schwachgläubig tragen. Und Gott hat sie deshalb verlassen, damit in ihnen die Wunder und die Kraft des Glaubens geoffen-

73 Ouweneel, W. J.: AaO 42.

bart würden."[74] Man könnte meinen, dass die Kleingläubigen eine Heilung wohl brauchen, aber die mit großem Glauben krank bleiben sollen. Doch Luther selber hat später durchaus zum Gebet für Kranke ermutigt, als er seinem Freund Melanchthon die Hände auflegte und dieser eine Besserung erlebte.

Dennoch wird bis in die Gegenwart Krankheit quer durch die Christenheit sehr wohl als „Normalfall" angesehen. Sie wird als Prüfung, Erziehung Gottes, als Zulassung Gottes oder auch als eine Teilhabe am Leiden Jesu gedeutet. Die Duldung, das Ertragen der Krankheit oder auch die Erfahrung der Präsenz im Leiden haben sich nach wie vor stärker theologisch und seelsorgerlich artikuliert als die Überwindung und Heilung von Krankheit. Allerdings können wir im neutestamentlichen Zeugnis eine andere Gewichtung erkennen.

So gesehen brauchen wir einen „eschatologischen Klimawandel", eine Theologie und auch eine Kirche, die hier und heute mehr Kompetenz zeigen können, wenn es um die Überwindung und Heilung von Krankheit geht. Die stark wachsenden Pfingstbewegungen und charismatischen Aufbrüche haben zu Recht auf eine Schieflage der Kirche Jesu Christi hingewiesen, die den Heilungsauftrag und den Dienst an Kranken lediglich auf Tröstung und Begleitung reduzieren will.

Zugleich halte ich fest, dass die ungezählten Bücher über Heilungswunder oder theologisch undifferenzierte Äußerungen wie „Jesus heilt heute alle!" ebenso wenig dem differenzierten und kraftvollen Evangelium von Jesus Christus entsprechen.

Unerklärbarkeit und Sinnlosigkeit

Wie erleichtert ist so mancher schwer kranke Mensch, wenn Ärzte und Therapeuten nach oft langen Umwegen seiner Krankheit endlich einen Namen geben können. Es gibt ja immer häufiger

74 Luther, M.: *Von der Babylonischen Gefangenschaft der Kirche* 192.

Erkrankungen, die keinem klassischen Krankheitsbild entsprechen, Schwächen, die sich auf das ganze Menschsein beziehen und auf vielfältige Ursachen zurückzuführen sind. Wenn eine Krankheit erst einmal richtig diagnostiziert ist, so wächst die Zuversicht, dass sie auch behandelt bzw. therapiert werden kann oder dass die Maßnahmen einer Palliativbehandlung Linderung ergeben.

Was geschieht aber bei vagabundierenden Krankheitsverläufen? Was geschieht, wenn medizinisches Fachpersonal nicht mehr den Menschen als Ganzes vor Augen hat, sondern sich nur noch auf die Pathologie konzentriert? Was geschieht, wenn Ärzte todkranken Menschen mitteilen, dass sie keinen Ansatz für eine Behandlung sehen können?

Ich will hier nicht den Eindruck erwecken, als sei das Gesundheitswesen und die Medizin in unserem Land schlecht aufgestellt. Ich bin dankbar für Ärzte, Therapeuten und Pflegende, die ihr geballtes Fachwissen einbringen und auch neue Erkenntnisse der medizinischen Forschung mit berücksichtigen. Und dennoch bleiben die Fragezeichen, die unlösbaren „Fälle“. Ohnmacht gehört auch zu denen, die im weißen Kittel Erfolge feiern können.

Wenn ich in diesem Kapitel einige Ursachenfelder für eine mögliche christliche spirituelle Anamnese zusammengestellt habe, so bleiben die vielen Leid- und Krankheitserfahrungen, die keinem dieser Deutungsmuster zuzuordnen sind. Wenn ich eine Ursache klar benennen kann, gibt es mir immer den gewollten oder auch ungewollten Eindruck, dass ich einer Krankheit nicht mehr einfach ausgeliefert bin: Die Krankheit macht nicht mit mir, was sie will, sondern ich mache mit ihr, was ich für richtig halte. Sicher ist dieser Eindruck nicht völlig abwegig, und dennoch bleiben Fragen offen. Krankheiten können völlig unbegründet, unerwartet auftreten. Sie zeigen zuweilen geradezu eine boshafte Intelligenz, gebärden sich wie unzähmbare Kräfte, die das Leben wegfressen wollen.

Es bleibt noch eine Deutung übrig, wenn wir nach dem Sinn bzw. den Ursachen einer Erkrankung fragen; sie lautet: Es gibt keine Erklärung für eine solche Chaosmacht und sie macht auch keinen

Sinn. Sie ist nicht dazu da, dass ich etwas durch sie lerne oder mein Leben in Zukunft vernünftiger oder gottwohlgefälliger gestalte. Sie ist einfach da und ich höre auf, nach dem Warum und nach dem Wozu zu fragen.[75] Ich muss mich hineinfinden in ein Leben, das Gott mir zumutet, ob es mir gefällt oder nicht.

Eine solche Erkenntnis könnte wie eine Resignation aussehen, sie kann aber auch wie ein Befreiungsschlag wirken. Ja, ich muss es lernen, mit Klagen und Hoffnungen, mit Zeichen des angebrochenen Reiches und mit Zeichen einer geradezu erdrückenden Gottesferne gleichzeitig zu leben. Ich werde mich jedoch nicht von einer Heilungskonferenz zur anderen, von einer Klinik zur anderen und von einer Therapie zur anderen hin und herschieben lassen. Ich bin angekommen in der Gegenwart. Eine Gegenwart, die für einen Christen gefüllt ist mit Hoffnung und Zuversicht, die aber nicht in der Hoffnung auf das Morgen den heutigen Tag verliert. Ich erinnere mich an Karl Rahners Aussage: „Die Unbegreiflichkeit des Leides ist ein Stück der Unbegreiflichkeit Gottes." Und ich erinnere mich an den Spiegel, den Paulus uns hinhält, wenn er uns verständlich machen will, wie verschwommen, konturenhaft und fragmentarisch alle unsere Erkenntnis ist.

> *Denn wir sehen jetzt mittels eines Spiegels wie im Rätsel, dann aber von Angesicht zu Angesicht; jetzt erkenne ich stückweise, dann aber werde ich erkennen, gleichwie ich erkannt bin.* (1. Korinther 13,12)

Bedeutet ein solches Eingeständnis der Vorläufigkeit aller Erkenntnis zugleich, dass wir das Geheimnis von Leben, Leiden und Lieben damit als sinnlos betrachten, weil wir an die Grenzen unserer rationalen und menschlichen Erkenntnismöglichkeiten geraten? Einen Sinn macht etwas ja dann, wenn ich dahinter auch eine Berufung, eine Zielsetzung erkennen kann. Wenn ich durch Krankheitserfahrungen weder eine Deutung meiner Schmerzen habe noch einen

75 Vgl. hierzu: Weiher, E.: „Die Erfahrung von Sinn und Sinnlosigkeit." In ders.: *Das Geheimnis des Lebens berühren* 255–266.

Sinn darin erkennen kann, so werde ich dennoch in meiner Freude und Hoffnung auf eine Zukunft ohne diese Grenzen, ohne diese Fragen, ohne dieses Leiden herausgefordert. Leiden und Krankheiten, die Gott in meinem Leben zulässt, ja, selbst die Sinnlosigkeit können mich ausrichten auf den Gott der Hoffnung und des Lebens, auf die Vollendung seines Reiches und das Ende aller Fragen, Defizite, Grenzen und Krankheiten.

Die Pfarrerin und Klinikseelsorgerin Nancy Bullard-Werner berichtet von einem 45-jährigen Familienvater, der sich mit der Sinnlosigkeit seines Leides und seiner Leukämieerkrankung herumschlägt:

> „Er meint in jeder Hinsicht aufrecht gelebt zu haben und deswegen unverdient von Gott verlassen zu sein ... Hin und her, auf und ab ging es bei Herrn G. einige Wochen lang; ein Wechselbad des Dagegen-Kämpfens und des Loslassens, des Ringens und Sich-segnen-Lassens (wie bei Jakob am Jabbok). Seine Krankheit hat er als eine Sinnlosigkeit gedeutet, doch über dem Sterbebett dieses wütenden, verzweifelten Familienvaters hing zum Schluss die einfache Skizze eines Engels. Seine Krankheit war wie ein Kampf mit einer verkörperten Sinnlosigkeit, die ihn nicht nur zu Tode verletzte, sondern ihn auch zu einer vertieften Spiritualität führte." [76]

So kann selbst die Sinnlosigkeit zu einer Gottesbegegnung führen. Dietrich Bonhoeffer beschreibt die Erfahrung von Sinnlosigkeit angesichts dieser Hoffnung, die in der Auferstehung Christi begründet ist, wie folgt:

> „Wo erkannt wird, dass die Macht des Todes gebrochen ist, wo das Wunder der Auferstehung ... mitten in die Todeswelt hineinleuchten, dort verlangt man vom Leben keine Ewigkeiten, dort nimmt man vom Leben, was es einem noch gibt, nicht Alles oder Nichts, sondern Gutes und Böses, Wichtiges und Unwichtiges, Freude und Schmerz; dort hält man das Leben nicht krampfhaft fest, aber man

76 Bullard-Werner, N.: „Sechs Schemata der Krankheitsdeutung" in: Thomas, G./Karle, I.: *Krankheitsdeutung in der postsäkularen Gesellschaft* 560.

wirft es auch nicht leichtsinnig fort, dort begnügt man sich mit der bemessenen Zeit und spricht nicht irdischen Dingen Ewigkeit zu, dort lässt man dem Tod das begrenzte Recht, das er noch hat.“[77]

77 Bonhoeffer, D.: *Ethik* 79.

III

DER HEILUNGSDIENST JESU UND SEINER JÜNGER

Auf ein Wort

Ich wende mich, liebe Leserin, lieber Leser, persönlich auf ein Wort an Sie. Vielleicht haben Sie sich durch die ersten Seiten dieses Buches etwas durchkämpfen müssen. Ich habe mich bemüht, komplexe theologische Zusammenhänge differenziert und doch anschaulich darzustellen. Mit Bibelstellen, Beispielen und Bildern wollte ich Ihnen eine theologische Orientierung zum Thema Heilung vermitteln. Bevor ich die Fragen der Heilungskompetenz und -praxis der Kirchen und Gemeinden aufzeige und mit Ihnen reflektiere, gibt es noch zwei wesentliche Zwischenstationen, die in den beiden nächsten Kapiteln aufgenommen werden.

Zum einen möchte ich mit Ihnen genauer den Heilungsdienst Jesu aufgrund des neutestamentlichen Zeugnisses sichten und werten. Und dann in einem weiteren Kapitel einen kleinen Einblick geben, wie die Heilungskompetenz und der Dienst an kranken Menschen in der Geschichte der Christenheit aufgenommen wurde. Hier warten eine Fülle von Daten und Informationen auf uns, die wir wahrnehmen wollen, um eine gute Einschätzung und Basis für die Gegenwart und Zukunft zu bekommen. Die Aussagen der Bibel hingegen sind ausschlaggebend, wenn wir danach fragen, welchen Stellenwert der Dienst an Kranken auch in unserer Zeit für die Kirche

Jesu Christi haben kann und haben soll. Die kirchengeschichtlichen Entwicklungen können ermutigen und inspirieren; aber sie können auch aufzeigen, wie der Heilungsdienst der Gemeinde Jesu geradezu in Vergessenheit geraten kann, delegiert werden soll oder gar abgelehnt wird.

Doch zunächst möchte ich Sie einladen, auf das Leben, die Lehre und das Werk Jesu Christi zu schauen. Alles, was wir über Jesus wissen, beziehen wir Christen aus den biblischen Schriften und hier speziell aus den vier Evangelien. Bevor ich Sie nun mit Wortstudien oder theologischen Diskussionen aus der Christologie konfrontiere, habe ich mich entschlossen, Ihnen diese Synopse des Lebens, des Wirkens und der Verkündigung Jesu nicht in einer sachlichen Form vorzustellen, mit vielen Argumentationslinien oder Grundthesen.

Vielmehr mute ich Ihnen ein Genre zu, das Sie womöglich auch etwas verunsichert. Ich lasse Jesus selber zu Wort kommen; dabei werde ich ihn mit meinen Worten erzählen lassen und natürlich kommen auch seine Logien, seine in den Schriften überlieferten Worte, dabei vor. Als Autor dieser Studie habe ich mich besonders mit den ca. 40 Prozent der Evangelientexte befasst, die von Heilungen und Befreiungen im Leben und Wirken Jesu berichten. Ebenso möchte ich dabei beobachten, wie dieser Heilungsdienst auf die Jünger und die junge Kirche übertragen wurde.

Ich hoffe, der Stil dieses Kapitels befremdet Sie nicht zu sehr, sondern er führt Jesus und seine ersten Jünger noch einmal näher in unser Blickfeld. Vielleicht erkennen Sie dabei auch Seiten an Jesus, die Ihnen zuvor gar nicht so bewusst waren. Wenn ich in das Leben von Jesus und seinen Jüngern etwas hineininterpretiere, das Sie in den biblischen Schriften nicht belegt finden, so vergessen Sie es ruhig; ich bitte Sie, liebe Leserschaft, und auch Jesus selber um Vergebung, wenn das der Fall sein sollte. Noch ein formaler Hinweis zum Schluss dieser Einführung: Bitte beachten Sie die jeweils angegebenen Bibelstellen und auch die Anmerkungen zum Text. Dort finden Sie einige Informationen, die ich Jesus nicht auch noch in den Mund legen wollte, die aber hilfreich sind, um die Zusammenhänge besser zu verstehen.

Jesus – mehr als ein Name

Es war so anders, und doch so gut. Ich hörte sie singen, die himmlischen Heere: „*Ehre sei Gott in der Höhe und Friede auf der Erde!*" Es war so hell und doch so finster zugleich. Maria schaute mich anbetend an und auch Joseph konnte es nicht fassen, was hier gerade geschehen war. Sie gaben mir den Namen, den mein himmlischer Vater mir schon von Ewigkeit her gab. *Jeshua*.[78] Das bedeutet: Jahwe rettet, er heilt. Nun war ich nicht mehr im Himmel, aber doch vom Himmel. Jeder Atemzug zog mich zu meinem himmlischen Vater. Der Geist freute sich in mir. Er hatte mich in diese Welt hineingezeugt.[79] Er hielt mich mit meinem himmlischen Vater zusammen. Doch nun lag ich hier als kleiner Mensch. Ich konnte noch nicht einmal sprechen.

Es soll hell werden in dieser Dunkelheit. Doch wer merkt es überhaupt?

Da kamen sie, die Leute von den Hirtenfeldern, mitten in der Nacht. Ein Engel war ihnen erschienen: „Euch ist heute der Heiland geboren, der Messias aus der Stadt Davids!" Und damit sie sich nicht noch mehr erschrecken, gab er ihnen ein Erkennungszeichen mit: Sie würden den Messias als ein Kind in Windeln gewickelt finden.[80] Diese Hirtenmenschen, ich bin gerade für sie gekommen!

---

78 Der Name *Jeshua* war nach dem babylonischen Exil Israels weitverbreitet. Er setzt sich zusammen aus *jhw* (Kurzform von Jahwe) und dem hebräischen Verb *jasa* (retten). Es könnte auch an das hebräische Verb *sua* (helfen) anklingen. So bedeutet der Name „Gott rettet" bzw. „Gott hilft". Für die Herleitung aus der Wurzel *jasa* spricht die Aussage in Matthäus 1,21 „... denn er wird sein Volk retten von ihren Sünden".

79 Lukas 1,35 (griech. *episkiazo* = beschatten) erinnert an die Wolke, die Gottes Präsenz versinnbildlicht, z. B. Matthäus 17,5; 24,30.

80 Lukas 2,12ff.

Es zerreißt mir das Herz, wenn ich sie sehe, wie sie ihre Knie beugen und mich anbeten. Der Geist hat ihnen zuerst die inneren Augen geöffnet, den Ärmsten, die hier im Stall in Bethlehem sind. Sie sind die ersten Menschen, die es weitersagen: Es beginnt eine neue Zeit! Wenig später kamen die Gelehrten von weit her. Mein Vater hatte die Sterne so gelenkt, dass sie wie Wegweiser für sie wurden. Sie fanden mich. Sie legten wertvolle Geschenke vor uns hin, um mir zu zeigen, dass sie in mir einen König sahen.[81] „Jeshua!", hörte ich Maria immer wieder flüstern und sie herzte mich, weil sie wohl spürte, dass ich ihr „Heiland" bin.[82]

Ich liebte ihren Lobgesang. Joseph schaute mich an und auch er nahm meine kleine Hand in seine rauen Hände und wiederholte die Worte, die der Engel ihm gesagt hatte: *„Maria wird einen Sohn gebären und du sollst ihm den Namen Jeshua geben, denn er wird sein Volk erretten von ihren Sünden."*[83] Jeshua heißen hier in unserem Land viele. Und doch soll dieser Name nicht nur ein Name unter anderen sein.

Ihr habt meinen Namen heute in eure Sprache übertragen; aus *Jeshua* habt ihr *Jesous* (griech.) oder *Jesus* (lat.) gemacht. Aber ihr wisst, es ist ein Name, der für Gottes Wesen, für seine Identität steht. In mir soll das erwählte Volk Israel und alle Welt erkennen, dass Gott rettet und befreit. Auch wenn sie mich ablehnen, wenn die Finsternis nicht begreift, was hier geschieht:[84] Es wird der Tag kommen, da werden sich alle Knie vor mir beugen. Gott hat mir einen Namen gegeben, der über allen Namen ist, alle werden einmal bekennen, dass ich der Herr bin, zur Ehre des Vaters.[85]

81 Matthäus 2,1–12.

82 „Meine Seele erhebt den Herrn und mein Geist freut sich über Gott, meinen Retter" (Lukas 1,46–47).

83 Matthäus 1,21.

84 Johannes 1,5.11.

85 Philipper 2,10–11.

Schon die Propheten hatten von mir gesprochen, sie bekamen einen Einblick, dass ich als Kind auf die Welt kommen würde und doch wie ein ewiger Vater, wie ein einziges Wunder, ein Ratgeber und Fürst des Friedens, ja starker Gott für sie sein werde.[86] Doch sie spürten nicht die Spannung, die im Himmel selber war, als die Zeit erfüllt war. Mein Vater sagte: „Nun ist die Zeit erfüllt!"[87]

Es war so, als würde sich der himmlische Sabbat in die irdische Zeit ergießen. Mein Vater sandte mich und ich verließ die Herrlichkeit, die Nähe, den Glanz der Vollendung.[88] Der Schmerz über unseren verlorenen Kindern, die wie Schafe waren, die keinen Hirten hatten, ihre Schuld, ihre Krankheiten und Gebundenheiten, das Toben der finsteren Mächte, die alles ausplündern und zerstören wollten, die sterbenden Kinder und weinenden Eltern, die Kriege und der Hass der Völker ... all das sollte ein Ende haben. „Es ist Zeit!" – Der ganze Himmel blieb in mir, als ich auf die Erde kam.[89] Aber die ganze Erde kam auch zum Himmel.[90] Ich spürte die Hilflosigkeit, ich hörte schon bald das Schreien der Kinder in Bethlehem, ich sah die Schrecken der Menschen, als wir uns auf die Flucht nach Ägypten machten. Es waren meine Schreie, mein Schrecken, meine Flucht.[91] *Jeshua* – Gott rettet!

Nach unserer Zeit in Ägypten kamen wir als kleine Familie zurück nach Galiläa, doch schon bald waren da meine Brüder Jakobus, Joses, Judas und Simon und meine Schwestern.[92] Mein irdischer Vater war Zimmermann und ich konnte viel von ihm lernen. Mein himmlischer Vater war mir so nah, er war bei mir, in mir, über mir. Die heiligen Schriften waren mir ins Herz gegeben und ich

86 Jesaja 9,5; 42,7; 61,1f.

87 „Als die Zeit erfüllt war, sandte Gott seinen Sohn" (Galater 4,4).

88 Philipper 2,6–7.

89 Johannes 1,14; Kolosser 1,19.

90 „Das Wort wurde Fleisch und wohnte unter uns" (Johannes 1,14).

91 Matthäus 2,13ff.

92 Markus 6,3par.

war allezeit mit meinem himmlischen Vater verbunden. Doch ich wusste, es war noch nicht die Zeit, öffentlich aufzutreten. Ich lernte es, Mensch zu sein mit allen Höhen und Tiefen, und doch war ich immer ganz eins mit meinem himmlischen Vater. Er erhörte mich immer.[93] Alles empfing ich durch meinen Vater im Himmel, alle Weisheit, alle Lehre und alle Autorität, den Mächten der Finsternis entgegenzutreten.[94]

Endlich kam der Tag, da wurde allen klar, das *Jeshua* nicht nur ein Name wie alle anderen Namen war, sondern dass es der Name des Messias war, den alle erwarteten. Johannes war mein Wegbereiter. Er rief das Volk zur Umkehr auf und taufte sie im Jordan. Was für ein Tag war es, als ich mich aufmachte zu ihm! Er erkannte mich schon von weitem. *„Schaut, das ist das Lamm Gottes, das die Sünde der Welt hinwegnimmt!"*[95] Alle Augen waren auf mich gerichtet. *„Das ist der, von dem ich sage: Nach mir kommt ein Mann, der vor mir gewesen ist; denn er war eher als ich. Ich kannte ihn nicht; aber damit er in Israel offenbar würde, darum bin ich gekommen, mit Wasser zu taufen."*[96]

Nun ging ich auf Johannes zu. Erst weigerte er sich, mich zu taufen. *„Lass es jetzt so geschehen, denn so gebührt es uns, alle Gerechtigkeit zu erfüllen!"*, sagte ich ihm. Und dann taufte er mich. Das Wasser lief noch über mein Gesicht, und der Himmel öffnete sich plötzlich, als ich aus dem Wasser stieg. Der Heilige Geist kam wie eine Taube auf mich herab und er blieb auf mir. Und dann hörte ich die Stimme meines Vaters: *„Du bist mein geliebter Sohn, an dir*

---

93 Johannes 11,42; 14,7–9.

94 „Der Sohn kann nichts von sich selbst aus tun, sondern nur, was er den Vater tun sieht; denn was dieser tut, das tut gleicherweise auch der Sohn" (Johannes 5,19). „Die Worte, die ich zu euch rede, rede ich nicht aus mir selbst; und der Vater, der in mir wohnt, der tut die Werke" (Johannes 14,10).

95 Johannes 1,29.

96 Johannes 1,30–31.

habe ich Wohlgefallen!"[97] Mein Vater! Wie sehr liebte er mich und ich ihn! – Auch Johannes bestätigte: „*Ich habe den Geist wie eine Taube aus dem Himmel herabschweben sehen und er blieb. Und der mich gesandt hat, mit Wasser zu taufen, der sagte zu mir: Auf wen du den Geist herabschweben und auf ihm bleiben siehst, der ist's, der mit dem heiligen Geist tauft. Ich habe gesehen und bezeugt, dass dieser der Sohn Gottes ist.*"[98] Mein Herz jubelte und ich wurde mir selber bewusst: Ja, es ist wirklich so. Das ist meine Berufung: Ich bin *Jeshua*, der von Gott gesandte Retter der Welt.

Der Geist erfüllte mich und dann führte er mich vom Jordan zurück, aber nicht nach Hause. Nein, es ging in die Wüste, 40 Tage lang wurde ich umhergetrieben und der Teufel versuchte mich. Ich aß in jenen Tagen nichts. Der Teufel trat mir dreist gegenüber, sogar mit den Worten der heiligen Schriften kam er auf mich zu und wollte schließlich, dass ich niederfalle und ihn anbete. Alles versprach er mir, alle Reiche der Welt und alle Herrlichkeit. „*Hinweg, Satan!*", schrie ich. „*Es steht geschrieben: Du sollst den Herrn, deinen Gott anbeten und ihm allein dienen!*" Dann zog der Teufel sich zurück.[99]

Warum hatte mich der Geist in diese Wüstenzeit geführt? Sollte ich noch klarer erkennen, was es bedeutet, ein *Jeshua*, ein Retter der Welt zu sein? Immer, wenn das Licht heller wird, tritt der aus dem Reich der Finsternis in allen seinen Maskierungen auf.[100] Aber er

97 Matthäus 3,17par.

98 Johannes 1,32–34.

99 Matthäus 4,1–11.

100 „Es ist der endzeitliche Herrschaftsantritt Gottes und die Machtübernahme durch seinen Gesalbten, den Messias, die diese vermehrte Wirksamkeit Satans auf der Erde auslösen … Der Sieg Jesu über das Böse beendet jedoch nicht den Kampf, sondern bringt ihn paradoxerweise erst recht in Gang, und zwar in einem ungeheuren, menschlich ungeahnten und unausdenkbaren Maß. Dem Sturz Satans aus dem Himmel folgt die Entfaltung der satanischen Wirksamkeit auf der Erde. Das Neue Testament weiß um die Herrschaft des Satanischen und seine Entfaltung in unserer Welt auch und gerade nach Kreuz und Auferstehung Jesu. Gott hat nicht versprochen, seine Gemeinde aus dem damit einsetzenden Kampf herauszunehmen,

wird zu Fall kommen! Ja, meine Sendung war nicht nur, einigen Menschen Gutes zu tun, sie aus der Sünde zu lösen und Heilung zu geben. Sie sollten gelöst werden von diesen Banden des Teufels. Ich war gekommen, um die Werke des Teufels zu zerstören.[101] Wo das Licht ist, da muss die Finsternis weichen; wo Gott ist, da kann sich kein Teufel mehr halten. Wo ich ein Wort spreche, muss Satan verstummen. Wo Satan das Leben durch Krankheit, Schwäche und Tod rauben will,[102] soll Heilung, Kraft und Leben fließen. Jetzt begann eine neue Zeit: Die Königsherrschaft Gottes begann, das Reich Gottes ist präsent! Es ist Gnadenzeit!

Heilungen als Zeichen der neuen Heilszeit

In der Kraft des Geistes kehrte ich nun zurück in den Norden, nach Galiläa. *„Die Zeit ist erfüllt, und das Reich Gottes ist nahe. Tut Buße und glaubt an das Evangelium!“* Das war die klare Botschaft, die ich allen weitergab. Johannes, der mich getauft hatte, war gefangen genommen worden. Nun sammelten sich die Leute um mich und überall in der Region verbreitete sich diese Nachricht. Als ich am See von Galiläa entlangging, berief ich meine ersten Jünger. Es waren Fischer: Simon und sein Bruder Andreas, Jakobus und sein Bruder Johannes. Später kamen noch acht weitere dazu. Viele von ihnen waren mir bekannt, aber ich sah sie nun mit den Augen Gottes.[103]

In unserer Synagoge in Kapernaum lehrte ich und alle wunderten sich über meine Lehre, weil sie Kraft hatte. Doch da war auch jemand, der schrie lauthals: *„Hör auf! Jesus, du Nazarener, was haben wir mit dir zu schaffen! Bist du hier, um uns zu verderben?*

---

wird ihr aber bewahrend beistehen und sie hindurchtragen“ (Bittner, W.: AaO 32–33).

101 Lukas 11,20; Matthäus 25,41; 1. Johannes 3,8.

102 Satan ist der „Menschenmörder von Anfang an“ (Johannes 8,44).

103 Johannes 1,48; Matthäus 4,19.

Ich weiß, wer du bist: der Heilige Gottes!" Ein unreiner Geist sprach aus diesem Menschen. „*Verstumme und fahre aus von ihm!*", gebot ich diesem Geist. Da zerrte ihn der unsaubere Geist hin und her, er schrie laut und fuhr von ihm aus. Alle waren außer sich und fragten sich, woher ich wohl diese Vollmacht hatte.[104]

Als ich kurze Zeit später in Nazareth war, dem Ort, in dem ich aufgewachsen war, ging ich ebenfalls nach meiner Gewohnheit in die Synagoge. Auch dort gab man mir die Schriftrolle, damit ich lehrte. Mein Herz jubelte, als ich ihnen die Worte des Propheten Jesaja vorlas:

> *„Der Geist des Herrn ist auf mir, weil er mich gesalbt hat, den Armen frohe Botschaft zu verkündigen; er hat mich gesandt, zu heilen, die zerbrochenen Herzens sind, Gefangenen Befreiung zu verkünden und den Blinden, dass sie wieder sehend werden, Zerschlagene in Freiheit zu setzen, um zu verkündigen das angenehme Jahr des Herrn!"*[105]

Alle erwarteten, dass ich nun zu ihnen über das noch ausstehende Gnadenjahr des Herrn sprechen würde, über die kommende erhoffte Heilszeit und über den Messias als Boten der Freude. Doch ich setzte mich und alle Augen waren auf mich gerichtet. Dann sagte ich: „*Heute ist diese Schrift erfüllt vor euren Ohren!*" Ja, genau das war meine Sendung. Ich bin dieser Messias, auf den alle warteten. Mit mir begann diese neue Gnadenzeit, in der Schuld vergeben wird, in der Arme und Zerschlagene aufgerichtet werden, Gefangene losgebunden und Blinde sehend gemacht werden. In dieser Gnadenzeit gibt es nicht nur Worte, sondern Kraft und Erfahrungen der heilenden und lösenden Kraft Gottes! Heute, jetzt und hier war diese Zeit gekommen!

Die Zuhörer waren perplex, sie spürten die Kraft in den Worten und doch fragten sie sich, ob das überhaupt wahr sein konnte. Sie kannten mich ja als Sohn von Josef und Maria. Sie kannten meine

---

104 Markus 1,21–27par.

105 Jesaja 61,1f.

Brüder und meine Schwestern. Konnten sie mir glauben? Sollten sie in mir, dem Zimmermannssohn, nun den Messias sehen? Einigen Kranken legte ich die Hände auf und heilte sie. Aber die Kraft Gottes floss nicht so frei. Es war, als würde ihr Unglaube diese Kraft nicht empfangen können. Meine Nachbarn hörte ich schon, wie sie mir dieses Sprichwort zurufen würden: *„Arzt, heile dich selbst! Tue doch auch hier in deiner Vaterstadt die großen Taten, die du in Kapernaum getan hast!“* Doch ich sah ihren Unglauben und erinnerte sie an Elisa, der seinerzeit auch nicht alle Aussätzigen in Israel geheilt hatte, sondern nur den Syrer Naeman. *„Kein Prophet ist anerkannt in seinem Vaterland!“* – Da war Schluss mit der Ruhe. Sie tobten geradezu vor Wut, sie zerrten mich heraus an den Rand des Hügels und wollten mich dort hinabstürzen. Doch ich ging mitten durch sie hindurch und zog weiter.[106]

Sollte meine Kraft, die Kraft Gottes, wirklich in einer Korrespondenz mit dem Vertrauen zu mir gekoppelt sein? Würden nur jene Heilung und Befreiung empfangen, die mir ihr volles Vertrauen gaben, dass ich auch der von Gott verheißene Retter bin?

Zurück in Kapernaum geschahen große Zeichen. Ich konnte mich kaum vor den vielen Menschen schützen, die mich berühren wollten, um Heilung zu bekommen.[107] Waren diese alle voller Vertrauen? Später traf ich einen verzweifelten Vater, dessen Sohn von Kindheit an von einem sprachlosen, tauben Geist ergriffen war, der ihn oft hin- und herzerrte und ihn umbringen wollte. *„Wenn du etwas kannst, so erbarme dich über uns und hilf uns!“*, schrie der Vater. *„Wenn du glauben kannst – alles ist möglich dem, der glaubt!“*, sagte ich ihm. Doch dann sah ich die Tränen des Vaters: *„Ich glaube, Herr, hilf mir, loszukommen von meinem Unglauben!“*, schluchzte er. Da erfüllte mich das Erbarmen. Ich befahl dem unreinen Geist: *„Fahre aus von ihm und fahre nicht mehr in ihn hinein!“* Der Geist schrie aus dem Jungen, der heftig geschüttelt wurde, doch dann ver-

106 Lukas 4,16–30.

107 Lukas 4,31–41. Vgl. Matthäus 4,23–25; Markus 1,39; 3.10; Lukas 6,16–17.

ließ der Geist ihn. Völlig erschöpft sank er zu Boden. Ich reichte ihm meine Hand und richtete ihn auf. Die Befreiung und Heilung war geschehen. Dieser Vater wollte glauben, aber es waren Grenzen da.[108] Alle, die zu mir kamen und Heilung suchten, haben auch Heilung erlebt. Ich habe niemanden wieder weggeschickt und ihm gesagt, dass er diese Krankheit erdulden müsse.

Es zerriss mir das Herz, wenn ich sie sah, wie Schafe, die keinen Hirten haben. Oft ging es bis in den späten Abend hinein und die Menschen trugen ihre Lahmen zu mir, damit sie Heilung erfuhren. Es war doch offensichtlich, dass zu dem messianischen Reich auch diese Zeichen der Erlösung gehörten. Markus, Matthäus, Lukas und Johannes haben später viel von den Wundern berichtet, die geschehen sind, aber sie haben nicht alle aufzählen können.[109] Blinde wurden sehend, Gelähmte konnten gehen, Aussätzige erlebten die Reinigung ihres Lebens und Menschen, die von den Dämonen wie Tiere gepeinigt wurden, erlebten die vollständige Befreiung.

Selbst der Tod konnte die Grenze des neu angebrochenen Reiches Gottes nicht markieren. Da war dieser Tag, an dem mich alles Volk bedrängte,[110] jeder wollte mich hören und Heilung und Hilfe erfahren. Und dann kam da Jairus, ein Vorsteher der Synagoge. Er warf sich vor mich hin und bat mich inständig, ich solle in sein Haus kommen, denn seine etwa zwölfjährige einzige Tochter lag im Sterben. „*Komm, lege deine Hand auf sie, so wird sie leben*", flehte er mich an.

Ich ging mit ihm. Die Volksmenge ließ mich nicht los. Sie umdrängte mich und meine Jünger. Doch dann geschah es. Plötzlich spürte ich, dass eine Kraft von mir ausging. Es hatte mich jemand im Glauben berührt. Ich blieb stehen und fragte: „Wer hat mich eben berührt?" Meine Jünger meinten, es würden mich doch so viele bedrängen, aber ich schaute umher, um die zu sehen, die es getan

108 Markus 9,14–29par.

109 Johannes 21,25.

110 Markus 5,21ff.

hatte. Es war diese Frau, die sich zitternd meldete. Man kannte sie, denn sie litt schon seit zwölf Jahren an Blutungen und war deswegen aus der Synagoge ausgeschlossen worden. Doch all ihr Geld hatte sie schon für Ärzte ausgegeben, aber niemand konnte diese Blutungen stoppen. Als sie mein Gewand berührt hatte, erlebte sie sofort eine körperliche Heilung. Aber nun sprach ich sie öffentlich und laut an. *„Meine Tochter"*, sagte ich zu ihr, und jeder wusste, dass sie damit als „Tochter Abrahams" gemeint war, also nicht ausgeschlossen sein sollte. *„Dein Glaube hat dich gerettet. Geh hin in Frieden und sei von deiner Plage gesund!"*[111] Diese Frau hat nicht nur körperliche und seelische Heilung erlebt, sondern sie ist in die Gottesgemeinschaft zurückgekehrt.

Die Evangelisten, die von den vielen Heilungen berichtet haben, haben es sehr wohl aufgenommen: Immer wenn ein körperlich oder seelisch geheilter Mensch auch in meine Nachfolge und eine Gottesgemeinschaft zurückgefunden hat, dann haben sie es mit dem Wort *sozein* beschrieben, was gerettet bedeutet. Heilungen geschahen auch, wo Kranke nur wenig Glauben hatten, auch wenn die engsten Angehörigen nur rufen konnten: „Hilf mir doch, ich möchte glauben!", konnten Heilungen geschehen.

Aber die umfassende Heilung, die auch eine geistliche Heilung beinhaltet, geschah nicht immer. Da waren auch die zehn Aussätzigen aus dem Grenzgebiet zwischen Galiläa und Samaria, die zu mir kamen und Reinigung und Heilung vom Aussatz ersehnten. Ich sandte sie sogleich auf den Weg zu den Priestern, in deren Kompetenz es lag, eine Heilung (Reinigung) zu bestätigen und die so vom Aussatz Gereinigten wieder in die Gemeinschaft der Töchter und Söhne Abrahams aufzunehmen. Diese zehn Aussätzigen machten sich auf den Weg und alle erlebten eine körperliche Heilung.

Doch nur einer kam zu mir zurück, er bedankte sich und folgte mir nach. Er gehörte nicht zu unserer jüdischen Gemeinschaft, denn er war ein Samariter. Ihm habe ich es ebenso zugesprochen: „Dein

111 Markus 5,34.

Glaube hat dich gerettet".[112] Gleichfalls wurde der blinde Bartimäus, der am Wegesrand vor Jericho saß und rief: *„Jesus, du Sohn Davids, erbarme dich über mich!"*, nicht nur wieder sehend, sondern er kam in meine Nachfolge. Auch ihm sprach ich zu: *„Dein Glaube hat dich gerettet!"*[113]

Der Glaube führt zu einer neuen Gottesgemeinschaft.[114] Glaube ist nicht die Voraussetzung für eine Heilung oder ein Zeichen des schon angebrochenen Reiches Gottes.[115] Oft sind Menschen so in den Griff des Dämonischen gekommen, dass sie einer Glaubensbeziehung zu mir sogar furchtsam entgegensehen und mich wegstoßen wollen.[116] Je nach Situation können Menschen ihr Vertrauen zu mir unterschiedlich zum Ausdruck bringen. Doch meine Liebe und mein Erbarmen finden auch Wege zu Menschen, die von allen Mitmenschen als Sünder und Ausgestoßene betrachtet werden.

Doch nun noch einmal zurück zu diesem Tag, als jene Frau mit den unstillbaren Blutungen mich berührte. Ich war ja auf dem Weg in das Haus von Jairus. Gerade als ich der Frau zusprach: *„Dein Glaube hat dich gerettet"*, kamen Mitarbeiter vom Haus des Jairus. Die Tochter war gestorben. Als ich das hörte, sagte ich zu ihm: *„Fürchte dich nicht! Glaube nur!"*[117] Nun wollte ich nicht die ganze Menschenmenge dabei haben. Es ging darum, dass dem Satan die

---

112 *sozein* – Lukas 17,19.

113 *sozein* – Markus 10,52.

114 „Die Aussage ‚Dein Glaube hat dich gerettet' charakterisiert ein soteriologisches Ereignis und nicht lediglich eine körperliche Heilung" (Nielsen, H. J.: *Heilung und Verkündigung* 91).

115 Bei zehn Heilungsberichten in den Evangelien spielt der Glaube eine Rolle. Dreimal ist es der Glaube des erkrankten Menschen, siebenmal der Glaube einer nahestehenden Person. Andere Heilungsberichte betonen den Glauben nicht ausdrücklich: Matthäus 8,14f; 12,9f; Lukas 13,10–13; 14,1–4; 22,50f; Johannes 5,1–9). Diese Heilungsberichte widerlegen die Ansicht, Glaube sei eine notwendige Voraussetzung für Heilung. Vgl. dazu Scharfenberg, R.: AaO 254–262.

116 Matthäus 8,28–34; Markus 1,24; 5,7.

117 Markus 5,36.

Macht über den Tod genommen ist! Mit Jairus und meinen Jüngern Petrus, Jakobus und Johannes kam ich in das Trauerhaus. Die Leute weinten und klagten. Für sie kam jede Hilfe zu spät. Aber ich war da. „*Das Mädchen ist nicht gestorben! Es schläft nur!*“, sagte ich entschlossen. Doch sie lachten mich aus. Als alles Trauervolk aus dem Haus getrieben war, ging ich mit den Eltern und meinen Begleitern zu dem Mädchen. Ich griff ihre Hand: „*Talita kumi!*“ – „*Mädchen, steh auf!*“ Sofort kehrte der Geist wieder, sie stand auf und ging umher. Der Tod war besiegt![118]

Das angebrochene Reich Gottes ist durch den Tod nicht zu begrenzen. Das hatte ich schon auf dem Weg erfahren, als ich diese weinende Witwe sah, wie sie im Trauerzug ihren einzigen Sohn zu Grabe trugen. Es zerriss mir das Herz.[119] Ich ging auf sie zu und sagte entschlossen. „*Weine nicht!*“ Dann trat ich an die Totenbahre und die Träger standen still: „*Junger Mann, ich sage dir, steh auf!*“ Der Tote setzte sich auf, er fing an zu reden. Ich nahm ihn bei der Hand und gab ihn seiner Mutter zurück.[120] Große Freude erfüllte mich. Die Trauerfeier war beendet!

Später geschah es noch einmal. Es war für mich etwas sehr besonderes. Mein Freund Lazarus war gestorben. Oft war ich bei ihm und seinen beiden Schwestern Maria und Martha im Haus gewesen. Als die Nachricht zu mir kam, machte ich mich sofort auf den Weg zu ihm. Dort angekommen, hörte ich noch die Klagefrauen, wie sie jammerten, und auch Martha kam mir entgegen: „*Herr, wenn du hier gewesen wärest, wäre mein Bruder nicht gestorben!*“ Ich erwiderte: „*Ich bin die Auferstehung und das Leben. Wer an mich glaubt, wird leben, auch wenn er stirbt; und jeder, der lebt und an mich*

118 Markus 5,37–43.

119 Der griechische Begriff *splanchnizomai* heißt wörtlich: Mitleid haben, sich erbarmen. Gemeint ist eine Betroffenheit, die bis ins Gedärm zu fühlen ist. Dieser Begriff wird oft verwandt, wenn Jesus Christus von einer Not zutiefst ergriffen ist (Matthäus 9,36; 14,14; 20,34; Markus 6,34; 8,2; Lukas 7,13).

120 Lukas 7,11–17.

glaubt, wird in Ewigkeit nicht sterben. Glaubst du das?“[121] Martha glaubte sehr wohl, dass ich der Messias, der Sohn Gottes war. Auch Maria, die dann dazu kam. Als ich ihre Tränen sah, wurde ich innerlich sehr bewegt.[122] Ich wollte zu seiner Grabstätte und sehen, wo er war. Die Verwesung hatte schon eingesetzt. Doch da stand ich nun. Voller Tränen. Ich wusste selber nicht genau, ob ich aus Traurigkeit weinte oder ob ich über den Tod erbost war. „*Lazarus*“, rief ich, „*komm heraus!*“ – Da bewegte er sich. Er war noch in den Leichentüchern wie gefesselt.– „*Bindet ihn los!*“, sagte ich zu den Umstehenden. Lazarus war tot gewesen, doch nun war er wieder im Leben. Da glaubten viele der Juden an mich und mein Herz war erfüllt von Freude. Das Reich Gottes war präsent![123]

Die Evangelisten berichten, dass alle, die zu mir kamen und um Heilung gebeten haben, auch Heilung empfangen haben. Doch es waren in Israel auch jene, die den Weg gar nicht zu mir fanden. Da war nicht nur ein Gelähmter, ein Blinder, ein totes Mädchen. Es waren unzählige, die litten, die von Aussatz gezeichnet waren. Als ich an den Teich Bethesda[124] kam, waren dort viele kranke Menschen, die sich von dem Wasser eine heilsame Wirkung erhofften. Es hieß, dass ein Engel das Wasser bewegen würde, wenn es sprudelte, sodass spontane Heilungen möglich würden. Dieser Ort war so etwas wie eine Klinik oder ein Kurort.

---

121 Johannes 11,25f.

122 „… seufzte er im Geist“ (Johannes 11,33.38). Das griechische *embrimaomai* (aufschnauben) bezeichnet eine Äußerung von Unwillen und Zorn. Vgl. Markus 1,43. Ein „Ärger“, der durch den Heiligen Geist auslösend für sein Handeln wurde.

123 Johannes 11,1–46.

124 Johannes 5,1ff. Bethesda (hebr. Haus der Barmherzigkeit), ein Badeteich, der in Jerusalem in der Nähe des Schaftores lag. Dem Wasser wurde Heilkraft zugeschrieben. Es war eine Art Kuranlage. Ausgrabungen lassen erkennen, dass es ein in den Felsen gehauenes Becken (60 x 90 x 7 Meter) war. Vier Hallen standen an den Seiten des Teiches und eine auf der Trennungsmauer.

Mitten unter den Kranken dort war auch dieser eine Mann, der seit 38 Jahren an seiner Krankheit litt. Er lag dort schon jahrelang, doch er war gelähmt und konnte niemals so schnell in die heilenden Quellen kommen wie andere. Meine Augen wurden auf ihn gerichtet. Ich ging direkt auf ihn zu und fragte ihn, ob er gesund werden will. *„Steh auf, nimm deine Liegematte und geh umher!"*, sagte ich ihm. Dieser eine Kranke erlebte, wie neue Kraft in seine Glieder kam und er wieder gehen konnte. Da waren auch die anderen kranken Menschen. Doch der Geist führte mich zu diesem einen.[125]

Es war klar, dass ich meine Hände nicht überall ausstrecken konnte und auch nicht alle Verstorbenen wieder aus ihren Gräbern holen sollte. Was hier zu meiner Zeit auf der Erde durch mich geschah, waren „Zeichen"[126] der neuen Heilszeit. Auch die anderen

---

125 Häufig lesen wir, dass Jesus „alle" heilte (Matthäus 4,23f; 9,35; Markus 6,56; Apostelgeschichte 10,38). Ich gehe davon aus, dass er alle heilte, die um Heilung baten. Zudem ist das griechische Wort *pas* (alle) auch in einem repräsentativen Sinn zu verstehen (vgl. Matthäus 3,5). Wenn wir z. B. sagen, dass jemand „durch ganz Deutschland gefahren ist", so meinen wir damit nicht, dass er jeden Quadratkilometer abgelaufen ist, sondern es ist so etwas wie ein repräsentatives *pas*. In Bezug auf Krankenheilung würde es so viel bedeuten, dass Jesus vor keiner Krankheit kapitulieren musste. Er war jeder Situation gewachsen. „Wir müssen festhalten, dass Jesus, wenn er um Heilung gebeten wurde und wenn er heilte, keine Nicht-Heilungen erlebte. Er enttäuschte keinen Heilungssuchenden und wies niemanden mit dem Hinweis auf zu wenig Glauben oder verborgene Sünden ab. Andererseits heilte er auch nicht jeden Kranken seiner Zeit. Das nicht geschehene Heilungen nur auf ein Verhalten der Menschen zurückzuführen sind, also letztlich ihr mangelnder Glaube Grund für die Nicht-Heilung war, kann – trotz der Hinweise von Matthäus 13,58 und 17,17.14–20 – bei Jesus nicht verifiziert werden" (Scharfenberg, R.: AaO 156).

126 Besonders der Evangelist Johannes verwendet das griechische *semeia* (Zeichen). Diese sind Anzeichen des neu angebrochenen Reiches Gottes. „Noch viele andere Zeichen tat Jesus nun vor seinen Jüngern, die in diesem Buch nicht geschrieben sind. Diese aber sind geschrieben, damit ihr glaubt, dass Jesus der Christus, der Sohn Gottes ist, und damit ihr durch den Glauben Leben habt in seinem Namen" (Johannes 20,30f). Bei Markus werden diese *Semeia* als Bekräftigung und Unterstützung des verkündigten Wortes vom Evangelium gedeutet (Markus 16,17.20).

Wunder, die durch meine Hand geschahen, die Vermehrung des Brotes oder des Weines, die Stillung des Sturmes, waren Zeichen, die darauf hindeuteten, dass die neue Zeit der Gottesherrschaft, das Reich Gottes, gekommen war.

Es waren und sind gleichfalls Zeichen meiner messianischen Autorität. Als sie einen Gelähmten direkt vor meine Füße legten, da sagte ich ihm laut vor allen anderen: „*Deine Sünden sind dir vergeben!*“[127] – Sofort kam der Protest der Schriftgelehrten, dass ja nur Gott Sünden vergeben könne. Aber damit sie glauben könnten, dass ich der von Gott gesandte „Sohn des Menschen“,[128] der Messias bin, sprach ich zu dem Gelähmten: „*Steh auf, nimm dein Bett und geh!*“ Und er erhob sich und war geheilt. Die Heilungen sind Zeichen meiner Messianität. Sie gehören zum Messias, zum Erlöser der Welt, dazu. Ich bin nicht nur gekommen, Sünden zu vergeben, nicht nur, um gute und vollmächtige Worte und Weisungen zu geben, sondern ich bin gekommen, dass Menschen befreit werden von den Fesseln und Folgen der Sünde und des Todes! Zum Evangelium gehören diese begleitenden Zeichen und Wunder.

Aber es wurde auch deutlich, dass einige schließlich nur noch solche Zeichen und Wunder suchten und gar nicht mehr an einer Vergebung, einer neuen Gottesgemeinschaft interessiert waren. Als Tausende das Brotwunder erlebt hatten, sagte ich es ihnen frei heraus: „*Ich bin das lebendige Brot, das aus dem Himmel gekommen ist. Wenn jemand von diesem Brot isst, so wird er leben in Ewigkeit. Das Brot aber, das ich geben werde, ist mein Fleisch, das ich geben werde für das Leben der Welt.*“[129] Alles spitzte sich nun zu auf meine

127 Markus 2,5.

128 Jesus gebraucht diesen messianischen Titel oft, wenn er seine eigene Messianität benennt; allerdings meist in der dritten Person (Markus 2,10.28; 9,31; 10,45; 14,41; Matthäus 10,23; 11,18f; Lukas 9,58; Johannes 1,51; 3,13f; 6,62; 8,28; 12,23; 13,31). Der vom Propheten Daniel geschaute „Sohn des Menschen“ war der „Heilige des Höchsten“, der von Gott erwartete Messias (vgl. Daniel 7,16–28).

129 Johannes 6,51.

Person. Und ich wusste immer mehr, dass der Satan, der große Feind des Lebens, auch im Tod über mich triumphieren wollte.

Ich wusste immer klarer, dass es der Weg war, den ich gehen sollte. Alle Sünde dieser ganzen Welt, alle Krankheiten, alle Schmerzen, alle Gottesferne und jede Todesohnmacht sollte auf meinen Schultern liegen, wenn ich das Kreuz nach Golgatha tragen würde. Wie sehr habe ich darum gerungen, dass der Wille meines Vaters geschehen würde. Wie sehr hatte ich gehofft, dass meine Jünger mir beistehen würden in dieser Todesstunde. Doch sie schliefen. *„Nicht mein Wille, sondern dein Wille geschehe!"* So habe ich gebetet, nicht weil ich den Willen meines Vaters nicht wusste, sondern weil ich ihn trotz meiner blutvollen Angst mit aller Entschlossenheit wollte.[130]

Als es dann immer einsamer um mich wurde, meine engsten Jünger mich verließen und wegliefen, da wurde ich traurig. Sollte alles nur ein Irrtum sein? Niemals! Sollte Satan doch in meinem Tod triumphieren? Niemals! Sie schlugen mich, sie verletzten mich, sie drückten mir eine Dornenkrone auf den Kopf und mein Blut tropfte auf den Boden. Sie lachten mich aus.

Ich sah Simon Petrus, er war immer so stark. Doch nun drehte er seinen Kopf weg von mir. Er schrie laut in die Nacht hinein: „Ich kenne ihn nicht!" Da schaute ich ihn an. Er weinte bitterlich und lief weg.[131] Der Weg nach Golgatha war einsam und doch war mein Vater irgendwie noch nah bei mir.

Als ich dann am Kreuz hing, zerschunden und alle Krankheit und Sünde an mir herunterlief wie das Blut, da schrie ich zu ihm: *„Eli, Eli, lama sabachthani!"* – *„Mein Gott, mein Gott, warum hast du mich*

130 Markus 14,36par. „Das Gebet Jesu in Gethsemane ‚Nicht mein Wille, sondern dein Wille geschehe', beinhaltet keine Ergebung. Genau wie im Vaterunser ging es Jesus nicht darum, gelassen den Willen Gottes zu erleiden, sondern aktiv den Willen Gottes zu vollbringen. Es ging ihm nicht um Ergebung, sondern um Gehorsam (Hebräer 5,9)" (Ouweneel, W. J.: AaO 77).

131 Markus 14,66–72par.

verlassen!“[132] Mit einem letzten Atemzug rief ich: „*Es ist vollbracht!*“[133] Der Tod nahm mich für drei Tage mit in das Totenreich. Ich kann euch nicht erzählen, was in diesen drei Tagen geschah, welche Traurigkeit und welcher Schmerz bei meinem Vater im Himmel waren, wie sehr der Geist wartete. Aber alle im Totenreich sollten hören, dass es einen Heiland gibt, einen Gott, der selbst im Tod nicht totzukriegen ist.[134] Dann kam der große Tag. Der Geist des Lebens, mein Vater, sie erweckten mich[135] und ich stand auf von den Toten. Kein Raum, kein Grab, keine Zeit, kein Totenreich kann mich mehr halten! Dieser Tag änderte alles in dieser Welt![136]

Der Teufel meinte, er hätte gesiegt, aber der Tod ist überwunden. Die Strafe für die Sünde der Welt ist getilgt durch mein Blut. Die Schmerzen der Kreatur werden ein Ende haben und durch meine Wunden wird die Heilung geschehen. Nicht nur Israel, mein geliebtes Volk, das ich erwählt habe, sondern alle Nationen, alle Menschen, ja, die ganze Schöpfung soll erfahren, was hier geschehen ist und was nicht mehr aufzuhalten ist. Das Reich Gottes hat begonnen, die neue Heilszeit geht mit jedem Tag der Vollendung zu.

Meinen verängstigen Jüngern erschien ich, ich zeigte ihnen meine Wundmale. Sie konnten es kaum glauben, aber ich sagte ihnen, dass das Reich Gottes, diese neue Heilszeit, weitergehen wird. 40 Tage lang sprach ich mit ihnen über das neue Gottesreich.[137] Sie sollten es hören, verstehen, erfahren und glauben. Diese ganze Welt steuert nicht auf einen Abgrund zu, sondern auf einen jüngsten Tag, an dem ich wiederkommen werde.

---

132 Matthäus 27,46; Markus 15,34.

133 Johannes 19,30.

134 1. Petrus 3,19.

135 Römer 8,11.

136 Matthäus 28,1–10; Markus 16,1–8; Lukas 24,1–12; Johannes 20,1ff.

137 Johannes 20,19ffpar; „Ihnen erwies er sich auch nach seinem Leiden als lebendig durch viele sichere Kennzeichen, indem er ihnen während 40 Tagen erschien und über das Reich Gottes redete“ (Apostelgeschichte 1,3).

Dann kam der Tag des Abschieds oder des Willkommens. Mein Vater rief mich zurück an seinen Thron. Die Jüngerschar stand vor mir auf dem Berg. Ich erhob meine Hände zum Segen,[138] meine Hände, die noch von den Wundmalen gekennzeichnet waren. Dann sagte ich ihnen: *„Mir ist gegeben alle Macht im Himmel und auf der Erde. So geht nun hin und macht zu Jüngern alle Völker und tauft sie auf den Namen des Vaters, des Sohnes und des Heiligen Geistes und lehrt sie alles halten, was ich euch befohlen habe! Und siehe, ich bin bei euch alle Tage bis an das Ende der Weltzeit! Amen.*“[139]

Sie hatten viel gesehen, sie hatten erlebt, wie Wasser zu Wein wurde, wie die Wellen gestillt wurden durch mein Wort. Sie haben gesehen, wie Blinde sehend wurden, Gelähmte wieder gehen konnten, Aussätzige rein wurden. Dämonen und Mächte der Krankheit und Schwachheit mussten weichen. Tote wurden wieder lebendig. Ich bin lebendig. Sie haben es nicht nur gehört, nicht nur gesehen, sondern sie sind Teil dieser neuen Wirklichkeit geworden.

Die Vielfalt des Heilungsdienstes

Die vielen Gesichter, die Hände, die mich berühren wollten, die springende Freude der einst Gelähmten und das farbige Lob der einst Blinden – sie zeigen mir an, das keine Situation, kein Mensch mit dem anderen vergleichbar ist. Ich selber sah so viel Elend und Krankheit und doch brauchte ich diesen Blick meines Herzens, der stets auf den himmlischen Vater gerichtet war. Wenn er mir nicht die Augen öffnete, wenn er mir nicht die Autorität gab, wenn er mir nicht die Worte schenkte, so wäre ich ohne messianische Kraft. Doch es ist diese Einheit mit dem himmlischen Vater, die den Himmel auf die Erde brachte, Heilung zu den Kranken, Befreiung zu den Gebundenen, Leben zu den Toten und Hoffnung zu den Trauernden.

138 Lukas 24,50.

139 Matthäus 28,18–20par.

Die vier Evangelisten, die in den Evangelien von vielen dieser Wunderzeichen und Heilungen berichtet haben, konnten nicht alles erfassen, was damals geschehen war, und sie haben auch das nicht erfassen können, was später durch die vom Geist Gottes erfüllte Gemeinde geschehen ist über all die Jahrhunderte hindurch.

Immer wieder hat es Versuche gegeben, die Vielfalt und Unterschiedlichkeit eines jeden Heilungs- und Befreiungsgeschehens einer Systematik zuzuordnen. Doch es gibt nicht nur einen Auslöser, ein Motiv für Heilungen, es gibt nicht nur eine Ursache für Krankheiten, es gibt nicht nur einen Weg, eine Methode der Heilung und Befreiung. In der griechischen Originalsprache der Evangelientexte zeigt allein schon die Vielfalt der Wortwahl an, dass sich jede einseitige Systematik verbietet. Ich bin ein Heiland, der jeden Kranken individuell sieht und berührt und ihm nah sein will. Doch will ich euch an einigen Stellen aufzeigen, wofür die Evangelisten einige Worte gewählt haben, um damit auch anzuzeigen, dass keine Krankheit und keine Heilung wie die andere ist.

Da sind zunächst die auslösenden Motive für eine Heilung.[140]

Da waren die zahlreichen Bitten von Kranken, die oft weite Wege auf sich genommen haben. Oft waren sie es nicht selber, sondern ihre Angehörigen oder Freunde haben um Heilung ersucht und gerungen.[141] Hier und da, wo ein Mensch sich womöglich schon jahrelang an das Kranksein gewöhnt hat, habe ich sogar nachgefragt. *„Was willst du?“ „Willst du gesund werden?“* Ich wollte es von ihnen

140 „Ein Motiv für die Heilung wird nur in etwa der Hälfte der Heilungsberichte der Evangelien genannt. Elfmal ist eine Heilung eine Antwort auf Glauben, in fünf Fällen ist sie eine Antwort auf den Ruf nach Erbarmen, viermal wird das Mitleid als Motiv genannt, dreimal wird gesagt, dass durch die Heilung die Schrift erfüllt wird, und zweimal wird die Herrlichkeit Gottes offenbart (Scharfenberg, R.: AaO 145f).

141 Im Vergleich von 27 Heilungsberichten in den Evangelien ergriff Jesus nur viermal von sich aus die Initiative für eine Heilung: Lukas 7,14; 13,12; 22,51; Johannes 5,6. Dagegen bittet siebenmal der Kranke selber um Heilung und Hilfe und elfmal sind es Personen aus dem Umfeld des Kranken. Vgl. Scharfenberg, R.: AaO 149ff.

hören, um zu erkennen, ob sie selber auch bereit waren, Heilung zu empfangen.

Es gab dann die Kranken und auch ihre Freunde und Angehörigen, die mir sehr viel Vertrauen entgegengebracht haben. Da war dieser Hauptmann, der mir so viel zutraute wie wohl sonst keiner in Israel. Der Glaube der Menschen erfüllte oft die ganze Situation und die Kraft Gottes, zu heilen, konnte frei fließen. Aber auch da, wo mir Ablehnung entgegengeschrien wurde, konnte ich hinter diesem Schrei die Not erkennen, wenn Menschen gebunden waren durch die Fesseln Satans. Ich habe niemanden abgelehnt, egal ob er schreiend auf Distanz zu mir ging, mich heimlich zitternd berührt hat oder voller Glauben zu mir kam. Wo viel Glaube ist, da werden Menschen selber hineingenommen in die neue Wirklichkeit Gottes.

Ein weiteres Motiv ist das Mitleid, dieses Erbarmen, das mich immer und immer wieder bis in die Tiefe meiner Seele berührte. Als ich die trauernde Witwe in Nain sah, wie sie völlig vereinsamt und ohne Hilfe ihrem verstorbenen Sohn nachweinte, da hielt mich nichts mehr zurück. Ohne dieses Erbarmen, diese Liebe, wird die Kraft, zu heilen, ohnehin nicht fließen.

Aber es gab auch diese Momente, wo mich geradezu ein heiliger Zorn ergriffen hat. Damals, als sich die weinenden Schwestern von Lazarus nicht trösten ließen. Sie konnten es sich einfach nicht wirklich vorstellen, dass ein Mensch, der schon drei Tage im Grab lag, wieder zum Leben gebracht werden konnte. Da, wo Menschen Gott in seinen Möglichkeiten einschränken, da bin ich nicht voller Erbarmen, sondern es weckt in mir den Eifer, dass ich sie neu überzeugen will. *„Lazarus, komm heraus!“* – so will ich heute in viele Gemeinden und Lebenssituationen rufen. Wo ist bloß der Glaube geblieben? *Alle Dinge sind möglich dem, der da glaubt!*[142]

Ich habe immer die Möglichkeiten, die Dimensionen meines Vaters im Himmel gesucht und vor Augen gehabt. Die Not, die Tränen der Menschen, ihre Qualen, sie haben mich menschlich

142 Markus 9,23; 14,36.

berührt; aber sie waren niemals der Auslöser für meine Worte und meine Taten. Es waren die Berührungen mit den Tränen meines Vaters, mit seiner liebenden Heilungskraft, auf die ich ausgerichtet blieb. Was ich meinen Vater tun sah, das habe ich auch getan. Ich war vollkommen auf ihn fixiert. Er selber, seine Worte, seine Werke, sie waren mein Grundmotiv. Der Vater und ich waren und sind eins. Ich habe gelebt um meines Vaters willen und in seinem Namen sind die Werke geschehen.[143]

Einige werden sich fragen, warum ich am Teich Bethesda nur den einen Menschen geheilt habe. Ihr müsst verstehen lernen, dass jede Heilung ein Zeichen des angebrochenen Reiches Gottes ist. Und zugleich mute ich euch zu, dass ihr den Willen Gottes und seine Entscheidung, zu heilen, nicht in allen Situationen erkennen könnt. Wie sehr habe ich in Gethsemane gerungen und doch wollte ich den Willen meines Vaters verwirklicht sehen, aber es ging nur über Golgatha. Meinem Jünger Petrus habe ich einst sagen müssen: „*Was ich jetzt tue, verstehst du nicht. Du wirst es erst später verstehen.*"[144] Und so mute ich einigen Menschen auch heute zu, dass sie nicht alles verstehen können. Aber sie sollen immer meine Gegenwart erfahren.

Die Erfüllung der Schriften ist ebenso ein Moment, wenn die Motive für eine Heilung bedacht werden. Damals in Nazareth habe ich es so formuliert: „*Heute ist dieses Wort der Schrift erfüllt vor euren Ohren.*"[145] Und das zeichenhafte Aufleuchten der Herrlichkeit (griech. *doxa*) Gottes ist hier ebenfalls als auslösendes Motiv zu nennen.[146]

Alle diese Motive und auch die souveräne Entscheidung des Vaters im Himmel sind aufgehoben in seiner Liebe. Gott ist Liebe und in ihm ist keine Finsternis. Diese Liebe Gottes reicht hin zu den entferntesten Orten dieser Welt, zu den ungläubigsten Ecken der

143 Vgl. Johannes 5,19.43; 6,57; 10,30.

144 Johannes 13,7.

145 Lukas 4,21. Vgl. Matthäus 8,16f; 12,15–21.

146 Johannes 9,3; 11,4f.

menschlichen Seele. Sie hat mich hindurchgetragen durch das Tal des Todes und sie will alle Todestriumphe des Bösen in Auferstehungsjubel verwandeln.

Neben diesen unterschiedlichen Motiven wollen auch die vielfältigen Dimensionen von Krankheit von den Evangelisten erkannt und benannt werden.

Das Böse manifestiert sich darin, dass die ganze Schöpfung leidet und seufzt.[147] Krankheit ist nur eine Ausformung des Grundübels. Da sind die entsetzlichen Leiden, die Menschen durch Hass, Neid und Gewalt einander zufügen. Die Vereinsamung mitten in einer Gemeinschaft von Verlorenen und die Gefangenschaften der Seelen. Satan quält nicht nur, sondern er bindet und versklavt Menschen. Ich aber bin gesandt, die Gefangenen zu befreien, sie zu lösen.[148] Die Evangelisten haben ein ganzes Spektrum von Begriffen aufgeführt, um zu verdeutlichen, wie unterschiedlich die Ursachen und die Ausmaße von Krankheit sein können.[149]

Der griechische Begriff *Nosos* bzw. *Nosema* bezeichnet allgemein eine Erkrankung, die durch eine Außeneinwirkung geschehen ist. Es sind körperliche Einschränkungen, die ihre Ursachen auch in der Umwelt haben können. Dazu gehören Unfälle, Seuchen oder auch Krankheiten infolge von Hunger und Durst. *Nosos* ist eine Erkrankung, die ausgelöst werden kann durch Bakterien, Viren, Schmutz und Gewalt. Sie kann mancherlei[150] Erscheinungsformen haben.

---

147 Römer 8,18–23.

148 Jesaja 61,1.

149 „Und Jesus durchzog ganz Galiläa, lehrte in ihren Synagogen und verkündigte das Evangelium von dem Reich und heilte alle Krankheiten und alle Gebrechen im Volk. Und sein Ruf verbreitete sich in ganz Syrien; und sie brachten alle Kranken zu ihm, die von mancherlei Krankheiten und Schmerzen geplagt waren, und Besessene und Mondsüchtige und Lahme; und er heilte sie" (Matthäus 4,23–24).

150 *poikilos* = mannigfaltig, in unterschiedlichen Ausmaßen. Vgl. Matthäus 4,24; Markus 1,34; Lukas 4,40. Der Begriff *Nosos* bzw. *Nosema* kommt in den Evangelien zehnmal vor.

Ähnlich ist es bei den Gebrechen, den *Malakia*.[151] Es handelt sich um Altersgebrechen, wörtlich „Aufweichungen". *Malakia* betreffen jedoch nicht nur den Leib des Menschen, sondern auch die geistige und seelische Kraft, ja, bis hin zu seiner sozialen Befindlichkeit. Die Evangelisten erwähnen die beiden Begriffe *Nosos* und *Malakia*, um damit alle möglichen Krankheiten zu beschreiben.

Am häufigsten haben sie allerdings von *Astheneia* gesprochen.[152] Es ist die Erkrankung, die vielfach auch mit den seelischen und psychischen Dimensionen verbunden ist. Am Teich Bethesda waren beispielsweise viele Ausgezehrte, Gelähmte, Geschwächte, Leidende, die krank (*asthenein*) waren.[153] Es kann eine Schwäche sein, die den Menschen erfasst, oder auch eine Krankheit, die ihn geradezu lebensmüde macht.[154] Gleichfalls kann es sich um ein chronisches Leiden handeln, das in der Öffentlichkeit zu Einschränkungen führt. *Astheneia* kann sich, wie auch die anderen Ausformungen von Krankheit, in einem Menschen so ausbreiten, dass sie in einer dämonischen Weise als „Geist der Krankheit" anzusehen ist. Die Frau mit dem verkrümmten Rücken, die ich in der Synagoge heilte, sie litt unter einem „Geist der *Astheneia*".[155]

Wenn Menschen körperlich, geistig, seelisch und sozial leiden, so kann es sich auch um eine manifeste Dämonisierung handeln.[156]

---

151 Vgl. Matthäus 4,23; 9,35; 10,1.

152 *Astheneia* kann als Begriff für diverse Leiden verwandt werden. Vgl. Johannes 5,3.5. Galater 4,13; 1. Korinther 11,30.

153 Johannes 5,3.5.

154 Jakobus 5,14 spricht davon, dass Menschen mit einer *Astheneia* die Ältesten zum Gebet rufen sollen. Anschließend (Vers 15) bezeichnet er sie als „Ermüdete" (griech. *Kamnon* = lebensmüde und ermattet, sterbend).

155 Lukas 13,11.

156 Eine besondere Ausformung wird als *Seleniazomai* gekennzeichnet (Matthäus 4,24), häufig als „Mondsucht" übersetzt. Um was für eine Erkrankung es sich genauer handelt, ist nur zu vermuten. Die Gleichsetzung mit Epilepsie scheint mir zu gewagt. Unverantwortlich wäre zudem der Rückschluss, dass alle Krankheiten, die im biblischen Zeugnis in einem Zusammenhang mit Dämonie dargestellt werden, immer auch einen

Ein oder mehrere Dämonen und unreine oder lebenszerstörerische diabolische Geister beanspruchen geradezu ein Recht an dem Leben dieser Menschen. Sie sind wie Gebundene (*Daimonizomai*).[157] Die Heilung eines so gebundenen Lebens erfolgt, wenn diese diabolischen Mächte, die hinter dem Leiden stehen, gebunden und ausgetrieben werden.[158]

Doch es gibt nicht nur diese offensichtlichen Krankheits- und Leidensformen. Viele, die zu mir kamen, um Heilung und Hilfe zu suchen, konnten ihre Krankheiten gar nicht alle aufzählen, geschweige denn selber diagnostizieren. Man sprach vom „Unwohlsein", vom „Übelsein" (*kokos echein* bzw. *kakopathein*).[159] Auch sie erfuhren Hilfe.

Schließlich waren da auch jene, denen man „ihre" Krankheit genau ansah; es war offensichtlich für alle anderen. Die Aussätzigen (*leproi*),[160] die am ganzen Körper und in ihrer Seele litten und kultisch als unrein galten. Sie waren aus der Gemeinschaft ausgestoßen. Es gab die Gelähmten (*choloi*), die sich nicht mehr bewegen konnten und oft nur noch zu mir getragen wurden. Da waren die Menschen, die erblindet waren (*typhloi*), und für die es keine Hilfe gab. Sie waren bekannt, weil sie um ihren Lebensunterhalt

---

dämonischen Ursprung haben. Frauen mit einem verkrümmten Rücken oder Menschen mit psychischen Persönlichkeitsstörungen sind nicht generell als dämonisiert anzusehen! Eine solche Simplifizierung der biblischen Aussagen ist gefährlich und unverantwortlich.

157 Die Evangelisten berichten von elf Heilungen, die in einem Zusammenhang mit einer Dämonisierung stehen. Zudem finden wir den Begriff auch ohne konkrete personelle Zuordnung in den zusammenfassenden Kommentaren der Evangelisten. Vgl. Matthäus 4,24; 8.16; Markus 1,32 u. a.

158 „Manche Texte verbinden Aussagen über Besessenheit mit konkreten Krankheitssymptomen. In anderen werden dieselben Krankheiten genannt, ohne dass der Text einen Hinweis auf Dämonie enthält. Die Zurückführung jeder Krankheit auf die Einwirkung von Dämonen scheint eher verwehrt" (Bittner, W.: AaO 35).

159 Matthäus 4,24; 8,16; 14,35; 9,12; Markus 1,32.34; 2,17; Lukas 5,31; Jakobus 5,13.

160 Matthäus 8,2; 10,8; 11,5; 26,6; Lukas 4,27; 7,22; 17,12.

betteln mussten. Alle diese Ausprägungen von Krankheit in der unterschiedlichen Intensität bis dahin, dass sie ein Leben forderten, quälen Menschen[161] und wollen sie aus der Gottesbeziehung herauslösen. Jede Krankheit und jedes Todesgeschrei muss aber verstummen, wenn der Name des Höchsten genannt wird und er auf den Plan tritt. *„Nicht die Starken brauchen einen Arzt, sondern die Kranken."*[162]

Die mannigfaltigen Formen von Krankheit und ihre unterschiedliche Intensität und Bindung des Menschen an sie zeigen sich ebenfalls bei der Wortwahl der Evangelisten, wenn sie mein Heilungshandeln beschrieben haben.

Am häufigsten verwenden die Evangelisten in ihren Schriften den Ausdruck *therapeuein.*[163] Damit kennzeichneten sie aber nicht das, was sonst die Leute darunter allgemein verstanden haben, nämlich das oft langfristige und mühevolle, pflegende Heilungsgeschehen, das mit vielen ärztlichen Diensten verbunden war.[164] Wenn ich heilte, so geschah es sofort und vollständig. Aber die Heilungen ereigneten sich immer im Kontext meiner Verkündigung und Lehre. In den Heilungen verwirklicht sich für die Kranken fühlbar und erfahrbar das verkündigte Reich Gottes.

Therapeuein zeigt ein ganzheitliches Wahrnehmen des Kranken auf. Er braucht körperliche, seelische und geistliche Heilung und vielfach auch soziale Heilung. – Insofern war *therapeuein* eng verknüpft mit dem Begriff *iaomai*, der eine von Gott gewirkte unmittelbare Heilung beschreibt. Er hebt hervor, dass es dabei nicht um

161 Matthäus 4,24 spricht von *Basanos*, der Folter bzw. Qual. Vgl. Lukas 16,23.28.

162 Matthäus 9,12par.

163 Bei den Evangelisten kommt der Begriff 36 mal vor. Im Neuen Testament insgesamt 43 mal.

164 So war der Dienst der Ärzte auch am Sabbat nicht gestattet. *Therapeuo* beschreibt im Neuen Testament „nicht ein ärztliches Bemühen um den Kranken, dem der Erfolg auch versagt sein kann, sondern ein wirkliches Gesundmachen" (Beyer zitiert von Schnackenburg, R.: AaO 139).

langwierige Prozesse geht. Der Arzt Lukas verwendet in seinen Schriften den Begriff *iaomai* vorrangig (11 mal). Das Wortfeld von *hygies/hygiaino* = gesunden[165] betont hingegen nicht nur die körperliche Heilung, sondern eine soziale Komponente, dass ein Mensch zum Frieden findet. Er ist ganzheitlicher. – Wenn ein Mensch zudem eine geistliche Heilung erfährt, so wird von *sozo/diasozo* = retten gesprochen.[166]

Es geht um die Rettung aus lebensbedrohlicher Situation, eine Rettung hin zu einer neuen Gottesgemeinschaft. Wenn ich einem Geheilten zusprach: *„Dein Glaube hat dich gerettet"*, so verbindet der Glaube den Menschen zu einer umfassenden Gottesgemeinschaft. Wenn Menschen befreit wurden von Dämonen und satanischen Bindungen, so sprach ich vom Loslösen.[167] Der Begriff *lyo* zeigt an, dass es bei der befreienden Heilung um ein Lösen von der Wurzel des Übels geht. Schließlich verwenden die Evangelisten den Begriff *katharizo* = reinigen. Er findet seine Anwendung bei der Heilung von Aussätzigen, die aufgrund dieser Heilung nicht mehr aus der Gemeinschaft ausgeschlossen waren.

Bei allen unterschiedlichen Wendungen wird deutlich, dass es sich bei den Heilungen, die geschehen sind, nicht nur um die Wiederherstellung von kranken Körperteilen, nicht nur um körperliche, seelische oder kultische bzw. soziale Heilung handelte, sondern jede Heilung zielte darauf hin, dass das Reich Gottes zeichenhaft erfahren wird und dass Menschen in den Frieden mit Gott kommen. Wenngleich die Begriffe *therapeuein* bzw. *hygiaino* verdeutlichen sollen, dass es dabei um Prozesse geht, so war das auslösende Moment bei mir immer unmittelbar. Kranke, belastete und aus der Gemeinschaft

165 Matthäus 12,13; 15,31; Markus 5,34; Johannes 5,6.9.11.14.15; 7,23.

166 *Sozein* kann sich auch auf die Befreiung aus physischer Bedrohung oder Tod beziehen (neunmal in den Evangelien). Elfmal steht der Begriff im Zusammenhang mit einer körperlichen Heilung und Befreiung (vgl. hierzu ausführlich: Scharfenberg, R.: AaO 141).

167 Vgl. Lukas 13,16.

ausgeschlossene Menschen sollen ganzheitliche Heilung erfahren. Eine solche Heilung gehört zu der Wirklichkeit des angebrochenen Reiches Gottes.

Wenn die Vielfalt dieses Heilungsgeschehens schon in der sprachlichen Wiedergabe der Evangelisten deutlich wird, so schlägt sie sich ebenfalls nieder in dem äußeren Vollzug des Heilungsgeschehens. Manche mögen danach fragen, welche Methoden ich angewendet habe. Es ist schnell auf den Punkt zu bringen: Es geht nicht um korrekte Methoden bei einem Heilungsdienst. In jeder Situation und Konfrontation mit den Krankheitsmächten war mein Blick auf meinen Vater gerichtet. Die Art und Weise, wie ich die Kranken selbst in das Heilungsgeschehen eingebunden habe, war unterschiedlich. So sollten die zehn Aussätzigen sich auf den Glaubensweg machen, hin zu den Priestern; der Blindgeborene sollte sich die Augen klar waschen; ein anderer sollte sich selber bewusst werden, wie die Augen nach und nach wieder an Klarheit gewonnen haben, immer durch mein Handeln.

Neunmal berichten die Evangelisten davon, dass Heilung allein durch ein Wort von mir geschehen ist.[168] Die Heilung eines Kranken durch Berührung wird hingegen siebenmal berichtet, indem eine Berührung von mir ausging oder auch eine Kontaktaufnahme seitens des erkrankten Menschen erfolgte. Eine besondere Form war die Handauflegung, die kennzeichnend war, wenn ich heilte.[169]

168 Viermal bei physischen Erkrankungen (Matthäus 9,6par; Lukas 5,13par; 17,14; Johannes 5,8;). In drei Fällen standen Menschen unter dämonischem Einfluss: Markus 1,25f; Matthäus 8,32par, 17,18par.

169 „Obwohl Heilung durch Berührung oder Handauflegung weder im Alten Testament noch in der rabbinischen Literatur bekannt war, wird sie zum wichtigen Kennzeichen der Heilungen Jesu. Das wird aus den Bitten der Menschen um Handauflegung für ihre Kranken (Matthäus 9,18; Markus 5,23; 7,32; 8,22) und den Initiativen der Kranken um Berührung deutlich" (Scharfenberg, R.: AaO 133).

So habe ich die Augen des Blinden bei Jericho, die Ohren und die Zunge des Taubstummen und das Ohr des Malchus berührt.[170]

Häufig kamen meine Worte und Berührungen beim Heilungsgeschehen zusammen, so wie bei der Heilung der Schwiegermutter des Petrus, bei der Heilung des Aussätzigen in Galiläa, bei der Heilung von Blinden, von der Tochter des Jairus oder auch bei der verkrümmten Frau in der Synagoge am Sabbat.[171] In einzelnen Fällen habe ich bei den Heilungen meinen Speichel verwendet. Speichel gehört ganz zum Menschen; ich berühre nicht nur, sondern ich gebe etwas von mir hin. Es geht dabei nicht um eine Methode, sondern um eine Form der Vermittlung von Heilung, bei der der Kranke stärker mit einbezogen wurde.[172]

Die unterschiedlichen Arten, wie Heilungen und Befreiungen geschehen sind, zeigen deutlich an, dass es nicht nur einen Weg, eine Motivation oder eine Art der Heilung gibt. Sie zeigen allerdings ebenso in aller Deutlichkeit, dass meine Verkündigung, meine Lehre niemals von dem Heilungsdienst zu lösen sind und auch umgekehrt, dass Heilungen ohne die Verkündigung Menschen nicht gleichsam in das Reich Gottes führen.

In diesem Reich Gottes werden Menschen in das Heil eingehen, sie werden zu sich selber, zueinander und vor allen Dingen zum Vaterhaus Gottes finden. Die Heilungen und Wunder dienen als Beleg meiner Messianität und Gottessohnschaft. Sie sind Zeichen der neuen Heilszeit, die mit meinem Kommen in die Welt, mit meinem Tod am Kreuz und meiner Auferstehung besiegelt wurden. Durch die Sendung des Heiligen Geistes wird dieser doppelte Dienst der Verkündigung und Heilung eine Fortsetzung finden. *„Geht hin, verkündigt und sprecht: Das Reich der Himmel ist nahe herbeigekom-*

170 Matthäus 20,34; Markus 7,33; Lukas 22,51.

171 Matthäus 8,15par; Markus 1,40–45par; Matthäus 9,29; 20,34; Markus 5,41par; Lukas 13,12ff.

172 Vgl. Markus 7,33f; 8,23–25 und Johannes 9,6f. Die genaue Deutung der Anwendung von Speichel bleibt jedoch verschlossen.

men! Heilt Kranke, reinigt Aussätzige, weckt Tote auf, treibt Dämonen aus!"[173]

Heilungsdienst „im Namen Jesu"

Die Autorität und Kraft, in der ich verkündigte, lehrte und wirkte, war in meiner vollkommenen Einheit mit meinem Vater im Himmel begründet. Die Vollmacht hing nicht an einer anderen Motivation – etwa an dem Maß meiner emotionalen Betroffenheit, auch nicht an der Art und Weise, wie das Heilungsgeschehen sich konkret ereignete. Der Glaube der betroffenen Kranken oder ihrer Bittsteller war förderlich, aber nicht ausschlaggebend für eine Heilung. Jede Heilung war ein Werk des Vaters im Himmel.

> *„Der Sohn kann nichts von sich selbst aus tun, sondern nur, was er den Vater tun sieht; denn was dieser tut, das tut gleicherweise auch der Sohn. Denn der Vater liebt den Sohn und zeigt ihm alles, was er selbst tut, und er wird ihm noch größere Werke zeigen als diese, sodass ihr euch verwundern werdet."*[174]

Mit diesen Worten habe ich gezeigt, worin meine Autorität (griech. *Exousia*) begründet ist. Selbst meine Kritiker konnten die offensichtlichen Zeichen und Wunder, die ich im Namen meines Vaters wirkte, nicht leugnen. Doch würden meine Jünger in ähnlicher Intensität mit mir verbunden sein und somit auch in meinem Namen ebenso verkündigen, lehren, heilen, befreien und Zeichen und Wunder sehen?

Wenn ich „im Namen des Vaters" wirke, wenn ich „um seinetwillen lebe" und bekenne: *„Der Vater und ich sind eins"*, so geht es um Autoritätsformeln, die ich gebrauche.[175] Es geht um diese Einheit, aus der meine Sendung, meine Vollmacht und mein Weg sich ablei-

173 Matthäus 10,7–8.

174 Johannes 5,19–20.

175 Johannes 6,57; Johannes 10,30.

ten. Der Evangelist Johannes hat es am klarsten herausgestellt, dass ich diese meine Sendung, meine Mission und meine Vollmacht in der Verkündigung, im Leben und im Werk meiner Jünger genauso verankert sehen will.

In meinen Abschiedsreden[176] habe ich meinen Jüngern erklärt, wie das Werk durch sie weitergeführt wird „in meinem Namen". „*Gleichwie mich der Vater gesandt hat, so sende ich euch.*"[177] So wie ich „im Namen meines Vaters" redete und wirkte, so sollen meine Jünger „in meinem Namen" reden, beten und handeln.

> *„Wer an mich glaubt, der wird die Werke auch tun, die ich tue, und wird größere als diese tun, weil ich zu meinem Vater gehe. Alles, was ihr bitten werdet in meinem Namen, das will ich tun, damit der Vater verherrlicht wird in dem Sohn. Wenn ihr etwas bitten werdet in meinem Namen, so werde ich es tun."*[178]

Ich habe sie schon ausgesandt, als sie noch bei mir waren. Sie sollten in meinem Namen lehren und wirken, meinen Dienst „multiplizieren". Zunächst waren es die Zwölf, die ich ausschließlich zu den Kindern Israels sandte:

> *„Begebt euch nicht auf die Straße der Heiden und betretet keine Stadt der Samariter, geht vielmehr zu den verlorenen Schafen des Hauses Israel. Geht aber hin, verkündigt und sprecht: Das Reich der Himmel ist nahe herbeigekommen! Heilt Kranke, reinigt Aussätzige, weckt Tote auf, treibt Dämonen aus!"*

176 Johannes 13–17.

177 Johannes 20,21.

178 Johannes 14,12–14. Die „größeren Werke" beziehen sich vorrangig auf den Umfang der Werke (geografische Ausbreitung durch die Mission, Vielfalt und Multiplikation der Werke Jesu in allen seinen Nachfolgern). Vgl. hierzu: Schnabel, E.: *Urchristliche Mission* 1440ff; Scharfenberg, R.: AaO 164–168.

Später waren es siebzig andere Jünger, die ebenfalls zur Verkündigung und zum Heilungs- und Befreiungsdienst von mir ausgesandt wurden.[179]

Wie jubelte mein Herz dem Vater zu, als sie mir freudig erzählten, dass die Dämonen weichen mussten, als sie in meinem Namen geboten haben.

> *„Ich sah den Satan wie einen Blitz vom Himmel fallen. Siehe, ich gebe euch Vollmacht, auf Schlangen und Skorpione zu treten und über alle Gewalt des Feindes; und nichts wird euch in irgendeiner Weise schaden. Doch nicht darüber freut euch, dass euch die Geister untertan sind; freut euch aber lieber darüber, dass eure Namen im Himmel geschrieben sind!“*[180]

Nach meiner Auferstehung habe ich meine Jünger erneut ausgesandt. Nun war der Auftrag nicht mehr begrenzt auf Israel, sondern sie sollten zu allen Völkern gehen.

> *„Mir ist gegeben alle Macht im Himmel und auf Erden. So geht nun hin und macht zu Jüngern alle Völker, und tauft sie auf den Namen des Vaters und des Sohnes und des Heiligen Geistes und lehret sie halten, alles, was ich euch befohlen habe. Und siehe, ich bin bei euch alle Tage bis an das Ende der Weltzeit!“*[181]

Niemals habe ich diesen großen Auftrag und die Zusage meiner Gegenwart korrigiert oder zurückgenommen. Meine Jünger sollten das Evangelium vom Reich Gottes verkündigen, sie sollten Menschen zur Buße und in meine Jüngerschaft einführen. Da waren nicht nur die ethischen Lehren, da war diese intensive Verbindung von Verkündigung und Heilungs- und Befreiungswirken. Alle meine Nachfolger sollten in diese Einheit mit dem Vater, mit mir, dem Sohn und mit dem Heiligen Geist gelangen und es in der Taufe

179 Matthäus 10,1ff; Markus 6,7–13; Lukas 6,12–15; 9,1–6; 10,1–12.

180 Lukas 10,18–20.

181 Matthäus 28,18–20.

und im Empfang der Gabe des Heiligen Geistes besiegelt sehen, dass sie „in meinem Namen" leben und wirken dürfen.[182] Markus hat in seinem Bericht über diese meine letzten Worte vor meiner Rückkehr zum Vater festgehalten, dass die Verkündigung von begleitenden Zeichen begleitet sein wird.

> *„Diese Zeichen aber werden die begleiten, die gläubig geworden sind: In meinem Namen werden sie Dämonen austreiben, sie werden in neuen Sprachen reden, Schlangen werden sie aufheben, und wenn sie etwas Tödliches trinken, wird es ihnen nichts schaden; Kranken werden sie die Hände auflegen, und sie werden sich wohl befinden."*[183]

Nicht nur meine Mission, meine Sendung, sondern auch meine Autorität soll sich so in meinen Jüngern und in denen, die durch sie zum Glauben kommen, fortsetzen. Lukas bezeugt, dass diese Sendungsworte ohne die Verheißung und den Empfang des Heiligen Geistes nicht möglich sind. *„Ihr werdet die Kraft des Heiligen Geistes empfangen und werdet meine Zeugen sein."*[184]

---

182 Heinz Dobert weist überzeugend darauf hin, dass die Himmelfahrt-Sendungsworte eine Bestätigung der ersten Sendungsworte Jesu sind. Dazu gehört die Verkündigung und der Dienst an den Kranken und Belasteten Menschen (Dobert, H.: *Das Charisma der Krankenheilung* 13–17). Ebenso sieht Wolfgang Bittner in den Sendungsworten des Auferstandenen eine Bestätigung des Doppelauftrags der Verkündigung und Heilung. Bittner weist unter Bezugnahme auf die Gottesknechtslieder bei Jesaja darauf hin, dass es sich dabei nicht um zwei Sendungen handelt, die gegeneinander ausgespielt werden dürfen, sondern um die Fortsetzung der einen Sendung des verheißenen Gottesknechtes und Messias Jesus.(Bittner, W.: AaO 44–48).

183 Markus 16,17–18. Auf die textkritische Diskussion, ob diese Worte später erst dem Markusevangelium hinzugefügt wurden, sei hier nicht näher eingegangen. Zumindest können wir festhalten, dass in der frühchristlichen Tradition die Überzeugung und Erfahrung (Vers 20) vorhanden war, dass Gott diese begleitenden Zeichen gewirkt hat. Heilungen werden dann als Werk Gottes angesehen, das jedoch die Verkündigung des Evangeliums bestätigt.

184 Apostelgeschichte 1,8.

Er berichtet, wie die Apostel verkündigt haben, aber ebenso Heilungen und begleitende Zeichen und Wunder erlebten. Petrus, Philippus, Barnabas und Paulus und die vielen anderen Jüngerinnen und Jünger meiner Gemeinde verkündigten das Evangelium mit Kraft und begleitenden Zeichen und Wundern.[185] Als sich die Widerstände zeigten, betete meine Gemeinde einmütig:

> *„Herr, sieh ihre Drohungen an und verleihe deinen Knechten, dein Wort mit aller Freimütigkeit zu reden, indem du deine Hand ausstreckst zur Heilung, und dass Zeichen und Wunder geschehen durch den Namen deines heiligen Knechtes Jesus!"*[186]

Meine Jünger hatten es bei mir gesehen, als ich noch nicht zu meinem Vater zurückgekehrt war, und sie bezeugten es mit aller Klarheit, dass Predigt und begleitende Zeichen zu dem einen Evangelium gehörten.

> *„Ihr kennt es, das Zeugnis, das sich durch ganz Judäa verbreitet hat und in Galiläa anfing nach der Taufe, die Johannes verkündigte: wie Gott Jesus von Nazareth mit Heiligem Geist und Kraft gesalbt hat, und wie dieser umherzog und Gutes tat und alle heilte, die vom Teufel überwältigt waren, denn Gott war mit ihm."*[187]

So setzt sich die Verkündigung vom Reich Gottes und vom guten Evangelium in meinen Jüngern und in denen und durch jene fort, die durch sie zum Glauben kommen.

Nicht nur Lukas berichtet davon, sondern auch Paulus spricht in seinen seelsorgerlichen Lehrbriefen an die Gemeinde davon, dass der Geist Gottes die „Gaben der Heilungen" gibt und dass das Zeugnis nicht nur in Worten, sondern in Erweisung von Kraft

185 Die Apostelgeschichte berichtet von 18 Einzelheilungen und summarischen Erwähnungen. Zu den Zeichen und Wundern zählten: Heilungen und auch Totenauferweckungen (u. a. Apostelgeschichte 3,1ff; 5,15f; 9,32.36–42; 14,3.8ff; 16,16ff; 19,11ff; 20,7ff; 28,8ff).

186 Apostelgeschichte 4,29–30.

187 Apostelgeschichte 10,37–38.

geschieht.[188] Jakobus zeigt auf, wie das Gebet um Heilung in der jungen Gemeinde seinen festen Platz und seine Ordnung haben soll. Das Gebet um Heilung wird nicht nur den kranken Menschen selber nahegelegt, sondern der ganzen Gemeinde und vorrangig der Ältestenschaft einer Gemeinde.[189]

Verkündigen und heilen, vergeben und befreien, trösten und begleiten: Diese verschiedenen Inhalte meiner Mission habe ich meinen Jüngern in der Sendung übertragen und sie bilden eine Einheit.[190] Es geht um Anzeichen des angebrochenen Reiches Gottes, um Heilungen und Erweisungen von göttlicher Kraft, es geht um die Erfahrung von Trost und Nähe, die immer dort geschehen, wo ich durch den Heiligen Geist gegenwärtig bin. Ich bin bei euch alle Tage – das galt in den apostolischen Zeiten, in den Zeiten meiner jungen Gemeinde und es gilt auch heute. Amen, ich bin bei euch bis zum Ende der Weltzeit!

188 1. Korinther 12,9.28; 2,4; Römer 15,18f.

189 Jakobus 5,13–18.

190 „Das Reich Gottes soll den Menschen im Wort der Verkündigung und in der Tat der Heilung nahe kommen. Es ist ein Auftrag, der sich in zwei Grundfunktionen teilt. Von diesen beiden Seiten des einen Auftrags ist die Gemeinde nie dispensiert" (Bittner, W.: Aao 16). Peter Zimmerling betont den einen Auftrag der Verkündigung, der allerdings von Anfang an von Heilungen begleitet wurde (Zimmerling, P.: *Die charismatischen Bewegungen* 152). Der Katholik Norbert Baumert betont, dass der generelle Auftrag der Christen sei, im Glauben an die Heilungsvollmacht Jesu für Kranke zu beten, motiviert durch seine Verheißungen und nicht durch einen spezifischen Heilungsauftrag (Baumert, N.: *Jesus, heile mich* 113).

IV

„CHRISTUS MEDICUS“ HEILUNG IN DER KIRCHENGESCHICHTE

Ich bezweifle überhaupt nicht, dass Heilungen, Zeichen und Wunder im Dienst Jesu und in der apostolischen Zeit eine wichtige Rolle gespielt haben. Man muss schon blind sein, wenn man dieses eindeutige Zeugnis der Schrift nicht erkennen will. Aber man muss auch blind sein, wenn man einfach nicht wahrhaben will, dass wir heute in einer anderen Zeit leben. Wir haben seit dem vierten Jahrhundert nach Christus den uns heute vorliegenden biblischen Kanon.“

Demonstrativ hielt der junge engagierte Theologe seine Bibel hoch. „Dieses biblische Wort übernimmt heute die Funktion, die früher zu den apostolischen Zeiten den begleitenden Zeichen und Wundern zugeordnet wurden. Heilungen und Wunder können zwar heute auch noch einmal von Gott gewirkt werden, aber wir als Gemeinde Jesu im 21. Jahrhundert haben weder einen Heilungsauftrag noch eine Heilungskompetenz. Wir haben einen Heiland und die Heilige Schrift. Das ist Autorität genug!

Die Kirchengeschichte zeigt ja auch klar auf, dass Heilungen, Zeichen und Wunder und auch andere Charismen nach und nach von Gott zurückgezogen wurden. Kirchenvater Cyprian und auch Origenes haben im dritten Jahrhundert eindeutig festgestellt, dass die Wundergaben, die Heilungen und Kraftwirkungen in der jungen Kirche zurückgenommen waren.

Und dann müssen wir uns doch klar werden, in welcher Zeit wir heute angekommen sind. Heute hat Gott uns eine wunderbare medizinische Versorgung ermöglicht. Ich bete ja auch nicht, wenn der Tank meines Autos leer ist, um Kraftstoff, sondern ich fahre zur Tankstelle. So ist es heute für jeden Christen angesagt, Gottes Hilfe in Krankheitsnöten bei den dafür kompetenten Ärzten und Therapeuten zu suchen und nicht nur die Hände zum Gebet zu falten. Man sollte beten, dass Gott den Ärzten Weisheit schenkt, dass sie das Richtige tun. Um es klar zu sagen: Wir werden in meiner Kirche keine Heilungsgottesdienste oder so etwas anbieten! Wir bleiben beim Wort!"

Der junge Pastor sprach auf dem ökumenischen Kirchentag lediglich das aus, was viele der anwesenden Kollegen und Kolleginnen wohl dachten. Zumindest sah ich viel Kopfnicken und verhaltenen Applaus. Andere schüttelten offensichtlich ihre Häupter, so als wollten sie den Staub vergangener theologischer Blindheit abschütteln.

Die vergessene und wiederentdeckte Kompetenz

Nicht immer fällt eine Diskussion um den „Christus Medicus – Christus als Arzt" so heftig aus. Vielmehr erlebe ich in den letzten Jahren eine zunehmende Offenheit und Dialogbereitschaft. Eine vergessene Dimension des Erlösungsgeschehens soll neu in den Blick genommen werden. Nicht nur, weil immer mehr Menschen spirituell unterwegs sind. Auch nicht nur, weil die Wortlastigkeit protestantischer Gottesdienste geradezu öde wirkt. Wo ist die Kraft des Wortes? Wo und wie handelt Gott heute? Ist es wirklich so, dass Gott selber im vierten Jahrhundert, nach dem Abschluss der biblischen Kanonbildung, die Geistesgaben der Heilungen, der Kraftwirkungen, der Glossolalie u. a. von seiner Kirche weggenommen hat? Entspricht es den historischen Texten, dass die Kirche Jesu Christi Heilung aus ihrem Erlösungszuspruch gestrichen hat und sich mehr auf die Tröstedienste und Diakonie konzentrieren musste?

Es ist hingegen offensichtlich, dass bis in unsere Tage hinein Krankheit unzählige Menschen zu Therapeuten und Ärzten in die Praxen und Kliniken treibt und die Frage nach der Heilungskraft des „Heilandes Jesus" nicht *ad acta* gelegt ist.

„Wie erklären Sie sich, dass die Kirchen in unserem Land so wenig für Kranke beten? Wieso sind Krankensalbungen immer noch die Ausnahme?" Frau L. war nicht etwa ablehnend, wie seinerzeit der junge Pastor beim ökumenischen Kirchentag, sondern sie fragte sich ernsthaft, ob die Kirche womöglich etwas verloren habe, was sie nun mehr oder weniger hilflos sucht: Die Heilungskompetenz.[191] Brauchen wir heute, bei einer so fortgeschrittenen Medizin, überhaupt noch einen „Christus Medicus"? Einigen wird diese Bezeichnung auch gar nicht geläufig sein, obwohl sie in der Geschichte der Kirche durchgängig eine große Rolle spielte, übrigens auch in der Geschichte der Medizin und Pharmazie, der Literatur und Kunst. Ich weise auf die hervorragende Studie von Woty Gollwitzer-Voll hin, die sie 2005 als interdisziplinäres Forschungsprojekt unter dem Titel *Christus Medicus – Heilung als Mysterium* als Promotion vorlegte.[192]

Sie unterstreicht und ergänzt die Annahme von Wolfgang Bittner, der einen „kirchengeschichtlichen Bruch" in der Bewertung des Heilungsauftrages auf drei Einflüsse zurückführt: Den massiven Leidensdruck angesichts von grenzenlos erscheinendem Elend, den Einfluss griechischer Anthropologie auf die Theologie (z. B. Leib-

191 Ich bevorzuge den Ausdruck „Heilungskompetenz". Das lat. *competentia*, *competere* deutet auf die Zuständigkeit und Eignung hin. Da gehört bzw. passt etwas zusammen.

192 Gollwitzer-Voll, W.: *Christus Medicus – Heilung als Mysterium. Interpretation eines alten Christusnamens und dessen Bedeutung in der Praktischen Theologie.*

feindlichkeit im Platonismus) und schließlich den Einbruch des rationalistischen Denkens in der Aufklärung und Folgezeit.[193]

Ein genauerer Blick in die Texte der Theologiegeschichte widerlegt die häufig kursierende Auffassung, dass die Kirchengeschichte unmissverständlich einen Niedergang der urchristlichen Kraft bezeuge. Der protestantische Kirchenhistoriker und Theologe Adolf von Harnack führt Ende des 19. Jahrhunderts nicht nur aus, welche Bedeutung die christliche Religion für die Entwicklung der Heilwissenschaft und Krankenpflege hat, sondern er summiert seine ausführlichen Studien wie folgt: „Das Evangelium selbst ist als Botschaft vom Heiland in die Welt gekommen. Es wendet sich an die kranke Menschheit und verspricht ihr Gesundheit. Als Arzt ist Jesus in die Mitte seines Volkes getreten."[194] Auch heute noch beruhe die Kraft und die Zukunft der Kirche darauf, dass sie sich der seelisch und leiblich Leidenden annehme. „Nur als das Evangelium vom Heilande und von der Heilung – in dem umfassenden Sinn, den die alte Kirche mit diesem Gedanken verbunden hat– bleibt das alte Christenthum jung und das junge Christenthum das alte."[195]

Die ausführlichen kirchengeschichtlichen Studien von Evelyn Frost und F. Lovsky haben im deutschsprachigen Raum kaum Beachtung gefunden.[196] Bemerkenswert ist auch die kirchengeschichtliche Studie, die der episkopale Priester, Theologe und Psychologe Morton T. Kelsey 1973 unter dem Titel *Healing and Christianity* vorlegt.[197]

193 „Das, was man mit Recht als ‚Bruch' in der Auffassung christlicher Krankenheilung bezeichnen kann, vollzog sich wohl erst mit dem Einbruch des aufklärerisch-rationalen Denkens, dem vom christlichen Glauben und von christlicher Theologie her merkwürdig wenig Substanz entgegengesetzt wurde" (Bittner, W.: AaO 60).

194 Harnack, A. v.: *Medicinisches aus der ältesten Kirchengeschichte* 89.

195 Harnack, A. v.: *Medicinisches aus der ältesten Kirchengeschichte* 111.

196 Frost, E.: *Christian Healing*; Lovsky, F.: *L'Eglise et les malades*. Erst W. J. Ouweneel bezieht sich in seinen Studien vorwiegend auf Lovsky (Ouweneel, W. J.: Aao.).

197 Kelsey, M. T.: *Healing and Christianity*. London 1973.

Anhand vieler Quellenangaben steht für Harnack, Frost, Lovsky und Kelsey außer Frage, dass der Dienst der Heilung in der Kirche seine Fortsetzung gefunden hat. Francis MacNutt überreichte mir im Jahr 2005 seine kirchengeschichtlichen Untersuchungen und Einschätzungen, die er wie einen Weckruf an eine Kirche verstand, welche den Heilungsdienst zurückgedrängt habe, obwohl er eindeutig zum Sendungsauftrag Jesu gehöre und auch in der frühen Christenheit reichlich belegt sei. Doch es sei der Kirche fast gelungen, „den Heilungsdienst zu töten".[198] Es lohnt sich, die kirchen- und dogmengeschichtlichen Texte zu studieren; im Rahmen meiner Ausführungen in diesem Buch werde ich mich allerdings auf einige Skizzen beschränken, um die kirchen- und missionsgeschichtliche Relevanz der Heilungskompetenz der Gemeinde Jesu für die Gegenwart und Zukunft der Gemeinde zu verdeutlichen.

Evangelium und Heilung in der frühen Kirchengeschichte

Viele Kirchenväter haben in den ersten Jahrhunderten der jungen Kirche Heilungen und Befreiungen bezeugt, darunter Justin der Märtyrer (gest. 165), Irenäus (gest. 180), Tertullian (160–220). Allerdings berichtet Origenes (gest. ca. 253) ebenfalls von einem Abnehmen der Wundergaben und Heilungen, aber auch bei ihm werden Heilungen und begleitende Zeichen aufgeführt. Weiterhin sind zu nennen: Athanasius (357), Basilius von Cäsarea, Gregor von Nyssa und Gregor von Nazianz (viertes Jahrhundert), die nicht von einer Abnahme der Heilungskraft erzählen, sondern von ihren Erfahrungen von außergewöhnlichen Wundern und Heilungen. Wenn der Kirchenvater Cyprian (gest. 258) hingegen bemängelt, dass Heilungen und Wundergaben nicht so intensiv wie zu der apostolischen Zeit anzutreffen sind, so führt er es nicht darauf zurück, dass dies Gottes Plan sei, sondern er sieht die Verantwortung bei der Kirche,

198 MacNutt, F.: *The Nearly Perfect Crime.*

wenn es heißt: „Die Sünde der Christenheit hat die Kraft der Kirche geschwächt."[199]

Für den Kirchenvater und Bischof Augustinus von Hippo (354–430) hat die therapeutische Dimension, die heilende Wirkung der erfahrenen Gnade Gottes, geradezu medizinische Relevanz. Während er in seinen frühen Schriften behauptet, dass die Christenheit keine Fortsetzung der Heilungsgabe erwarten dürfe, sondern sich mehr auf das Seelenheil zu konzentrieren habe, betont er in seiner späteren Schrift *De Civitate Dei*, dass doch noch viele Wunder geschehen:

> „Eines Tages wurde mir bewusst, wie viele Wunder in unserer eigenen Zeit stattfanden, die so sehr den Wundern von früher glichen, und auch, wie verkehrt es sein würde, diese Glanzlichter göttlicher Kraft unter uns Menschen zunichtewerden zu lassen. Erst zwei Jahre ist es her, dass man hier in Hippo mit dem Registrieren begann, und während ich dieses schreibe, haben wir jetzt bereits siebzig aufgezeichnete Wunder."[200]

Die Heilungskompetenz der Kirche äußerte sich im vierten und fünften Jahrhundert nicht nur in der Erwartung, dass für einen Bischof bei seiner Weihung das Charisma der Heilung und Kraftwirkung erbeten wurde,[201] sondern gleichsam in einer zunehmenden Fürsorge für Kranke, die sich in Seelsorge, Pflege und Begleitung zeigte.

Nicht für die Bischöfe, sondern für Kirchenvorsteher, ja für alle Mitchristen war die Sorge um die Kranken vorrangige Kompetenz der Kirche. Als im dritten Jahrhundert vielerorts die Pest wütete, lesen wir im Osterbrief des Bischofs Dionysius von Alexandria (gest. 265):

---

199 Zitiert bei Ouweneel, W. J.: AaO 35.

200 *De Civitate Dei* XXII, VIII. Zitiert bei Ouweneel. W. J.: AaO 37. Siehe auch die ausführliche Darlegung der Bedeutung von Augustinus bei Dörnemann, M.: *Krankheit und Heilung in der Theologie der frühen Kirchenväter* 340ff.

201 Gemäß Canones von Hippolyt (ca. 500).

„Da die meisten unserer Brüder in heroischer Liebe und Güte sich selbst nicht schonten und füreinander eintraten, furchtlos sich der Kranken annahmen, sie sorgfältig pflegten und ihnen in Christus dienten, starben sie gleich diesen freudigst dahin, angesteckt von der Krankheit anderer, die Krankheit der Mitmenschen sich zuziehend, freiwillig deren Schmerzen auf sich nehmend. Viele mussten sogar, nachdem sie die Kranken gepflegt und wiederhergestellt hatten, selber sterben, den Tod, der jenen bestimmt war, auf sich nehmend."[202]

Wir können zusammenfassend feststellen, dass in den ersten Jahrhunderten der jungen Christenheit die Erwartung von Zeichen und Heilungswundern zunehmend verbunden war mit der Bitte um die Gaben der Heilungen und Kraftwirkungen und Heilung (Therapie) gleichfalls als begleitende Pflege und Fürsorge in den Blick kam. In diesem Sinn kann man von einer „therapeutischen Kompetenz" der jungen Kirche sprechen.[203]

Krankheit als Heimsuchung Gottes – Mittelalter und Reformation

Es war vor allen Dingen Papst Gregor dem Großen (590–604) zuzuschreiben, Krankheit vorrangig als einen von Gott zugewiesenen Läuterungsprozess anzusehen. Bis in die Gegenwart finden wir in Bezug auf eine Erkrankung die Redeweise von der „Heimsuchung Gottes", später zunehmend auch als Teilnahme am Leiden Christi verstanden, so etwa in der Leidensmystik des Mittelalters.[204]

202 Zitiert bei Sauser, E.: *Christus Medicus – Christus als Arzt und seine Nachfolger im frühen Christentum* 115.

203 Vgl. Biser, E.: *Auf dem Weg zu einer therapeutischen Theologie.*

204 Stellvertretend sei hier die spanische Mystikerin Teresa von Avila (1515–1582) genannt. Sie sieht in der Gemeinschaft der Leiden Christi eine besondere „Unio Mystica"; im Sakrament der Eucharistie jedoch nicht nur einen Trost, sondern ebenso eine Erquickung für den Leib. „Oder glaubt ihr etwa nicht, dass diese Nahrung für den Leib und eine heilsame Arznei auch für körperliche Beschwerden ist? Ich bin sicher, dass sie es ist!" (Teresa von

Die Praxis der Krankensalbung wird in der römisch-katholischen Kirche um 1150 als „letzte Ölung“ wie ein Sterbesakrament angesehen und erst im Zweiten Vatikanischen Konzil erneut als Dienst an Kranken in den Blick genommen.

Das kirchliche Amt und die hohe Relevanz der Sakramente von Taufe und Abendmahl (Eucharistie) werden auch von den Reformatoren als „Seelenarznei“ angesehen. Der prägende Dualismus von Seele und Leib und der Gedanke, dass Krankheit primär als ein zum Wohl der Seele wirkendes Mittel von Gott eingesetzt oder zugelassen wäre, kennzeichnet den Umgang mit Kranken bei den Reformatoren. Calvin distanzierte sich geradezu von einem Gebet um Heilung.[205]

Ebenfalls der junge Luther war in Bezug auf die Praxis des Ältestengebetes nach Jakobus 5 zunächst sehr zurückhaltend. Jedoch war für ihn Krankheit nicht immer eine Heimsuchung oder Züchtigung Gottes, sondern er sah in ihr Schläge des Teufels. „Ich halte dafür, dass bei allen schweren Krankheiten Diabolos als Verursacher und Arbeiter tätig ist.“[206] Luther ging davon aus, dass die spezifische Geistesgabe der Krankenheilung der Kirche nicht mehr gegeben sei, aber das Wort und der Geist und die Sakramente. Er vertraute ebenso dem Glaubensgebet. So erlebte er 1540, wie sein langjähriger Begleiter und Freund Philipp Melanchthon durch sein Gebet dem Tode entrissen wurde. Nach dieser Zeit hat Luther das Gebet für Kranke nach der Vorlage von Jakobus 5 empfohlen und praktiziert. In einem Brief an Pfarrer Schulze aus dem Jahre 1545 formuliert er

---

Avila: *Camino de perfección*; Zitiert bei: Souvignier, B.: *Die Würde des Leibes. Heil und Heilung bei Teresa von Avila* 305).

205 „Die Gabe der Gesundmachung ist verschwunden, genauso wie die übrigen Wunder, die der Herr eine Zeit lang hat stattfinden lassen … Auch wenn wir noch so sehr zugeben, dass die Salbung nach Jakobus 5,14–16 ein Sakrament dieser Kräfte gewesen ist …, so hat das jetzt keinen Bezug auf uns, da uns die Vermittlung dieser Kräfte nicht anvertraut ist“ (Calvin, J.: *Institutio* IV 19).

206 Luther, M.: *Tischreden* 360.

sorgsam die einzelnen Schritte eines solchen Heilungsgebetes. Das Gebet soll von dem Pfarrer in Begleitung von zwei Hilfspredigern und zwei oder drei weiteren „guten Männern" erfolgen:

> „Lege dem Kranken die Hände auf und sprich: ‚Friede sei mit dir, lieber Bruder, von Gott, unserem Vater, und vom Herrn Jesus Christus!' Danach bete mit vernehmlicher Stimme über ihm das Glaubensbekenntnis und das Vaterunser.
>
> Zum Abschluss sage dann: ‚Gott, allmächtiger Vater, der du zu uns gesagt hast durch deinen Sohn: ‚Wahrlich, wahrlich, ich sage euch: wenn ihr den Vater um etwas in meinem Namen bittet, so gibt er es euch' – und einander Mal durch ihn uns geheißen und genötigt hast zu beten: ‚Betet und empfanget', ebenso Psalm 50,15: ‚Rufe mich an am Tage der Trübsal, und ich reiße dich heraus, und du verherrlichst mich', darum beten wir unwürdigen Sünder auf das Wort und den Befehl deines Sohnes zu deiner Barmherzigkeit mit aller Kraft unseres Glaubens: würdige diesen Menschen, dass du ihn von allem Übel befreist und das Werk Satans in ihm zerstörst zur Ehre deines Namens und zum Wachstum des Glaubens und der Heiligen durch denselben unseren Herrn Jesus Christus, deinen Sohn, der mit dir lebt und regiert von Ewigkeit zu Ewigkeit. Amen.'
>
> Dann gehe weg, lege ihm die Hände auf und sage noch einmal: ‚Die Zeichen, die denen, die da glauben, folgen, sind diese: auf die Kranken legen sie die Hände, und es geht ihnen gut.' Dieses wiederhole bis zu dreimal täglich.
>
> Außerdem bete im Gemeindegottesdienst von der Kanzel, bis Gott erhört. Wir vereinigen uns ganz und gar in Fürbitte und Gebet mit aller unserer Glaubenskraft unaufhörlich in Gott."[207]

Der späte Luther betont demnach die Kraft des Glaubensgebetes und der Fürbitte, des Bekenntnisses zu dem Gott, der Heilung schenken kann. Zudem wird in seinen frühen Schriften deutlich, dass er der Buße und Beichte, dem Abendmahl und dem Wort Gottes, der Bibel und Predigt, heilsame Wirkung zumisst. Er spricht nicht direkt von einem Heilungsauftrag oder einer Befähigung der Kirche zur Hei-

207 WA Briefwechsel, Band 11, Nr. 4120. Zitiert bei Dobert, H.: *Das Charisma der Krankenheilung* 88–89.

lung (Heilungskompetenz bzw. -charisma). Das heilende Handeln Gottes mit Hilfe von Arznei erscheint bei ihm ebenfalls als Teil der göttlichen Bewahrung. Bei Luther verbinden sich Medizin und die „höhere Arzeney", welche er auch „geistlich Arzeney aus Gottes Wort" nennt.[208]

Trotz dieser Aussagen des späten Luthers dominiert in der Praxis des Luthertums und auch des Calvinismus der reformierten Kirche eine Art „Ergebungslehre", welche dazu ermutigt, in der Krankheit Gottes Reden, seine Erziehung oder Heimsuchung auszumachen.[209]

Christus ja! – Medicus weniger? Pietismus und Neuzeit

Der Grundton, dass die Kirche für das Seelenheil verantwortlich sei und nicht primär für ein ganzheitliches Heil, was auch den Körper oder die soziale Gesundheit einschließe, hat sich in der weiteren Entwicklung der westlichen Theologie wacker gehalten. Sicher gab es immer wieder Aufbrüche und in den Erneuerungsbewegungen des Protestantismus auch Ausnahmen.[210] Hier wäre u. a. auf Johann Albrecht Bengel (1687–1752) und den frühen schwäbischen Pietismus hinzuweisen, der sowohl die Existenz aller Gnadengaben als auch den Segen der Krankensalbung nach Jakobus 5 betont.

208 Auf diesen Zusammenhang hat ausdrücklich J. A. Steiger in seiner Studie hingewiesen: Steiger, J. A.: *Christus Medicus und theologia medicinalis bei Martin Luther.*

209 Auf den sogenannten linken Flügel der Reformation kann in dieser Studie nicht eingegangen werden, zumal die Haltung zur Krankenheilung nicht einheitlich war.

210 Lohnenswert ist auch ein Blick auf die orthodoxen Kirchen, die gleichwohl den Dualismus sehen, aber ein ganzheitlicheres Verständnis in der Anthropologie weiterführten. Ebenfalls wurde die Krankensalbung durchgängig als solche weitergeführt und nicht etwa, wie in der katholischen Kirche, jahrhundertelang als Sterbesakrament gehandhabt. Allerdings erfolgt die Krankensalbung in den orthodoxen Kirchen auch bis in die Gegenwart in Verbindung mit Beichte und Eucharistie und ist nicht losgelöst vom kirchlichen Amt. Auch in der katholischen Kirche ist die Krankensalbung als Sakrament dem Priester vorbehalten.

Bengel selber berichtet über ein gelähmtes Mädchen in Leonberg bei Stuttgart, das 1640 bei einer Predigt in Gegenwart des Herzogs von Württemberg eine spontane Heilung erlebte. Wichtig ist auch die Darstellung der Herrnhuter Brüdergemeine um Nikolaus Ludwig Graf von Zinzendorf (1700–1760), in deren Mitte man das von Gott geordnete Amt der „Wundertäter" gekannt hat. Todkranke Menschen wurden durch Gebet und ein Wort Gottes spontan geheilt. Endre Zsindely zeigt in einer umfassenden Studie über den älteren Pietismus, dass es in Bezug auf Krankenheilung kein einheitliches Erscheinungsbild gab. Prinzipiell wurde Krankheit als Züchtigung bzw. Strafe oder als von Gott auferlegtes Kreuz gedeutet. Krankheit ist „entweder eine allgemeine Frucht der Sünden, oder zuweilen eine besondere Strafe einer gewissen Sünde" (Philipp Jakob Spener, 1635–1705).[211]

Wie ein theologischer Fanfarenstoß zu einem Umdenken wurde hingegen der Ruf „Jesus ist Sieger!" des lutherischen Pfarrers Johann Christoph Blumhardt (1805–1880) und seinem Sohn Christoph Friedrich Blumhardt (1842–1919) aus dem schwäbischen Möttlingen und Bad Boll gehört. Durch ihre seelsorgerliche Begleitung erlebten sie die Heilung von Menschen, sie realisierten die Existenz von Dämonen und Befreiung und auch das Zusammenspiel von Heilen, Trösten und Begleiten.[212] Johann Christoph Blumhardt begleitete über längere Zeit eine Frau Gottliebin Dittus, die von diabolischen Mächten gefangen war und entsetzlich litt. Doch dann erlebte sie – für alle im Ort erkennbar – eine umfassende Befreiung und Heilung.[213] Es entwickelte sich im nahegelegenen Bad Boll ein Heilungsdienst, der das Gebet, aber auch die fürsorgliche Aufnahme von Kranken und ihre Pflege im Blick hatte. Bei den beiden Blum-

211 Zitiert bei: Zsindely, E.: *Krankheit und Heilung im älteren Pietismus* 62.

212 Zündel, F.: *Johann Christoph Blumhardt. Jesus ist Sieger.*

213 Johann Christoph Blumhardt: *Die Krankheitsgeschichte der Gottliebin Dittus.*

hardts kamen die Charismen der Krankenheilung, der Barmherzigkeit, Seelsorge und Diakonie für die Kranken vorbildlich zusammen. Wolfgang Bittner notiert: „Der Blick war nicht auf Krankheit, nicht auf Heilung, nicht auf Wunder konzentriert, sondern auf den Herrn der Kirche, der in seinen Verheißungen ernst genommen wurde.“ [214]

Im deutschen Sprachraum wurden zudem weitere Erfahrungen von Krankenheilung bekannt, die sich mit den Namen von Johannes Seitz (1839–1922), Henriette von Seckendorf (1819–1878), Elias Schrenk (1831–1913) oder Dorothea Trudel (1813–1862, Schweiz) verbanden. Es waren jedoch immer einzelne Personen, die offensichtlich mit dem Charisma der Krankenheilung und zudem mit einer Seelsorge- bzw. Evangelisationsgabe von Gott gesegnet waren.

Auch in anderen Ländern gab es geistliche Aufbrüche, die von Heilungserfahrungen, Zeichen und Wundern geprägt waren und die eine vergessene Heilungskompetenz der Gemeinde Jesu Christi neu in den Blick nahmen. So entstand im 17. Jahrhundert in England die „Gemeinschaft der Freunde“ (Quäker) um George Fox (1624–1691). Fox berichtet von vielen Krankenheilungen und empfiehlt die Praxis von Gebet und Handauflegung. Um den reformierten Pfarrer Andrew Murray (1828–1917) entstand ein geistlicher Aufbruch in Südafrika, bei dem es zu vielen Heilungswundern kam.

Im deutschsprachigen Raum gab es jedoch kein grundsätzliches theologisches Umdenken in Bezug auf die Deutung von Krankheit. Einzelne Aufbrüche im Pietismus oder in anderen Erneuerungsbewegungen und außerordentliche Heilungen wurden vorwiegend durch den Dienst einzelner Personen berichtet. Ansätze für eine stärkere Verankerung der Heilungskompetenz in der Ekklesiologie zeigen sich in der Herrnhuter Brüdergemeine und in den freikirchlichen Gemeindebewegungen des 19. Jahrhunderts.

Sowohl die großen reformatorischen Bewegungen als auch die meisten pietistischen Aufbrüche konzentrierten sich auf die Chris-

214 Bittner, W.: AaO 65.

tologie, die ihren reformatorischen Kern in der Soteriologie sah; Heilung war lediglich ein Beiwerk der Erlösung oder wie ein „isoliertes Element" (Bittner).[215] Christus als Retter und Erlöser wurde klar bekannt, Christus als Arzt (*Medicus*) wurde hingegen vergessen oder den Medizinern und der Diakonie zugeordnet, jedoch nicht als eine genuine Heilungskompetenz der Gemeinde Jesu gefördert.

Wie gesagt, es gab Ausnahmen, die jedoch wie unregelmäßige Verben kaum in der theologischen Literatur reflektiert wurden. Ausschlaggebend mag dafür eine Art „rationalistischer Gefangenschaft" der Theologie gewesen sein, welche unerklärbare Zeichen und Wunder entweder ignorieren musste oder sie als Mythen der Vorzeit zu entlarven versuchte. Zudem gab es in den erwecklichen Aufbrüchen nicht sehr viele Theologen, deren Lehre verschriftet bzw. an den Ausbildungsstätten gelehrt wurde. Der Akzent der Aufbrüche lag in der Frömmigkeit, im Erleben.

Doch der Geist Gottes schenkte seiner westlichen Kirche noch einen neuen geistlichen Aufbruch bzw. neue geistliche Aufbrüche, die zunächst für Irritation, dann aber auch zu einem reflektierten Neudenken und Wiederentdecken der vergessenen Dimension der Heilungskompetenz der Kirche führten.

Neue Aufbrüche zur Heilungskompetenz – Erweckungszeiten

Wie wir anhand der klassischen Reformationsbewegungen des 16. Jahrhunderts erkennen konnten, hat eine Erneuerung der Kirche nicht zwangsläufig eine Neubesinnung auf den Heilungsauftrag zufolge. Aufgrund von dogmatischen und liturgischen Erstarrungen wurde schon bald der Ruf nach geistlicher Erweckung laut.[216]

215 Bittner, W.: Aao 68.

216 Erweckungsbewegungen knüpfen an bei dem Wort aus dem Epheserbrief „Wache auf, der du schläfst, und stehe auf aus den Toten, so wird Christus dich erleuchten!" (Epheser 5,14). Schon bei den Gründervätern der methodistischen Bewegung Charles und John Wesley in England ereigneten sich

Im Mittelpunkt der Erweckungsversammlungen, die häufig unter freiem Himmel stattfanden, stand der Ruf zur Bekehrung und einer neuen Hinwendung zu Christus als Herrn und Erlöser.

In den neuen amerikanischen Kolonien kam es zu drei großen Phasen der methodistischen Erneuerung, zum „Great Awakening" (1740–1780 mit Jonathan Edwards und Charles Whitefield; 1800–1840 u. a. mit Charles G. Finney; 1880–1910 u. a. mit Dwight L. Moody und der Heiligungsbewegung). Typisch waren die massenhaften Bekehrungen. In England wurden beispielsweise innerhalb von 50 Jahren 75 000 Personen Methodisten; in den Vereinigten Staaten von Amerika wuchs die Zahl in einem Zeitraum von 1771–1784 um ca. 15 000. Zu Beginn des 19. Jahrhunderts waren in den USA nur 7 Prozent Mitglied in einer Kirche, hundert Jahre später waren es über 40 Prozent. Bei den Erweckungsversammlungen kam es teilweise zu heftigen Reaktionen und ekstatischen Phänomenen. Auch eine Vielzahl von Heilungen und Befreiungen werden berichtet.

Erweckungsversammlungen dieser Art sind in jener Aufbruchzeit nicht nur in den USA oder Großbritannien, sondern im 19. Jahrhundert auch im deutschsprachigen Raum anzutreffen.[217] Sie gingen meist von den evangelischen Landeskirchen aus, z. B. im Siegerland und im südlichen Oberberg (Homburger Land), am Niederrhein, in der Wuppertaler Gegend (F. W. Krummacher), in der Lünebur-

zahlreiche Heilungswunder und Befreiungen von Menschen während der Versammlungen. Im „Great Awakening", der methodistischen Bewegung unter der Führung von Jonathan Edwards und George Whitefield in den amerikanischen Kolonien (1740–1780), verdoppelte sich dort die Zahl der Kirchen. Der große Erweckungsprediger Charles Grandison Finney (1792–1875) predigte zu Hunderttausenden. – Vgl. Finney, C. F.: *Erweckung. Gottes Verheißung.*

217 Vgl. Beyreuther, E.: *Frömmigkeit und Theologie.* Benrath, G. A.: *Die Erweckung innerhalb der deutschen Landeskirchen.*

ger Heide (L. Harms), im Minden-Ravensberger Land (J. H. Volkening), in Baden (A. Henhöfer) oder in Württemberg (L. Hofacker).

In Bern waren die Evangelisten Elias Schrenk und Franz E. Schlachter aktiv. In den meisten Erweckungsversammlungen kam es auch zu Heilungen und es geschahen begleitende Zeichen und Wunder. Sie waren jedoch primär auf die Bekehrung, die Umkehr des Menschen zu Gott ausgerichtet. Otto Riecker[218] untersucht die Vollmacht, mit der erweckliche Verkündigung geschehen ist, und zeigt, dass die Verkündigung durch begleitende Zeichen und Wunder, darunter auch Heilungen, bestätigt wurde.

Die Erweckungsbewegungen, besonders in Deutschland, zielten auf die Belebung der Kirchen und eine geistliche Transformation im Land. Sie hatten nicht primär zum Ziel, den Heilungsauftrag bzw. die Heilungskompetenz der Gemeinde neu in den Blick zu nehmen. Dennoch wuchs durch die auffällige Anzahl von begleitenden Zeichen und Wundern und die verstärkte schriftliche Verbreitung der Theologie und der Erweckungsberichte eine neue Offenheit für das Heilungswirken in der Kirche. Gleichfalls formierte sich eine offensichtliche Abwehr einer Frömmigkeit, die nicht primär rational verankert war, sondern stärker erfahrungsorientiert schien.

Die charismatische Dimension – Pfingstbewegung – Charismatische Erneuerung

Als die Vorläufer einer Neuausgießung des Heiligen Geistes sich anbahnten – vertreten beispielsweise in den Diensten der Heilungsevangelisten John Alexander Dowie (1847–1907), Maria Woodworth-Etter (1844–1924) und des Erweckungspredigers in Wales Evan John Roberts (1878–1951) –, manifestierten sich zunehmend die Charismen der Krankenheilung, der Kraftwirkungen, der Prophetie und der Glossolalie (Sprachengebet). Die Verkündigung

218 Riecker, O.: *Das evangelistische Wort. Die Verkündigung der großen Evangelisten als geistliches Ereignis.*

und die Versammlungen waren geprägt durch spontane Heilungswunder.

Heilungen geschahen, weil prophetisch Begnadete eine Offenbarung bekamen, was Gottes Geist an kranken Menschen wirken will. Gottes Geist gebrauchte die Väter der Pfingstbewegung William J. Seymour (1870–1922) und Carles Fox Parham (1873–1929). John Graham Lake (1870–1922)[219] und Smith Wigglesworth (1859–1947) gehörten zu den herausragenden Heilungsevangelisten der jungen pfingstlichen Bewegung. In Deutschland waren ihre Anfänge in Mülheim (Jonathan Paul) und Kassel (Heinrich Dallmeyer)[220] gleichsam durch unverständliche ekstatische Phänomene geprägt, die schließlich zu der sogenannten „Berliner Erklärung“ führten, in der die deutsche Gemeinschaftsbewegung und führende evangelikale Theologen in der neu aufkommenden Pfingstbewegung einen „Geist von unten“ zu erkennen glaubten.[221]

In einer unmittelbaren „Mülheimer Erklärung“ distanzierten sich die Vertreter der jungen Pfingstbewegung entschieden. Die „Berliner Erklärung“, die weltweit einzige Resolution dieser Art, hat die Pfingstbewegung jedoch keineswegs zum Stillstand gebracht und bis in die Gegenwart Verunsicherung und Verwirrung in der deutschsprachigen Christenheit gestiftet. Heute sind die Pfingstkirchen in

219 Die Aufzeichnungen und Berichte von John G. Lake erfahren gegenwärtig eine neue Aufmerksamkeit in den Pfingstkirchen Deutschlands. Vgl. Lake, J. G.: *Die Kraft göttlicher Heilung.*

220 Dallmeyer erlebte beim Besuch einer Veranstaltung mit den pfingstlichen Predigerinnen Agens Telle und Dagmar Gregersen aus Norwegen eine spontane Heilung. Er lud sie anschließend nach Kassel ein und machte sie dort mit der Gemeinschaftsbewegung bekannt.

221 „Die sogen. Pfingstbewegung ist nicht von oben, sondern von unten; sie hat viele Erscheinungen mit dem Spiritismus gemein. Es wirken in ihr Dämonen, welche vom Satan mit List geleitet, Lüge und Wahrheit vermengen, um die Kinder Gottes zu verführen.“ Zitiert u. a. bei: Giese, E.: *Und flicken die Netze. Dokumente zur Erweckungsgeschichte*; Hollenweger, W.: *Enthusiastisches Christentum, die Pfingstbewegung in Geschichte und Gegenwart.*

ihren unterschiedlichen Ausprägungen die stärkste evangelische Denomination weltweit. Gott sei es gedankt, dass es inzwischen zu einer Aussöhnung und Verständigung zwischen der Pfingstbewegung und der Evangelischen Allianz in Deutschland gekommen ist.[222]

Mit dazu beigetragen haben auch die seit den 60er Jahren des 20. Jahrhunderts aufkommenden charismatischen Erneuerungsbewegungen innerhalb der bestehenden traditionellen Kirchen und Freikirchen.[223] Der Geist Gottes erweckte neu die Charismen und damit auch die Heilungskompetenz der Kirche Jesu Christi. Das Thema der Heilungen, der begleitenden Zeichen und Wunder konnte nicht mehr als ein Randthema abgetan werden.

Nicht alle charismatischen Aufbrüche und Dienste waren sogleich theologisch gut begleitet, dennoch ist gerade im deutschsprachigen Raum hier viel Schaden durch einen unreifen Umgang mit den Charismen der Heilungen und Kraftwirkungen vermieden worden, weil sich schon früh gute theologische Lehrer zu den charismatischen Aufbrüchen in den Kirchen stellten.[224] Dennoch konnte es nicht

222 Im Januar 2009 haben der Gnadauer Gemeinschaftsverband sowie der Mülheimer Verband Freikirchlich-Evangelischer Gemeinden eine gemeinsame Erklärung verfasst. Darin heißt es u. a.: „Wir erkennen, in der Berliner Erklärung wie auch in der Mülheimer Erwiderung, ein ernsthaftes geistliches Ringen, in kritischer Zeit Schaden von der Gemeinde Jesu abzuwenden. Diese historischen Dokumente haben jedoch für das gegenwärtige Miteinander … keine Bedeutung. Wir wissen, dass in der jeweils anderen Bewegung der Geist Jesu Christi wirkt."

223 Peter Zimmerling legt eine hervorragende Zusammenstellung der charismatischen Bewegungen in Deutschland vor: Zimmerling, P.: *Charismatische Bewegungen.*

224 Ich verweise auf die Veröffentlichungen von Norbert Baumert, Wolfram Kopfermann, Paul Toaspern und Siegfried Großmann. In Bezug auf die Heilungskompetenz der Kirche verweise ich auf das herausragende Buch des Anglikaners George Bennett, der ein Zusammenwirken von charismatischem und sakramentalem Heilungswirken betont. Der damalige Erzbischof von Canterbury lobt Bennetts „reifes, seelsorgerliches Verständnis", wenn er über Bennett schreibt: „Man spürt ihm ab, dass es ihm um die

vermieden werden, dass auch Lehren sich ausbreiteten, die weniger im gesamtbiblischen Zeugnis ihr Fundament hatten, sondern eher auf subjektiven Erfahrungen, Eitelkeiten oder gar Machtgier fußten. Überzogene Fixierungen auf die begleitenden Zeichen und Wunder, expandierende Heilungs- und Seelsorgedienste prägten und zerrissen zum Teil auch die charismatisch offenen Gemeinden.

Eine überzogene Auffassung der Bedeutung des Glaubens im Heilungsprozess, eine Fixierung auf bestimmte Ursachen von Krankheiten (z. B. Flüche oder Sünden der Voreltern) oder auch eine unangemessene Verehrung und Konzentration auf einzelne Führungspersönlichkeiten hat die Verankerung der Heilungskompetenz in einem charismatisch fundierten Gemeindeaufbau nicht einfacher gemacht.[225] Eine Vielzahl von erfahrungsgeladener Literatur mit nur wenig reflektierter, biblisch fundierter Theologie, konnte sich ausbreiten und führt immer wieder zu Irritationen.

Die Heilung der Kirche – Ausblick

Es freut mich, zu sehen, wie immer mehr Gemeinden in den bestehenden etablierten Kirchen und Freikirchen, in den neuen Gemeindebewegungen und Initiativen sich für einen Heilungsdienst öffnen und ihn auch in der Gemeindepraxis und im missionalen Leben eines jeden Christen fördern. Die Heilungskompetenz hat Gott niemals von seiner Kirche weggenommen, sie war sich ihrer nur nicht bewusst. Der Geist Gottes hat eine verkopfte westliche Christenheit durch die Pfingstbewegungen und die charismatischen Aufbrüche herausgefordert und erfrischt. Dabei können und dürfen wir lernen

---

Entwicklung der Heilungskompetenz der Kirche Jesu Christi geht. In den charismatischen Bewegungen – quer durch die Denominationen – erkennt er ein Wirken des Heiligen Geistes, einen ‚Neubeginn'." Vgl. Bennett, G.: *Jesus befreit und heilt* 4, 109–117.

225 Francis MacNutt thematisiert und reflektiert in seinem Buch *Beauftragt zu heilen* eine ganze Reihe dieser Problemfelder (MacNutt, F.: *Beauftragt zu heilen* 71–76, 109–147).

von den Erfahrungen der Christen, die aus anderen Kulturen und Nationen kommen.

Und ein weiterer Lernprozess hat begonnen: Die Kirchen wachsen in diesem gemeinsamen doppelseitigen Sendungsauftrag Jesu immer mehr zusammen. Der Auftrag zur Verkündigung und Heilung, zum Heilen und Begleiten wird zunehmend als Einheit erkannt. So ist es erfreulich, dass bei dem Weltkongress für Evangelisation, der in Athen im Mai 2005 ausgerichtet wurde von der „Kommission für Weltmission und Evangelisation" (Ökumenischer Rat der Kirchen/Internationaler Missionsrat), etwa 20 Prozent der Teilnehmer aus Gemeinde- und Kirchenbewegungen kamen, die sich sonst eher in der alternativen weltweiten Lausanner Bewegung beheimatet wissen. Ähnliches ist bei dem Weltkongress für Weltmission und Evangelisation im Jahr 2018 in Tansania geschehen.

Es geht um nichts Geringeres als um die Heilung der Kirche, ein Versöhnungsgeschehen, das der Geist Gottes mit Nachdruck vorantreibt. Eine Kirche, die sich gemeinsam ausrichtet auf ihre gemeinsame Mission zur Verkündigung und Heilung im Namen Jesu Christi, wird auch zu einem gesunden und reifen Umgang mit ihrer Heilungskompetenz finden. Im Vorbereitungstext für die Athener Konferenz im Jahr 2005 lag zum Thema „Heilung" das Dokument vor, in dem es u. a. heißt:

> „Heilung gehört zur Kirche selbst. Die Kirche ist mit Gottes Gnade und heilender Macht ausgestattet. Daher muss das vorherrschende missionstheologische Missverständnis, das Heilung als ‚Sonderpfarramt' der Kirchen ansieht und sie als Kernfunktion vernachlässigt, durch ein Ekklesiologieverständnis korrigiert werden, das Heilung als integralen Bestandteil des Seins der Kirche ansieht ... Wir sind in den letzten Jahren Zeugen des Wiedererstarkens des heilenden Dienstes der Kirche geworden ... Die Kirchen haben verstärkt zum heilenden Dienst zurückgefunden und ein neues Bewusstsein für die zentrale Bedeutung des Heilens für Leben und Mission der Kirche gewonnen ... Seelsorgerliche und spirituelle Betreuung müssen institutionelle und medizinische Betreuung begleiten. Die Dichotomie zwischen spirituellen und medizinischen Aspekten des

> Heilens muss überwunden werden und ‚wissenschaftliches Heilen' und ‚göttliches Heilen' müssen miteinander verknüpft werden."[226]

Heilung wird nicht nur auf die „geistliche Arzenei" (Luther) der Sakramente fixiert, sie wird auch nicht primär von Bischöfen oder Kirchenleitungen wahrgenommen, sondern es ist eine Kompetenz, die sich in der *Congregatio*, der Gemeindeversammlung und in der missionalen Gemeinde mit ihren vielen Mitgliedern und Freunden ereignet.

Wenn bei aller Unterschiedlichkeit unserer Berufungen und Aufträge, die sich beispielsweise in den etwa 38 000 Denominationen, christlichen Kirchen- und Gemeindeverbänden weltweit manifestieren, die Verkündigung der lebensrettenden Botschaft von Jesus dem Heiland der Welt glaubwürdig sein soll, so ist die Heilung der Zerrissenheit zwischen den Kirchen ein wesentliches Hoffnungszeichen der neuen Welt Gottes.

Heilung hat eine soziale und eine individuelle Dimension. Die Heilungskompetenz der Gemeinde multipliziert sich durch die Christen, die in ihren Familien, ihren Häusern und Freundeskreisen und in ihren Berufen ein Zeugnis für Jesus Christus den Heiland sind. Sie werden befähigt zu beten, zu gebieten und zu bitten im Namen Jesu. Auch die Tröstungen durch Wort und Tat und Nähe gehören dazu. Nicht nur Stippvisiten der Heilung sind gefragt, sondern Begleitungen bis hin zum Sterbelager.

Heilung und Versöhnung sollen sich ebenso Bahn brechen, wenn wir von Christus Medicus reden. Hochqualifiziertes und gut ausgebildetes Fachpersonal in Medizin und Pflege gehört zu den „hauptamtlichen Mitarbeitern" im Reich Gottes, wenn es um Heilung geht. Die Heilungskompetenz der Gemeinde Jesu Christi manifestiert sich nicht nur durch Charismen der Heilung, sondern auch durch verantwortungsvoll angewandtes Wissen, das im Namen Jesu von

226 Vorbereitungspapier Nr. 12. Kommission für Weltevangelisation. Athen 2005. https://.www.oikomene.org/de/resources/documents.

Ärzten, Therapeuten, Pflegekräften und Mitarbeitern im Gesundheitswesen zum Einsatz kommt; und das nicht nur in den klassischen Kliniken, sondern an den vielen Orten, wo soziale Heilung durch verantwortungsvolle Begleitung und Pädagogik und soziale Dienste ermöglicht wird.

Ich freue mich über die guten Dialoge, die durch die Einrichtung des Christlichen Gesundheitskongresses in Deutschland seit vielen Jahren gefördert werden. Eines der Ziele des Kongresses ist es, das Zusammenwirken von Medizin, Pflege und kirchlicher Heilungskompetenz zu stärken.[227]

227 www.christlicher-gesundheitskongress.de.

V

DIE GEMEINDE ALS „HEIL-LAND" – PRAXISFELDER DER HEILUNGSKOMPETENZ

Theologie der Praxis oder Praxis der Theologie?

Nun endlich wenden wir uns der Praxis zu; womöglich haben Sie sich durch die biblisch-theologischen und kirchengeschichtlichen Orientierungen nur „durchgeblättert". Muss man denn so differenziert und sorgfältig nachschauen, was die biblischen Texte in ihrer Zusammenstellung uns als Vorgabe geben? Reicht es nicht aus, einfach den Heilungsauftrag der Kirche Jesu neu zu entdecken, und dann geht es in die Praxis? An einigen Beispielen ist es bereits deutlich geworden: Immer stehen wir in der Gefahr, gute Praxiserfahrungen zum Maßstab der Lehre zu machen.

Das breite Zeugnis der biblischen Texte und der kirchengeschichtlichen Dokumente belegt allerdings, dass Erfahrungen immer auch die Ausrichtung am biblisch bezeugten Wort brauchen, und zwar nicht nur durch einzelne Belegstellen, sondern durch eine Synopse, eine Gesamtsichtung der biblischen Aussagen zum Thema Heilung. Mit einzelnen Bibelstellen, die zuweilen noch völlig aus dem Zusammenhang der Schrift gerissen werden, stehen dann geradezu alternativ wirkende Wahrheiten im Raum; steile Sätze, die jeweils den einen oder anderen Aspekt in einem Heilungszusammenhang beleuchten.

Der guten Erfahrung soll damit eine theologische Begründung, bzw. ein Bibelbeleg beigeführt werden, um die Autorität zu unterstreichen. „Heilung von Blindheit geschieht in der Regel prozesshaft!“, höre ich einen erfahrenen Mitarbeiter im Heilungsdienst sagen, und er weist darauf hin, dass Jesus einem Blinden zunächst einen mit Speichel verrührten Erdschlamm auf die Augenlider strich und der Erblindete sodann selber einen Weg gehen musste, um die Augen zu waschen. Erst da kam es zur Heilung (Johannes 9,1–7). Und ein anderer Blinder sieht zunächst die Menschen unklar wie Bäume umherwandeln – erst nachdem Jesus ihn nochmals berührt, kann er vollends sehen (Markus 8,22–26).

Sicher sind diese beiden Berichte in der Bibel zu finden, aber ebenfalls gibt es eine ganze Reihen von Blindenheilungen, die nicht prozesshaft geschehen, sondern spontan (z. B. Matthäus 9,27ff; 20,30ff). Es ist allerdings verhängnisvoll und beklagenswert, dass manche irreführende Lehren in Sachen Heilung auf den Weg gekommen sind, weil die Praxiserfahrung, zuweilen gekoppelt mit einzelnen Bibelstellen, eine ganze Heilungslehre hervorgebracht hat. Viele notvolle Erfahrungen sind darin begründet, dass eine Theologie zur Praxis gesucht werden soll. Ich plädiere hingegen stark für den umgekehrten Weg: Wir sollten unsere Praxis aufgrund des biblischen Gesamtzeugnisses beleuchten bzw. gestalten.

Aus diesem Grund habe ich den biblisch-theologischen Teil und auch die kirchengeschichtliche Orientierung in einem solchen Umfang in dieser Studie berücksichtigt; und man müsste es sicher noch umfassender tun. Doch nun möchte ich mit Ihnen einen Blick darauf werfen, wie eine Theologie der Heilung gleichfalls zu einer gesunden Praxis der Heilungskompetenz der Kirche Jesu führen kann.

Ich bitte um Verständnis, dass ich das Augenmerk vor allen Dingen auf die Heilungskompetenz lenke, wenngleich der Auftrag, Kranke und Angehörige zu trösten und zu begleiten, nicht vom Heilungsauftrag zu trennen ist. Ich kann nur ermutigen, die vielen wertvollen Praxishilfen für Seelsorge in der Gemeinde, eine gemeindenahe Diakonie oder „Spiritual Care“ im Begleiten von Kranken und Sterbenden zu nutzen.[228] Nach meiner Einschätzung gibt es hierzu sehr viel gute pastoraltheologische Literatur. So mancher Pastor hat nach der theologischen Ausbildung eine Weiterbildung in therapeutischer Seelsorge absolviert.[229]

Zudem gibt es Seminare und Hilfestellungen für mitarbeitende Gemeindemitglieder. Wenn ich es richtig einschätze, so haben fast alle Kirchen im seelsorgerlichen, sozialtherapeutischen Dienst eine stärkere Einbeziehung von weiteren haupt- und ehrenamtlichen Mitarbeitern gefördert. Gleichwohl ist es wichtig, dass ein Heilen, Trösten und Begleiten nicht nur in die Kompetenz von Fachleuten gehört, sondern ebenfalls zu einem Basisgeschehen in der christlichen Gemeinde wird.[230] So wie wir gegenwärtig in Deutschland die Bedeutung einer gemeindenahen Diakonie neu entdecken, so brauchen wir ebenfalls eine Neubesinnung auf eine gemeindenahe Heilung.

Ja, wir benötigen gut ausgebildete Seelsorgerinnen und Seelsorger, Pastorinnen und Pastoren, Diakoninnen und Diakone, aber zugleich die Stärkung eines jeden Christen im missionalen Alltag. Es geht um eine konsequentere Umsetzung des sogenannten „all-

228 Stellvertretend sei hier auf folgende Angebote hingewiesen: Biblisch-Therapeutische-Seelsorge (BTS): www.bts-ips.de; Seelsorgeausbildung bei IGNIS: www.ignis.de. Einige Kirchengemeinschaften haben auch eigene Seelsorgekurse für ehrenamtlich Mitarbeitende entwickelt. Siehe auch: Behrendt-Höhne; M. u. a.: *Spirituelle Begleitung*; Weiher, E.: *Das Geheimnis des Lebens berühren.*

229 Ich verweise auf das breite Angebot der Klinischen Seelsorgeausbildung (KSA), die 1930 von dem evangelischen Theologen Anton T. Boisen in den USA begründet wurde und sich seit den 1960er Jahren auch in Deutschland verbreitete. KSA-Ausbildungen werden von vielen christlichen Kirchen und Einrichtungen angeboten und gehören vielfach zur obligatorischen theologischen Ausbildung bzw. Weiterbildung. So gibt es u. a. die Deutsche Gesellschaft für Pastoralpsychologie (DGfP). Vgl. Klessmann, M.: *Seelsorge. Begleitung. Begegnung.*

230 Siehe dazu: Giebel, A.: *Wechselwirkungen im Gemeinwesen.*

gemeinen Priestertums aller Gläubigen". Heilung, Tröstung und Begleitung sollen nicht nur in besonderen Heilungsveranstaltungen oder Seelsorge- und Beratungsstellen einer kirchlichen Gemeinde Raum haben, sondern im „normalen Gemeindeleben" und im missionalen Alltag eines Christen verortet sein.

Wahrnehmungen und Blindheiten

> „Selbst die allerschlechteste christliche Welt würde ich der besten heidnischen vorziehen, weil es in einer christlichen Welt Raum gibt für die, denen keine heidnische Welt je Raum gab: für Krüppel und Kranke, Alte und Schwache; und mehr noch als Raum gab es für sie: Liebe für die, die der heidnischen wie gottlosen Welt nutzlos erschienen und erscheinen."[231]

Hat der Schriftsteller Heinrich Böll wirklich Recht, wenn er davon ausgeht, dass kranke und schwache Menschen in einer christlichen Welt – so auch in einer Kirchengemeinde – besonders Beachtung finden? Es gibt meines Erachtens auch eine Blindheit, eine mangelnde Wahrnehmung für Kranke und Schwache. „Bei uns braucht es niemanden geben, der unter Krankheit leidet. Das gehört zum unerlösten Menschen. Hier braucht keiner mehr unter Depressionen, Ängsten oder Lebensbehinderungen leiden! Amen? Jesus ist gekommen, alle Krankheit auf sich zu nehmen und uns zu heilen!"

Ich bin mir nicht sicher, ob der pfingstliche Prediger es selber glaubt, was er dort in die Versammlung hineinruft. Wo sollen denn da jene bleiben, die ein schwerbehindertes Kind haben? Wo sollen die Alten und Schwachen oder auch die Menschen mit schweren Behinderungen hin? Es gibt eine solche Sturheit und Blindheit in Bezug auf kranke Menschen, nicht nur in extremen Pfingstgruppierungen. Wie viele Kirchen sind für Rollstuhlfahrer kaum erreichbar! Was machen Blinde, wenn die Liedtexte nur an der Wand zu lesen

231 Böll, H.: „Eine Welt ohne Gott." In: Deschner, K.: *Was halten Sie vom Christentum?* 23.

sind? Was sollen jene wahrnehmen, die taub sind? Wie kommen Menschen mit psychischen Krankheiten in einem Gemeindeleben zurecht, das nur so von Aktivität und Stabilität strotzt? Wie können sich geistig Eingeschränkte bei einer geradezu verkopften Spiritualität wiederfinden?

Möglicherweise nehmen christliche Gemeinden viel zu wenig wahr, dass kranke, schwache und behinderte Menschen nicht nur Betreuung empfangen möchten, sondern sie wollen als Teil der Gemeinde wertgeschätzt werden. Sie wollen nicht nur Objekte der Nächstenliebe sein, sondern Subjekte der Nächstenliebe. Der evangelische Pfarrer Ulrich Bach (1931–2009) war seit seinem 23. Lebensjahr auf den Rollstuhl angewiesen. „Eine Gemeinde ohne Behinderte ist eine behinderte Gemeinde", dieses Credo wiederholte er mit Nachdruck, theologisch reflektiert und zu Recht.[232]

Er hat einen Lernprozess in vielen protestantischen Kirchen angezettelt. Ich kann mich noch sehr gut erinnern, als in meiner Heimatgemeinde in Bückeburg/Niedersachsen sich viele Menschen zu Jesus bekehrten, die im Rollstuhl unterwegs waren. In der kleinen Stadt gibt es ein „Dauerwohnheim" für Menschen mit großen Einschränkungen. Als die kleine Baptistengemeinde vor Ort in dem Heim willkommen war, um dort mit den Bewohnern Zeit zu verbringen, mit ihnen in der Bibel zu lesen und, wenn sie es wünschten, auch zu beten, gab es einen geistlichen Aufbruch. Ich selber erinnere mich an Margit. Gern wollte sie auch am Gemeindeleben teilnehmen, doch es war ihr unmöglich, die steilen Treppen zum Versammlungsraum allein hochzukommen. Schließlich wurde eine Rampe gebaut.

Immer mehr Freunde aus dem Dauerwohnheim besuchten fortan die Gottesdienste. Als die ersten sich dazu entschieden, die Taufe zu empfangen, und zwar auch in der baptistischen Form einer Ganz-

232 Vgl. Bach, U.: *Ohne die Schwächsten ist die Kirche nicht ganz*; ders.: *Heilende Gemeinde?*

körpertaufe, waren wieder neue Fragen aufgeworfen. So wurden einige auf einem Stuhl sitzend in das Taufwasser getragen, andere konnten mit Unterstützung selber noch hineingehen.

Da die Gemeinde sich der charismatischen Bewegung öffnete und auch das Gebet für Kranke einen festen Platz hatte, haben wir oft mit Margit um Heilung und Linderung ihrer Schmerzen gebetet. Sie war eine sehr fröhliche Frau, die mit ihrem Lachen oft die ganze Versammlung ansteckte. Eine umfassende körperliche Heilung hat sie jedoch nicht erfahren. Margit und die vielen Freunde aus dem Dauerwohnheim haben uns die Augen geöffnet, denn wir hatten uns an die vielen Rollstuhl-fahrenden Menschen im Stadtbild gewöhnt und lange dabei unseren Heilungsauftrag nicht im Blick.

Ein erster wichtiger Schritt in die Praxis der Heilungskompetenz einer Gemeinde ist gegeben, wenn sie sich aufmacht und auch kreative Lösungen findet, dass kranke Menschen überhaupt zu den kirchlichen Versammlungen gelangen können. Es mag vielen kranken und alten Menschen heutzutage so gehen wie einst dem Gelähmten, der gar nicht mehr zu Jesus gelangen konnte, weil ihn so viele Menschen im Haus belagerten. So ließen ihn seine Freunde schließlich durch das aufgebrochene Dach hinunter direkt vor die Füße Jesu. Als dieser ihren Glauben sah, wurde er bewegt und es kam zu einer umfassenden Heilung des Gelähmten.

Nicht jede Gemeinde kann alle Krankheitssituationen genügend berücksichtigen. Sicher gibt es hier auch Grenzen. Es wird nicht einfach sein, ein autistisches Kind in einer kleinen kirchlichen Kindergruppe zu integrieren; es dürfte schwer sein, eine sprach- oder höreingeschränkte Person in jedem Hauskreis willkommen zu heißen. Und dennoch ist viel möglich.

Seit einigen Jahren haben wir in der Braunschweiger Friedenskirche für Menschen mit besonderen Krankheiten und Schwächen auch ganz spezifische Gottesdienste bzw. Veranstaltungen, zu denen wir einladen. So finden regelmäßig in einer gemeinsamen Trägerschaft mit der Alzheimer Gesellschaft Gottesdienste für Demenzerkrankte[233] und deren Angehörige und Pflegende statt.

Ebenso haben wir einmal im Monat eine Simultanübertragung für gehörlose Menschen. Wir sind in Seniorenheimen und feiern mit alten Menschen Gottesdienst und das Mahl des Herrn. Wenn wir um Heilung beten, so sind in diesem Heilungsdienst nicht nur „Gesunde" aktiv, sondern auch viele, die selber an Krankheiten leiden.

Es ist auffallend, das gerade unter den bekannten Heilungsevangelisten der letzten Jahre viele Personen waren, die ebenfalls mit Krankheit zu kämpfen hatten. Der Erweckungs- und Heilungsevangelist Smith Wigglesworth litt selber unter starken Schmerzen, Nierensteinen usw. Seine Tochter litt lebenslang unter Taubheit. Doch er stand bis ins hohe Alter von 84 Jahren im Heilungsdienst. Kathrin Kuhlmann starb mit 68 Jahren an einer Herzerkrankung. John Wimber litt an Krebs und verstarb mit 63 Jahren. Willem J. Ouweneel ist erstaunt, dass Menschen, die selber im Rollstuhl sitzen, im Heilungsdienst sind. Bei der Handauflegung wird ihnen assistiert, da sie selber die Hände nicht heben können. Doch durch ihren Dienst geschehen Heilungen im Namen Jesu Christi.[234]

Krankheit wird durch den Heilungsdienst nicht völlig von dieser Welt verschwinden, aber sie wird einen Menschen nicht mehr besiegen; ebenso wenig, wie der Tod das letzte Wort im Leben von Christen haben wird. Gesunde und Kranke, Starke und Schwache, Junge und Gebrechliche, sie alle haben von Jesus den Auftrag bekommen, zu heilen, zu trösten und zu begleiten.[235] Vor einigen Jahren wurde

233 Gute Anregungen hierzu bei: Molz, E./Stolze, R.: *Gottesdienst feiern mit Menschen mit Demenz.*

234 Ouweneel, W. J.: AaO 224–225.

235 Die Ohnmacht der Heiler reflektiert Eckhard Frick in: Frick, E.: *Sich heilen lassen. Ignatianische Impulse* 11–21.

Jean Vanier, der Begründer der „Arche“-Gemeinschaften,[236] wo Menschen mit und ohne geistige Behinderung ihren Alltag teilen, von Papst Johannes Paul II geehrt, der selber damals schon sehr unter seiner Parkinsonerkrankung litt.

> „Am Ende der Feier hilft der Geehrte dem behinderten Papst aus dem Stuhl. Er führt ihn zu seiner Gruppe und der Papst grüßt jeden Behinderten sehr persönlich. Dann verabschiedet er sich. An der Tür hält Johannes Paul einen Moment inne, dreht sich um und ruft den behinderten Menschen zu: ‚Führt die Kirche ins dritte Jahrtausend.‘“[237]

Eine weitverbreitete Blindheit der Kirche Jesu Christi für die Bedeutung der Kranken im Heilungs- und Tröstedienst muss durch eine wachsende Wahrnehmung geheilt werden. Es bleibt sicher eine Art „Glaubens-Spagat“, der einer auf Vollendung wartenden und hoffenden Kirche zugemutet wird: Wir erwarten und glauben, dass hier und jetzt schon die Zeichen des Reiches Gottes in Gestalt von Heilungen und Befreiungen geschehen, und zugleich bekennen wir, dass alle Krankheit, alles Leiden erst in Gottes neuer Schöpfung ein Ende findet.

Gebet und Fürbitte

„Sind Sie die Kirche, die für Kranke betet?“ Diese Frage kam unmittelbar, als mein Pastorenkollege das Telefonat annahm. Eine Frau, die eine Nähe zur Esoterik hatte, erlebte, wie ihr Mann vom Krebs

236 Jean Vanier gründete 1964 die erste Lebensgemeinschaft von Menschen mit und ohne geistige Behinderung, „L‘Arche“ in Paris. Heute gibt es weltweit etwa 140 Gemeinschaften im Netzwerk „Arche“. In der ebenso von ihm gegründeten Bewegung „Glaube und Licht“ treffen sich behinderte Menschen mit ihren Angehörigen und Freunden zum Austausch und Gebet. Weltweit zählen etwa 1600 Gruppen dazu.

237 Zitiert bei Bischof Franz Kamphaus in einem österlichen Bischofsbrief 2002. Quelle: http://www.freckenhorster-kreis.de/pdf-spirit/Kamphaus02.pdf.

zerfressen wurde. Da sie auch an Jesus und seine Kraft glaubte, suchte sie in ihrer Denomination vergeblich nach einer Kirche, in der das Gebet für Kranke mit Krankensalbung praktiziert wurde. Schließlich hatte man sie auf die Braunschweiger Friedenskirche verwiesen. Wir hatten seinerzeit keine besonderen Gottesdienste, bei denen wir für Kranke beteten, und auch keine Dienstgruppen mit Heilungsgebet.

Das Ältestengebet nach Jakobus 5 wurde allerdings praktiziert und auch die seelsorgerlichen Mitarbeiter waren in den Beratungsstellen und gut im Gemeindeleben integriert. Die Frau und ihr Mann kamen zum Gebet, nicht nur einmal, sondern mehrfach. Es gab auffallende Besserung und Linderung in dem Prozess. Das Ehepaar und auch ihre Familie fanden neu zu Jesus in seine Nachfolge. Es war, als wenn Gott noch eine Lebenszeit nachlegte, damit die geistliche Heilung geschehen kann. Doch nach etwa zwei Jahren starb der Mann, im Frieden mit Gott.

Der Anruf, den mein Kollege erhalten hat, hat ihn und uns in der Ältestenschaft der Gemeinde aufhorchen lassen. „Sind Sie die Kirche, die für Kranke betet?" Sollte es ein Fingerzeig Gottes sein, dass wir diesen Auftrag neu beherzigen? Könnte der Heilungsdienst auch ein Dienst für Menschen sein, die nicht zu unserer Kirche gehören, aber auf der Suche nach Gott sind? Wir entschieden uns als Älteste, eine Studienreise in die USA zu machen und uns dort vor Ort einige Gemeinden und Heilungsdienste anzusehen, die schon länger mit diesem Mandat unterwegs waren. So konnten wir Francis MacNutt und sein großes Team besuchen und von ihm lernen; ebenfalls waren wir im Gebetshaus in Kansas City und lernten die koordinierten Heilungs- und Prophetendienste kennen. Wir besuchten die vom Geist neu erweckte Gemeinde in Pensacola/Florida, um zu sehen, wie Heilungen und Heiligung miteinander verwoben sind.

Als wir wieder daheim waren, starteten wir die Dienstgruppe „Heilendes Gebet", die nunmehr seit über 15 Jahren kontinuierlich im Heilungsdienst ist. Auch die enge Zusammenarbeit mit dem Seelsorgeteam und mit Ärzten, Therapeuten und Kliniken wurde uns wichtig. Vor allen Dingen aber wuchs in der Gemeinde ein Bewusstsein, dass wir mit aller unserer Krankheitsnot zu Jesus kommen sollen. Allerdings nicht nur wir in der Kirche, sondern auch Menschen in der Stadt und der Region sollen wissen, dass es so etwas wie eine Heilungskompetenz der Gemeinde Jesu Christi gibt.

Ich entsinne mich, wie es früher in der Baptistengemeinde war, in der ich aufgewachsen bin. Es war eine recht überschaubare kleine Gruppe und man kannte sich gut. Dennoch war im Vorraum unseres Gottesdienstsaales eine Pinnwand, wo die Namen der Kranken verzeichnet waren. Darüber stand: „Unser Gebet für Kranke". Heute, im Zeitalter des Datenschutzes, wäre ein solches Vorgehen sicher kritisch zu bedenken. Manchmal war es auch recht „familiär", wenn es in den öffentlichen Bekanntmachungen im Gottesdienst beispielsweise hieß: „Elli, wir freuen uns, dass du nach deiner schweren Darm-OP wieder bei uns sein kannst!" – „Martin, wie schön, dass du in unserer Mitte bist, wir beten weiter für dich und deine Frau und eure Babys. Wir haben ja gehört, dass die Zwillinge von Martin und Karin beide das Down-Syndrom haben. Da braucht es viel Gebet, Freunde!"

In manchen Kirchengemeinden ist diese familiäre Atmosphäre gegeben, weil man sich sehr gut kennt und weil der Kreis auch überschaubar ist. Als Teenager konnte ich mir allerdings das Lachen nicht verkneifen, als es in den Bekanntmachungen im Gottesdienst einmal hieß: „Lasst uns auch wie immer für unsere Kranken beten. Sie sind am Ausgang aufgehängt!" – Gemeint war natürlich, dass die Namen dort verzeichnet waren.

Krankheit führt zum Gebet. Fromme Menschen werden alles im Leben auch im Gebet thematisieren: Freude und Leiden, Erfüllungen und Sehnsüchte, Dank und Bitte, Klage und Bekenntnis. Und dennoch kann es sein, dass bei Krankheitsnöten die Frage ist, ob man zum Arzt, zum Krankenhaus oder zu einem Therapeuten gehen soll, um Hilfe zu bekommen. Wohlgemerkt, auch Ärzte und Therapeuten sollen Werkzeuge Gottes sein, wenn er Heilung wirkt.

Demgemäß sollten wir Jesus dabei haben, wenn wir die Praxis oder die Klinik aufsuchen. „Wenn ich Brot brauche, dann bitte ich ja auch nicht Jesus, dass er Brot auf meinen Tisch stellt, sondern ich gehe zum Bäcker!", erwiderte einmal ein erfahrener älterer Glaubensbruder, als es um das Heilungsgebet ging. Und doch verhält es sich mit den Krankheiten anders. Sie gehen uns unter die Haut, sie betreffen oftmals nicht nur uns selber, sondern unsere Familie und Freunde leiden mit uns oder sie sind durch unsere Krankheit betroffen, weil sie sich um uns kümmern wollen.

„Wer leidet, der soll beten!" (Jakobus 5,13). Jakobus verwendet hier den sehr umfassenden griechischen Begriff *kakopatheo*, der ein allgemeines Leiden bezeichnen kann, aber das Krankheitsleiden nicht ausschließt. Zunächst soll jeder, der eine Beziehung zu Jesus hat, in einer Krankheits- und Leidenssituation selber in das Gebet gehen. Es soll ein bittendes Gebet sein, das voller Zuversicht ist, das in der Anbetung, der Zugehörigkeit des Betenden zu Gott, verankert ist (griech. *proseuchesthai*). Jakobus verwendet diesen Begriff, wenn er vom Ältestengebet oder von dem Glaubensgebet des Elia im gleichen Zusammenhang spricht (Jakobus 5,14.16.17). Damit kann ein inständiges, anhaltendes, glaubendes und zuversichtliches Beten gemeint sein.

Jesus fordert seine Jünger mehrfach auf, dass sie im Gebet mit allen Dingen zu Gott, dem Vater, in seinem Namen beten und bitten dürfen. *„Darum sage ich euch: Alles, was ihr auch immer im Gebet erbittet (*proseuchesthai*), glaubt, dass ihr es empfangt, so wird es euch zuteilwerden!"* (Markus 11,24). Selbst wenn der Betende keine Worte mehr findet, so kann er wissen, dass der Heilige Geist in ihm betet und ihn vertritt (Römer 8,26).[238]

238 Der Begriff *proseuchesthai* kommt 79 Mal im Neuen Testament vor. Er kennzeichnet ein zuversichtliches Beten, das allerdings auch im Sinn einer Fürbitte, eines stellvertretenden Bittens, gedeutet werden kann. „Bittet, so wird euch gegeben!", diese Aufforderung Jesu in der Bergpredigt (Matthäus 7,7) verwendet einen Begriff, der die Beständigkeit des Gebetes

Das Gebet ist dem Wesen nach keine Information für Gott, denn der „himmlische Vater weiß“, dass wir Hilfe brauchen (Matthäus 6,32). Vielmehr wird im Bittgebet die Gotteskindschaft ihren Ausdruck finden.[239] So wie ein kleines Kind sich mit großer Selbstverständlichkeit an den Vater oder die Mutter wendet, wenn es Hilfe benötigt, so sollen Menschen zu Gott beten.

> *Denn jeder, der bittet, empfängt, und wer sucht, der findet; und wer anklopft, dem wird aufgetan. Oder ist unter euch ein Mensch, der wenn sein Sohn ihn um Brot bittet, ihm einen Stein gibt, und wenn er um einen Fisch bittet, ihm eine Schlange gibt? Wenn ihr nun, die ihr böse seid, euren Kindern gute Gaben zu geben versteht, wie viel mehr wird euer Vater im Himmel denen Gutes geben, die ihn bitten!* (Matthäus 7,8–11)

Paulus fordert dazu auf: „*Sorgt euch um nichts; sondern in allem lasst durch Gebet und Flehen mit Danksagung eure Anliegen vor Gott kundwerden!*“ (Philipper 4,6). Ein Mensch, der sich bittend an Gott wendet, wird durch Gottes Verheißungen und Aufforderungen motiviert, nicht allein durch seine Bedürfnisse. Die Danksagung bezeugt Gott seine Fürsorge, egal wie er es führen wird. Im Gebet überlasse ich meine Not, mein Leiden oder meine Krankheit nicht dem Bösen. Ich flüchte zum Vaterschoß Gottes.

Dort finde ich Trost, Orientierung, Nähe, Frieden, Heilung und Zuversicht. Wenn Gott Prüfungen und Leiden im Leben zulässt, so sollen sie mich in seine Arme treiben und nicht in eine Analyse des Bösen. Viele Krankheiten, besonders die Schmerzen, können Menschen geradezu lähmen und zu einer totalen Fixierung auf das Leid führen. Umso wichtiger ist es, dass im Bittgebet nicht nur das

---

betont. *Aiteo* kann auch „fordern“ bedeuten. Die griechische Begrifflichkeit, die das Gebet bezeichnet, zeigt zwar unterschiedliche Akzente auf, ist jedoch immer im Kontext des Vertrauens zu Gott und des anhaltenden Betens zu verstehen.

239 Ich verweise in diesem Zusammenhang auf das ausgezeichnete Buch über das Gebet von Foster, R.: *Gottes Herz steht allen offen.*

Klagen und Jammern, sondern auch das Bekenntnis zu dem fürsorgenden Vater im Himmel und die Anbetung Raum finden.

Wolfgang Bittner ermutigt dazu, im Zusammenhang mit dem Gebet in Krankheitsnot das Vaterunser-Gebet neu zu entdecken.[240] „Unser Vater im Himmel", – was für eine vertrauensvolle Anrede! „Dein Reich komme!" – Heilungen gehören zu den Anzeichen des Reiches Gottes. „Dein Wille geschehe!" – Mein Wille ist, dass Gottes guter Wille in meinem Leben geschieht. Gott will nicht, dass das Leiden bzw. eine Krankheit mich dominieren. Er ist mein HERR. „Erlöse uns von dem Bösen!" Ja, wir sind konfrontiert mit diesem Grundübel, dem Bösen selbst, der uns geradezu in Krankheitszeiten lähmen will. Der Vater ist der, der uns herauslöst aus einer solchen Bindung.

Immer wieder kommen im Zusammenhang des Gebetes um Heilung und Trost auch Fragen auf, welche die Gebetsmotivation ganz entscheidend mit beeinflussen.

„Wieviel Glaube ist notwendig, damit Heilung geschehen kann?" Ich habe bereits mehrfach darauf hingewiesen, dass der Glaube *ein* Faktor ist, der im Gebet für Kranke eine hohe Bedeutung hat, aber es ist nicht *der* Faktor, an dem alles hängt. Wir können Gott nur so viel Glauben im Sinn des Vertrauens entgegenbringen, wie er uns schenkt. Im Bittgebet müssen wir Gott keinen Glauben vorspielen oder ihn durch pompöse Glaubensaussagen beeindrucken. Wieviel pausbäckiges Glaubensplappern kommt da oft zustande!

Ich kann beten wie einst der Familienvater, der seinen kranken Sohn zu Jesus brachte: „Ich glaube, Herr, hilf meinem Unglauben" (Markus 9,24), was so viel bedeutet, wie: „Stärke doch mein Vertrauen!" Doch es gilt: Nicht mein Glaube, auch nicht der Glaube eines Fürbitters, eines Amtsträgers oder einer ganzen Gemeinde führt zur Heilung, sondern der gegenwärtige, erhöhte Herr Jesus ist der Heilende.

240 Bittner, W.: AaO 137–138.

Eine weitere Frage bewegt besonders chronisch Kranke: „Darf ich immer wieder mit meinem Anliegen um Heilung zu Gott kommen? Muss ich mich nicht hineinschicken in die Situation und mein Leiden annehmen? Ist es ein ‚Dorn im Fleisch', den Gott zugelassen hat, damit ich auch so wie einst Paulus daran wachse und mir seiner Gnade bewusst werde?"

Paulus berichtet, dass er dreimal den Herrn inständig gebeten habe, das Leid von ihm zu nehmen (2. Korinther 12,8). Andere beten nicht nur dreimal, sondern ihr ganzes Leben lang. Wie lange soll und darf ein Kranker denn beten? Jesus selbst ermutigt zu einem anhaltenden Gebet (Lukas 11,9; 18,1ff). Es gibt Erfahrungsberichte, die von langwierigen Heilungsprozessen erzählen, zumal, wenn es dabei um mehrere Dimensionen geht (körperliche, seelische, soziale Heilung).

Solange ein kranker Mensch sich nach Heilung sehnt, soll und darf er diese Sehnsucht im Gebet vor Gott ausbreiten; ebenso seine Familie, Freunde oder Glaubensgeschwister. Die Dauer einer Erkrankung zeigt nicht unmittelbar an, dass Gott zu uns ebenfalls spricht: „Lass dir an meiner Gnade genügen, meine Kraft ist in den Schwachen mächtig" (2. Korinther 12,9). Aber wir dürfen erkrankte Menschen begleiten in diesem Hinhören, wie Gott es wohl meint.

Wann ist die Zeit, wo wir von einem Gebet um Heilung zu einem „genügsamen Gebet" übergehen, wo wir den Trost der Gnade und des Heils mitten im Krankheits- und Todestunnel erbitten und erfahren dürfen? Verlassen wir dann womöglich die Glaubensposition und driften in einen Unglauben ab? Muss uns Jesus dann schelten und ausrufen: „O, ihr Kleingläubigen!"?

Unser Glaube hängt nicht an einer Heilung, sondern an dem Heiland! Das ist ein wesentlicher Unterschied. So manche chronisch kranke Person muss immer wieder die Frage von fürsorglichen Betern beantworten: „Darf ich um eine Heilung für dich beten?" Was soll man sagen, wenn man innerlich zu dem Punkt gekommen ist, dass man „Frieden" darüber gefunden hat, dass Gott offensichtlich das Leiden, die Krankheit nicht von einem genommen hat?

Ich habe bereits erwähnt, dass viele Heilungsdiener gleichfalls mit eigener Krankheitsnot zu kämpfen haben. Wir tun gut daran, hier sorgsamer miteinander umzugehen. Wenn ein kranker Mensch mir zu verstehen gibt, dass er zu einer ähnlichen Antwort wie einst Paulus gelangt ist, dass Gott diese Krankheitsnot nicht nimmt, aber dass die Gnade Gottes dennoch erfahren werden soll in aller Schwachheit, dann ist es geboten, hier nicht von „Unglauben" oder einer „Kapitulation gegenüber dem Bösen" zu sprechen, sondern diesen Glauben des Kranken ernst zu nehmen und Gott dafür zu danken.

Krankheit kann für einen glaubenden Menschen auch zum Segen werden, aber dann ist es Gottes souveräne Entscheidung, genauso wie Heilung eine souveräne Entscheidung Gottes ist. Die Gemeinde Jesu wird allerdings in den biblischen Schriften nicht dazu angeleitet, bei jeder Krankheit sogleich einzufordern, dass ein Mensch sich darin schicken solle, sondern die Aufforderung ist, kranke und hilfesuchende Menschen betend zum Heiland zu begleiten.

Eine besondere Form des Bittgebetes ist die Fürbitte. Häufig sind kranke Menschen selber kaum in der Lage, Worte zu finden, oder ihre Not Gott zu bringen. Was für ein großes Geschenk ist da die Gemeinschaft der Christen. Wir sind mit unserer Not nicht allein. Einer trage die Last des anderen. Wir weinen mit den Weinenden, wir freuen uns mit den Fröhlichen.[241] *„Seid fröhlich in Hoffnung, in Bedrängnis haltet stand, seid beharrlich im Gebet!"* Dieses Wort aus Römer 12,12 ist geradezu wie ein Dreiklang, der im Gebet für Kranke und Trauernde Menschen ertönt. Doch wie kann Fürbitte konkret geschehen?

In kleineren Kirchengemeinden weiß man häufig schon voneinander, in größeren Versammlungen ist es hingegen schwieriger. Entscheidend ist dabei, dass ein Kranker oder seine Angehörigen bzw. Freunde sich melden und um Gebet bitten. Wenn wir nicht von

241 Galater 6,2; Römer 12,15.

der Not eines anderen wissen, können wir nur sehr allgemein in die Fürbitte gehen. Ich hatte bereits davon erzählt, wie diese Information bei uns in den älteren Baptistengemeinden häufig lief. In vielen Kirchengemeinden gibt es in den Gemeindebriefen die Kategorie: Gebet für Kranke. Da werden dann viele Namen genannt. Auch in der Braunschweiger Friedenskirche haben wir bis vor kurzem jeden Sonntag auf einem Infoblatt die Namen derer genannt, die schwer oder chronisch krank sind. Aufgrund der neuen europäischen Datenschutzverordnung müssen wir hier bei einer so großen Öffentlichkeit sorgfältiger vorgehen. Wir können nicht einfach in öffentlichen Veranstaltungen Namen von Personen weitergeben, ohne sie zuvor zu fragen, ob es ihnen recht ist.

Wir haben sodann in unserer Kirche seit einigen Jahren so etwas wie einen „Briefkasten für Gebetsanliegen", Demonstrativ steht ein alter rot angestrichener Briefkasten am Ausgang. Besucher und Freunde der Gemeinde werden aufgefordert, hier ihre Fürbitteanliegen aufzuschreiben und weiterzugeben. Wenn sie dabei ihre Namen nennen, so ist es ihre Entscheidung. Wenn es um andere Personen geht, so müssten sie hier allgemeiner formulieren oder zuvor eine Erlaubnis einholen. Dieser „Fürbitte-Kasten" ist immer stark gefüllt.

Zudem haben wir auch eine „Gebets-Hotline". Eine Mitarbeiterin aus dem Gebetsteam koordiniert diese. Wenn es eine aktuelle dringliche Not gibt, kann man sich an sie oder auch an die Leitung der Gemeinde wenden, mit der Bitte, dass das Anliegen an diese Beter weitergeleitet wird, die durch die „Gebets-Hotline" über das Internet verbunden sind. Viele ältere Glaubensgeschwister, die zwar über E-Mail gut erreichbar sind, aber nicht mehr so mobil sein können, nehmen sich Zeit und beten intensiv mit. Wir haben in all den Jahren einige herausragende Wunder erleben dürfen.

Wo ist der Ort der Fürbitte in der Gemeinde und wer betet? Das wird sicher in jeder Ortsgemeinde anders aussehen. Nicht jede Gemeinde hat einen „Briefkasten für Gebetsanliegen" oder eine „Gebets-Hotline" oder eine Pinnwand: „Unser Gebet für Kranke".

Jede Gemeinde sollte allerdings überlegen, wie in der Zeit des Datenschutzes hier eine gute Information möglich ist, welche die Betroffenen schützt und sie keineswegs bloßstellt. Selbstverständlich hat die Fürbitte in den Gottesdiensten und Hauskreis- und Mitarbeitertreffen einen festen Platz.

Man sollte dabei sehr darauf achten, dass das Austauschen von Gebetsanliegen in einem zeitlichen Rahmen bleibt und nicht zu einem fürsorglichen Getratsche entartet. Fürbitteanliegen sollten konkret und klar benannt werden. In der Fürbitte geht es nicht um einen Austausch darüber, was man selber für Erfahrungen etwa mit einer bestimmten Erkrankung gemacht hat, oder um die Weitergabe von Tipps. Wir sollten Fürbittezeiten als Gebetszeiten sehen und nicht als einen Austausch über Nöte, Krankheiten und dann anschließend noch „kurz" dem Herrn die Anliegen bringen. Ich persönlich bin auch kein Freund davon, dass Menschen ihre Gebetsanliegen auf einen Zettel schreiben und diese Zettel dann von Menschen ungelesen in einem großen Gefäß gesammelt und vor Gott hingehalten werden. „Herr, sieh all diese Anliegen. Erbarme dich!" Das kann einmal eine Form der Fürbitte sein, aber es sollte nicht die Regel werden.

In der Braunschweiger Friedenskirche haben wir einen kleinen Kreis von Fürbittern, die sich regelmäßig einmal in der Woche treffen und sodann auch die vielen Anliegen vor Gott bringen, die ihnen zugetragen wurden oder die sich in unserem roten Fürbitte-Briefkasten am Ausgang angesammelt haben. Oft sind es allgemein formulierte Anliegen, zuweilen jedoch auch sehr konkret. In einem solchen Kreis kann man sich einigen, wie und in welcher Weise man in die gemeinsame Fürbitte geht; man kann still und parallel die Anliegen vor Gott bringen, man kann auch in einer Gebetsgemeinschaft die einzelnen Anliegen Gott nennen.

Auch das chorische Beten hat hier seinen Platz, bei dem alle Beter gemeinsam laut zu Gott rufen. Die Personen, denen Gott diese Aufgabe der Fürbitte aufs Herz gelegt hat, sind gleichsam zu schützen. Sie lesen oft innerhalb von zwei Stunden eine Horrornachricht nach der anderen. Tränen des Mitleids fließen. Aber das menschliche Mitleid ist nicht die ausschlaggebende Kraft der Fürbitte. Wenn Fürbitter „im Namen Jesu" beten, dann lassen sie sich durch den Heiligen Geist hineinnehmen in Gottes Schmerz, in Gottes Gedanken und Absichten mit einem Menschen.[242] Wir beten nicht nur „Herr, erbarme dich!", etwa mit dem Gedanken verknüpft: „Herr, wir weinen schon! Hab doch auch endlich Erbarmen!" Gott ist ein Gott der Barmherzigkeit und des Erbarmens! Er hat mehr Erbarmen als alle Barmherzigen dieser Welt zusammen!

Ja, wir dürfen unsere Tränen und unser Mitleid vor ihm kundtun, wir sollen es sogar. Fürbitte im Namen Jesu ist jedoch verankert in dem Erbarmen und dem Trost, die Jesus selber gibt. Es ist gut, wenn Fürbitter die Charismen der Barmherzigkeit und des Glaubens haben. Eine Hochsensibilität eines Menschen ist nicht zu vertauschen mit der alles durchdringenden Barmherzigkeit Jesu. Er hat auch Tränen und weint über Jerusalem (Lukas 19,41).

Diese Tränen brauchen wir in der vollmächtigen Fürbitte im Namen Jesu. Wir dürfen solange beten, wie der Geist Gottes uns dieses Anliegen aufs Herz legt. Aber wir haben auch eine Grundregel, dass wir ein Anliegen normalerweise etwa einen Monat vor Gott bewegen und dann neu prüfen, ob es weiter gehen soll. Ein gewisses Manko ist bei diesem Fürbittedienst gegeben, weil wir als Fürbittende häufig nicht wissen, wer hinter dem Anliegen steht. Dann und wann melden sich zwar die Personen und bedanken sich, wenn Gott auf wundersame Weise eingegriffen hat. Manches Mal waren wir

242 „Die Identifizierung mit Gott ist der Schlüssel zur Fürbitte, und wenn wir je aufhören, uns in der Fürbitte mit Gott zu identifizieren, dann geschieht es immer infolge unserer falschen Rücksichtnahme und nicht infolge unserer eigenen Sündhaftigkeit … doch wird unsere Verbindung mit Gott durch das Mitleid unterbrochen – durch das Mitleid mit uns selbst oder mit anderen, das uns sagen lässt: ‚Ich will nicht zulassen, dass dies geschehe.' … Wenn wir stellvertretende Fürbitte leisten, heißt dies, dass wir Gottes Interessen an anderen Menschen vorsätzlich an die Stelle unseres eigenen natürlichen Mitleids setzen" (Chambers, O.: *Mein Äußerstes für sein Höchstes* 124–125).

in der Fürbitte selber erstaunt, wie Gott über die Grenzen hinweg konkret auf Gebete hörte und eingegriffen hat.

Ich erinnere mich, wie wir für eine Verwandte einer Gottesdienstbesucherin beteten. Ihre Mutter lebte in Lateinamerika und war todkrank, sodass die ärztliche Kunst am Ende war. Doch Gott hat die Gebete gehört und sie wurde in kurzer Zeit wunderbar wiederhergestellt.

Ein anderes Beispiel hat die Gemeinde sehr geprägt: Heidi, eine junge Mutter, war aufgrund einer Gehirnblutung lebensbedrohlich erkrankt. Die Gemeinde hat nicht nur im Fürbittekreis, sondern in vielen Hauskreisen und Gottesdiensten um ein Wunder Gottes gefleht. Es geschah. Heidi wurde gerettet und konnte zurück zu ihrer jungen Familie.

Als Sandra, eine Frau aus dem Leitungskreis der Gemeinde, bei einem dienstlichen Auslandsaufenthalt plötzlich einen Herzstillstand erlitt, konnte sie zwar wiederbelebt werden, musste jedoch in die Klinik und wurde ins künstliche Koma versetzt, damit das Herz zur Beruhigung kam. Jedoch gelang es nicht, sie wie geplant aus dem Koma wieder zurückzuholen. Die begleitenden Ärzte konnten der Familie nur wenig Hoffnung machen.

Als sich die Situation Stunde für Stunde immer mehr zuspitzte, trafen wir uns zu einer großen Gebetsrunde an einem Vormittag. Viele konnten nicht dabei sein, aber sie versicherten uns, dass sie vor Ort an ihren Arbeitsplätzen und wo auch immer sie sich gerade befanden, für Sandra beten werden. Es geschah ein Wunder. Genau in dieser Zeit des Gebetes erwachte sie aus dem Koma. Ihr Herz wurde gefestigt und hat sich in der Folge durch eine weiterführende Behandlung erholt. Sie ist ein Wunder Gottes auf zwei Beinen!

„Bittet, so wird euch gegeben, suchet, so werdet ihr finden, klopfet an, so wird euch aufgetan!“ (Matthäus 7,7). Das sind nicht nur Absichtserklärungen Jesu, sondern Verheißungen und Aufforderungen Gottes, auf die wir uns stützen, wenn wir beten und flehen, bitten und klagen.

Heilende und tröstende Gemeinschaft

„Kennst du mich noch?“ Wie sehr „liebe“ ich diese Frage! Ich schaue in die Augen der jungen Frau, die da vor mir steht. Ja, irgendwie kommt sie mir noch bekannt vor. „Ich lebe mit meinem Mann schon viele Jahre hier. Gott hat uns drei wunderbare Kinder geschenkt. Hier im Ort leiten wir das ‚Auffanghaus‘, also ein Haus, in dem gestrandete Leute, Obdachlose und Haltlose ein erstes neues Zuhause finden.“ Immer noch rätsele ich herum, wer da vor mir steht. „Bis du es, Marie?“, frage ich erstaunt und neugierig. Vor Freude über das Wiedererkennen schließt sie mich gleich in die Arme. Ich kann es kaum glauben.

Ja, Marie war seinerzeit in die Gottesdienste unserer Gemeinde gekommen. Zunächst habe ich sie kaum wahrgenommen. Sie blieb oft nur ganz kurz und verließ dann die Versammlungen. Sie konnte diese vielen Menschen nicht ertragen, erklärte sie mir später einmal. Marie hatte ein sehr schweres Leben. Die Hälfte ihres Lebens hatte sie damals in Heimen oder später im Jugendstrafvollzug verbracht. Sie lebte auf der Straße. Ich erinnere mich, wie sie eines Tages im Gottesdienst in Tränen ausbrach und weglief. Doch nachdem alle gegangen waren, kam sie zögerlich wieder auf mich zu. „Kann ich mit Ihnen beten? Vielleicht kann Gott mich ja doch noch verändern.“ Wir nahmen uns Zeit zum Gebet und Marie schüttete ihr ganzes kaputtes Leben vor mir bzw. vor Jesus aus. Sie hatte ihre Eltern verloren, war schon als junges Mädchen auf die schiefe Bahn gekommen. Mehrfach wurde sie vergewaltigt und missbraucht. Sie konnte nicht mehr lachen. Ein Wunder, dass sie noch weinen konnte. Ihre Arme waren gekennzeichnet von den vielen Selbstmordversuchen, die sie schon hinter sich hatte.

Es war für mich bewegend, wie sie Jesus in ihr Leben einlud mit der Bitte: „Jesus, ich kann dieses Leben nicht mehr gebrauchen. Es ist völlig kaputt. Vergib mir meine Sünden, es sind so viele, dass ich sie gar nicht alle aufzählen kann. Hilf mir zu vergessen und gib mir ein neues Leben. Sei mein Herr und Heiland!“ Marie hatte sich bekehrt. Sie hatte Jesus gefunden, oder besser gesagt: Jesus hatte sie gesucht und gefunden. Er war ihr nachgegangen und hat sie durch seinen Geist immer wieder in die Kirche gelockt, auch wenn sie sich schämte und die vielen Menschen wie eine Bedrückung erlebte.

Marie wurde aufgenommen von einem älteren Ehepaar. Sie konnte bei ihnen wohnen und ihr Leben ordnete sich nach und nach. Ich kann mich noch sehr gut an den Moment erinnern, als sie mich anrief: „Kannst du zu mir zum Kaffee und Kuchen kommen?“ Mit strahlenden Augen empfing sie mich in ihrem kleinen Zimmer. Auf dem Tisch stand ein Kuchen, den sie selber gebacken hatte. Es war ihr Geburtstag. „Es ist das erste Mal, dass ich meinen Geburtstag feiern kann. Ich habe noch nie einen Kuchen gebacken“, sie strich über den Gugelhupf wie etwas sehr Kostbares. Das war es auch.

Marie erlebte, wie ihr Leben nach und nach wieder in Form kam, so wie dieser selbstgebackene Kuchen. „Ich danke Jesus und ich danke auch dir und der Gemeinde, dass ihr mich ertragen habt; ja, noch mehr, hier bin ich immer heiler geworden.“ Marie hat später erfolgreich eine Ausbildung als Sozialarbeiterin abschließen können. Gott hat ihr einen wunderbaren Ehemann und Kinder geschenkt. Als sie so vor mir stand, dachte ich an das Wort des Paulus: *„Ist jemand in Christus, so ist er eine neue Schöpfung; das Alte ist vergangen; siehe, es ist alles neu geworden!“* (2. Korinther 5,17). Marie hatte eine umfassende Heilung erlebt, zunächst eine geistliche Heilung, weil sie Jesus als Herrn annahm und ihm nachfolgte. Sodann aber auch eine körperliche, seelische und soziale Heilung. Gerade die soziale Komponente des Heilungsgeschehens wurde mir bei Marie deutlich.

Es ist allgemein bekannt, wie stark Ablehnung, Gewalt, Hass, Missbrauch oder auch einfach Ignoranz einen Menschen verletzen können. Nicht alle werden dadurch in ein Schicksal getrieben wie einst Marie. Ihre größte Not war es, dass sie allein war. Sie kannte nur jene „Freunde“, die sie missbrauchten oder ausnutzten, um an Drogen zu gelangen. Sie kannte keinen Vater und keine Mutter, sondern nur Aufseher und Vormund. Ihre Seele war verkümmert, ja, geradezu verloren gegangen.

Doch der Geist Gottes hat sie aufgespürt und zu Jesus gezogen, zu ihrem Heiland. Oft habe ich mich gefragt, welche Bedeutung das ältere Ehepaar hatte, bei dem sie ihre erste Zuflucht gefunden hat. Ganz gewiss waren sie Gehilfen zum Leben für Marie. Und nun stand sie da und gab vielen Hoffnungslosen und Obdachlosen ebenso ein Stück Zuhause. Die Gemeinschaft ist ein Faktor, der zu einer umfassenden Heilung beitragen kann. Der Messias befreit aus einer Gefangenschaft, aus Sklaverei, aber auch aus Vereinsamung und Verödung des Menschen. Die Gemeinde Jesu soll ein Ort sein, an dem Menschen es neu lernen, wie lieblich es ist, wenn Geschwister einträchtig beieinander wohnen (Psalm 133,1).

Doch inwieweit ist die Gemeinde Jesu so eine therapeutische Gemeinschaft, in der einer den anderen höher achtet als sich selbst (Philipper 2,3)? Gemeinschaft an sich, auch die Gemeinschaft mit Christen, macht nicht „automatisch" heil. Gott sei es geklagt, dass wir ganze Krankheitsbilder kennen, die als „ekklesiogene Neurose bzw. Psychose"[243] bezeichnet werden. Es gibt Menschen, die in der Gemeinschaft von Christen psychischen Druck erleben. Sie hören nicht immer die frohmachende Evangeliumsbotschaft, sondern Drohbotschaften und angstauslösende Predigten. Ihr Bild von Gott ist angstbesetzt und verdunkelt die eigene Wahrnehmung.[244] Nicht nur in der katholischen Kirche gibt es Missbrauch, auch in protestantischen, evangelikalen und charismatischen Denominationen. Wenn Frauen und Männer in Leitungsverantwortung diese etwa zum Anlass nehmen, Gehorsam gegenüber der Leiterschaft einzu-

---

243 „Unter diesem Begriff werden alle jene seelischen Schwierigkeiten und psychoneurotischen Erkrankungen zusammengefasst, die durch Fehlformen der Frömmigkeit und Religion entstehen. Da die Kirche (*ekklesia*) als Gemeinschaft der Gläubigen die Frömmigkeit und die Religion entscheidend prägt und trägt, wurde diese Bezeichnung als Sammelbegriff für diese spezielle Neurose gewählt. Damit wird jedoch nicht gesagt, dass die Kirche und die Religion generell krank mache" (Hark, H.: *Religiöse Neurosen* 286).

244 Vgl. Zwingmann, C.: *Religiosität: Die dunkle Seite.*

fordern, keinen Widerspruch dulden, ja, sich womöglich versteigen, die Jesusliebe der Nachfolgerinnen und Nachfolger zu missbrauchen, dann sprechen wir von „geistlichem Missbrauch".[245] In jeder Ausformung von Missbrauch werden Menschen entmündigt und für die Bedürfnisse anderer ausgenutzt.[246]

Ich entsinne mich an Clara. Sie kam zu uns, aber oft saß sie im Gottesdienst wie eine Geschlagene. Schließlich offenbarte sie uns, dass sie von ihrem eigenen Vater, der ein geistlicher Leiter in der Kirche war, jahrelang sexuell missbraucht wurde. Kein Wunder, dass Clara es kaum nachvollziehen konnte, wenn wir von der „Liebe des Vaters" in den Anbetungsliedern sangen. Immer hatte sie diese Beschmutzung durch ihren leiblichen Vater vor Augen, ja sie spürte es noch am eigenen Leib.

Solche tiefgehenden Verletzungen brauchen mehr als nur ein paar Streicheleinheiten mit dem klugen Hinweis: „Du musst deinem Vater einfach vergeben, dann wird alles wieder gut!" Ja, die Vergebung ist wie ein Tor zu einer sozialen Wiederherstellung und durch dieses Tor wird auch Heilung fließen. Vergebung hat ihre Quelle in dem Geschehen von Golgatha und nicht in meiner Fähigkeit, aus der Opferrolle herauszugehen.

Das, was am Kreuz Jesu geschehen ist, ist eine gute Nachricht für Täter und Opfer. Nicht nur jene, die gesündigt haben (Täter), können in die Buße und die Reinigung von Schuld finden, sondern auch die ungezählte Schar von Frauen und Männern und Kindern, an denen sich andere versündigt haben (Opfer). Nicht immer ist es Missbrauch, der Menschen traumatisieren und zerstören will. Die ganzen Facetten von Ablehnung, Hass, Bevormundung, Überforderung und Gewalt hinterlassen Wunden und Narben im Leben eines

245 Siehe hierzu: Tempelmann, I.: *Geistlicher Missbrauch*; Johnson, D./VanVonderen, J.: *Die zerstörerische Kraft des geistlichen Missbrauchs.*

246 Tobias Faix und Martin Hofmann weisen darauf hin, dass viele Christen sich von den bestehenden Kirchen abwenden, weil sie sich dort entmündigt fühlen. Vgl. Faix, T./Hofmann, M.: *Warum wir mündig glauben dürfen.*

Menschen. Häufig kommen in unseren Gottesdiensten Menschen zum Gebet nach vorne, sie bitten darum, dass sie diese Traurigkeit und Bitterkeit loswerden, oder sie erzählen auch von fürchterlichen Erfahrungen, durch die sie krank geworden sind.

Behutsam sollten wir diese Menschen an die Hand nehmen und sie immer wieder zum Kreuz, zur Quelle des Lebens führen. Nicht unsere Nähe, nicht die menschliche Zuwendung und Nächstenliebe allein machen sie heil, sondern Jesus. Aber die Nächstenliebe und menschliche Zuwendung erleichtern es, ja sie sind wie eine Art Bypass, damit das Herz mit der Liebe Gottes berührt wird und Heilung findet.[247]

Heilende Gemeinschaft wird nicht nur durch die seelisch stabilen und unverletzten Christen gewährt, sondern gerade durch jene, die durch Zerbrochenheit zu Jesus gefunden haben. Nicht bei allen Menschen, die ich begleiten durfte, habe ich eine so auffallende Veränderung erlebt wie bei Marie. Es gibt auch jene, die über viele Jahrzehnte den „Deckel“ auf ihrer verletzten Seele festdrücken. Es ist ihnen peinlich, was mit ihnen geschehen ist. Sie bewahren nach außen die „Fassade“, und doch spüren viele, dass es eine bröckelnde Fassade ist. Was für eine Gnade ist es, wenn hochbetagte Christen vor ihrem Tod hier noch einmal Licht und Heilung erleben! Dabei geht es um die Heilung von Erinnerungen, um eine „innere Heilung“ (Agnes Sanford).[248]

Ich will in dieser Studie nicht die einzelnen Ansätze für einen solchen inneren Heilungsvorgang aufführen, weise aber darauf hin, dass dabei die Zusammenarbeit zwischen Seelsorgern und psychologisch geschulten Therapeuten und Begleitern sehr sinnvoll und

247 Auf diesen Akzent weist der christliche Psychologe Lawrence Crabb hin. Vgl.: Crabb, L.: *Connecting: Das Heilungspotential der Gemeinschaft.*

248 Vgl. Sanford, A.: *Heilendes Licht.*

wünschenswert ist.[249] Meist sind solche inneren Heilungen prozesshaft, das heißt, sie brauchen Zeit. „Ich kann und will hier vergeben. Aber meine Seele kommt zu Fuß nach!" So formulierte es einmal ein älterer Mann, der von seiner geschiedenen Frau und den Kindern geradezu gehetzt und gequält wurde. „Du musst leiden!" Das war der letzte Satz, den er aus dem Mund seiner Frau hörte. Sie tat alles, um sein Leben zu zerstören und zu vernichten. „Meine Seele kommt zu Fuß nach", das bedeutet doch: „Ich brauche Zeit."

Für solche Inkubationszeiten der Heilung ist eine heilende Gemeinschaft sehr wesentlich. Das bedeutet wiederum, dass in den Gemeinden nicht nur innerlich Geheilte sitzen, sondern viele, die sich gerade in Prozessen einer inneren Heilung vorfinden. Da ist es gut, wenn eine Gemeinde genügend Frauen und Männer hat, die eine Berufung und auch Begabung haben, hier Begleitung und Gemeinschaft zu geben. Gemeinschaft muss wohldosiert sein, sie kann nicht wie eine Intensivkur einfach verordnet werden. Es gibt ungezählte Frauen, Männer und Kinder, die zunächst so wie Marie eine gewisse Distanz brauchen, um sich neu anzunähern. Gerade in kleineren Kirchengemeinschaften ist die Nähe und Dichte der menschlichen Gemeinschaft nicht nur ein hohes Gut, sondern auch eine hohe Gefahr.

Zudem sind wir Menschen in unserer Gemeinschaftswilligkeit und -fähigkeit schon schöpfungsgemäß unterschiedlich aufgestellt. Es gibt Distanz- und Nähetypen. Wie erleben Distanztypen Gemeinschaft? Für sie gehört die Wahrung der Eigenständigkeit dazu; sie drücken Liebe und Zuneigung zurückhaltender aus, um den anderen und sich selbst nicht zu überfordern.

Nicht jeder Trauernde wünscht einen Besuch und die Gemeinschaft mit Leuten, die nachfragen, wie es einem denn nach dem Verlust des Ehepartners so geht. Nicht jeder findet es schön, sich einmal in der Woche in einem Hauskreis einzufinden, um dort „Gemein-

249 Wegweisend sind hier die profunden Ausführungen von Franz Ruppert. Vgl. Ruppert, F.: *Seelische Spaltung und innere Heilung.*

schaft zu pflegen". Diese Form von Austausch ist dem einen zu viel und einem anderen zu wenig. Ich plädiere daher für Sorgfalt und Umsicht. Die kirchlichen Gemeindeaufbauprogramme überfordern meines Erachtens eine zunehmende Zahl von Menschen, die eine so stark funktionsorientierte Gemeinschaft nicht suchen und auch nicht ertragen können.

Koinonia, der tragende griechische Ausdruck im Neuen Testament für Gemeinschaft, bezeichnet ein „Anteil geben und Anteil nehmen". Gemeinschaft ist etwas, wo jeder sich einbringen kann. In der von Jesus neu eröffneten Gemeinschaft mit dem Vater im Himmel, in der Gemeinschaft des Heiligen Geistes (2. Korinther 13,13) erleben Christen, dass sie in ihrer Unterschiedlichkeit und Vielfalt eine Einheit und eine Wertschätzung haben.[250] Sie alle sind Geliebte Gottes. In der Erfahrung dieser Gemeinschaft verschmelzen Heilung, Trost und Begleitung zu einer Einheit. Einer trägt die Lasten des anderen (Galater 6,2); aber nicht nur einer ist immer der Lastenträger und die anderen die Entlasteten. Es geht um ein von Gottes Geist geprägtes, wechselseitiges, ehrliches Tragen und Ertragen.[251] Die christliche Gemeinschaft hat ihren Geburtsort in der gemeinsamen Erfahrung der Versöhnung mit Gott durch das Blut Jesu Christi. Sie ist nicht begründet in einer gemeinsamen Frömmigkeit. Das Abendmahl hält die Gemeinde Jesu zusammen und erinnert an die Präsenz des Christus im anderen Christen.[252] Aus dieser Erfahrung kommt es zu einer gemeinsamen Anbetung. Die Blickrichtung wird primär auf Gott, den Vater, den Sohn und den Heiligen Geist gelenkt. Im Anschauen seines Bildes werden wir verwandelt in sein Bild (2. Korinther 3,18). Da kommt es zu einer Metamorphose der

---

250 Vgl. Jacobsen, W.: *Die Gemeinschaft der neuen Schöpfung.*

251 Vgl. Crabb, L.: *Orte der Geborgenheit und Heilung. Auf dem Weg zu authentischen geistlichen Gemeinschaften.*

252 Auf die heilende Erfahrung des Abendmahls/der Eucharistie weist besonders George Bennett hin (Bennett, G.: Aao 109ff). Vgl. Linn, M.: *Beschädigtes Leben heilen* 209–223.

Herzen. In einer solchen Ökumene der Herzen wiederum hat das gemeinsame Ringen um die eine Wahrheit, die uns frei macht, ihren Platz. Wir glauben uns unseren Glauben, auch wenn wir nicht in allen dogmatischen Lehrfragen übereinstimmen. Die Gemeinschaft der Christen wird zudem geprägt von einer gemeinsamen Sinngebung, die sich in dem Sendungsauftrag Jesu ausdrückt. *„Gleichwie mich der Vater gesandt hat, so sende ich euch"* (Johannes 20,21).

Gemeinschaft hat somit unterschiedliche Resonanzräume: Die gemeinsame Erfahrung von Vergebung und Versöhnung mit Gott durch das Blut Jesu, die gemeinsame Anbetung, die gemeinsame Wahrheit und schließlich die gemeinsame Sendung. Das große Urbild von einer heilen Gemeinschaft ist in der Offenbarung Gottes als Vater, Sohn und Geist selbst gegeben. Gott ist eine „soziale Einheit". Bei ihm findet das zusammen, was sich in gegenseitiger Liebe füreinander hingibt.

Die Frage lautet konkret: Was für Gemeinschaftsformen kann eine Gemeinde, eine Kirche in ihrer Heilungskompetenz bieten und gestalten?

Auch hier ist zunächst festzustellen, dass die gegebene Gestalt der Gemeinden bzw. Kirchen sehr unterschiedlich ist. Ein kleines Team in einer Gemeindegründung wird die *Koinonia* anders gestalten können als eine große gewachsene Kirchengemeinde. Eine Gemeinde in einem Dorf wiederum hat andere Voraussetzungen als eine christliche Gemeinschaft in einer Großstadt.

Wenn ich an dieser Stelle einige Gemeinschaftsformen aufzeige, die wir in der Braunschweiger Friedenskirche haben, so hoffe ich, dass es Ihnen eine Anregung bietet, über die eigenen Erfahrungen vor Ort nachzudenken. Die Milieustudien belegen geradezu, dass die meisten christlichen Kirchengemeinden lediglich einen Bruchteil der Bevölkerung ansprechen mit ihren jeweiligen Sozialstrukturen.[253] Ich plädiere dafür, hier neue Sozialgestalten zu wagen und gegebenenfalls alte, traditionelle Formen, die nicht mehr angenommen werden, zu beenden.

Eine wesentliche Ebene der christlichen Gemeinschaft ist im Gottesdienst gegeben. Auf die heilende Atmosphäre eines Gottesdienstes werde ich im nächsten Abschnitt ausführlicher Bezug nehmen. Die gemeinsame Ausrichtung auf Jesus, den Anfänger und Vollender des Glaubens, führt zu einer spirituellen Gemeinschaft, die nicht automatisch eine menschliche Gemeinschaft nach sich zieht, eine solche jedoch fördert. Ich kann nicht Gemeinschaft haben mit Gott und dabei den Menschen, der mit mir Gottesdienst feiert, ignorieren (Matthäus 5,23–24; 1. Johannes 4,20).

Moderne, attraktive Gottesdienstformen, die geradezu wie eine Performance aufgeführt werden, bei denen die Gottesdienstbesucher auf eine ausgeleuchtete Bühne schauen, gleich einem Film, der vor ihren Augen abläuft, können zwar die Aufmerksamkeit für eine Predigt oder auch andere Vollzüge im Gottesdienstgeschehen konzentrieren, aber sie lassen meist nur wenig Raum für den Blick füreinander. Die Sitzordnung spielt dabei durchaus eine Rolle. Wenn wir Gemeinschaft haben und dabei immer nur auf den Rücken der anderen schauen oder auf das, was „vorne" läuft, so sollte eine intensivere Gemeinschaftszeit vor und nach dem Gottesdienst nicht fehlen. In der Braunschweiger Friedenskirche laden wir deshalb nach jedem Gottesdienst in die Cafeteria oder ins Bistro ein, um dort noch miteinander zu sprechen, auszutauschen, zu essen und zu trinken. Es ist eine wertvolle Zeit für die Gemeinschaft, die gleichsam viele Gemeindemitglieder und Freunde in eine Mitarbeit führt. Es gibt auch genügend Personen, die eine solche Gastfreundschaft gern mitgestalten, sei es durch Dekoration, das Zubereiten von Speisen und Getränken oder im Service.

---

253 Vgl.: Ahrens, P./Wegener, G.: *Soziokulturelle Milieus*. Hempelmann, H.: *Gott im Milieu*.

Doch auch im Gottesdienstraum selber haben wir diese persönlichen Kontaktebenen. So laden wir in der Regel nach jeder Predigt dazu ein, füreinander zu beten. Zudem stehen Gebetsmitarbeiter im Saal bereit, zu denen man gehen kann, um für sich beten oder sich segnen zu lassen. Diese Gebets- und Segnungszeiten sind zu einem festen Bestandteil im Gottesdienstleben geworden. Anfänglich wurden sie etwas zögerlich wahrgenommen, inzwischen wird es als befremdlich empfunden, wenn sie einmal fehlen.

Zudem haben wir einen offenen Nebenraum, den wir auch „Gebetslounge" nennen. Auch dort ist ein Ort der Begegnung und der Segnung. Viele Gemeinden lagern ein solches Angebot des Gebetes und der Segnung aus dem Gottesdienst aus, um hier genügend Zeit und auch Ruhe zu finden. Beides hat Vor- und Nachteile. Ich bevorzuge es, wenn die Gemeinde einen gemeinsamen Raum des Gebetes im Gottesdienstgeschehen hat, weil dort die Atmosphäre geistlich häufig noch dichter ist.

Eine weitere Gemeinschaftsebene ist die Gruppe. Wir haben unterschiedliche Gruppen in der Gemeinde. Da sind zum einen die sogenannten Hauskreise, meist zwischen acht und 20 Personen. Sie treffen sich vielfach wöchentlich und sie haben auch bewusst unterschiedliche Formen und Ausprägungen. So gibt es Hauskreise, deren Teilnehmer in vergleichbaren sozialen Situationen sind (junge Ehepaare, Jugendliche, Teenager, Mitarbeiter, Singles, gemeinsame Nationalität usw.), und auch jene, die bewusst „gemischt" aufgestellt sind, also eine komplementäre soziale Zusammensetzung haben. In den Hauskreisen kann auch das Abendmahl seinen Platz haben, das gegenseitige Anteilnehmen im Austausch und vor allen Dingen das Gebet füreinander. Es gibt Hauskreise, die sich mehr als Gebetskreise verstehen, andere legen ihren Akzent auf das gemeinsame Bibelstudium oder eine gemeinsame Aufgabe, die sie verbindet. Diese Hauskreise sind wie Orte der Heilung und des Trostes, es sind Orte der Gemeinschaft.

Wie bereits angedeutet, ist nicht für jeden Menschen eine Gruppe die angemessene Form der Gemeinschaft. So manche Kirchengemeinde ist geradezu „vergruppt“! Es gibt Menschen, denen ist das zu viel Nähe, anderen ist es zu wenig. Aus diesen Gründen haben wir in der Gemeinde zudem Patenschaften, Mentorenprogramme u. ä., bei denen Menschen konkret in einer Lebenssituation begleitet werden. Diese Form der Gemeinschaft erfordert ein hohes Maß an Bereitschaft, aufeinander zuzugehen und voneinander zu lernen. Schließlich haben wir jene Versammlungen, die gleichsam wie Selbsthilfegruppen zusammen sind.[254] In vielen Kirchengemeinden gibt es auch die Gruppen der Anonymen Alkoholiker. Gegenwärtig planen wir eine Gruppe für Menschen, die sich in einer Trennung und Scheidung erleben.[255] Gerade wenn Ehen und Familien zerbrechen, braucht es die Gemeinde. Gott sei es geklagt, dass in früheren Zeiten Geschiedene aus der christlichen Gemeinschaft oder vom Abendmahl ausgeschlossen wurden! Auch gemeinsame Interessen können zusammenführen, wenn sich etwa junge Väter- und Müttergruppen bilden oder auch Pilgergruppen.

Auch neue bzw. wiederentdeckte Formen des kommunitären Lebens können Ausdruck der christlichen Gemeinschaft sein.[256] Seit über zehn Jahren haben wir ein Mehrgenerationenhaus, in dem Menschen aus den unterschiedlichsten Lebenssituationen zusammenleben und sich füreinander einsetzen. Es ist erstaunlich, wie gerade Personen wie einst Marie in dieser intensiveren Gemeinschaft Heilung finden können.

Nicht zuletzt weise ich auf die hohe Bedeutung von Gastfreundschaft hin. Da, wo wir unsere Häuser und Wohnungen füreinander

254 Seit 1994 gibt es die „Endlich-leben-Gruppen“ im deutschsprachigen Raum. Eine solche Gruppe schafft einen geschützten Raum für suchende, verletzte und problembeladene Menschen. Hierzu hilft ein Kursprogramm, das wichtige Themen in einem solchen Prozess des Heilwerdens anspricht. Vgl. Seekamp, H.: *Endlich leben!*

255 Das überkonfessionelle Netzwerk „Scheidung überwinden“ hat hierzu eine gute Hilfe herausgegeben: Mauritz, K./Schnepper, A.: *Auch getrennte Wege gehen weiter: Scheidung überwinden – zurück ins Leben finden.*

256 Vgl. Kellerhals, Sr. D.: *Heilende Gemeinschaften in der Postmoderne.*

öffnen, können „Kuchen gebacken“ werden wie einst bei Marie. Zur Gemeinschaft gehören alle die Orte, wo wir es lernen, miteinander zu genießen und das Leben zu feiern.

Zur Heilungskompetenz einer christlichen Gemeinde gehört ebenfalls, dass Menschen, die aus Alters- oder Krankheitsgründen nicht mehr die Versammlungen besuchen können, aufgesucht und besucht werden. So haben wir in der Braunschweiger Friedenskirche seit vielen Jahren einen sehr aktiven Besuchsdienst. Die Besuche finden nicht nur bei Kirchenmitgliedern und unseren Freunden und Verwandten statt, sondern auch in den nahegelegenen Senioreneinrichtungen.

„Ich bin so oft ziemlich k. o., wenn ich mich nach meiner anstrengenden Arbeit in der Bank aufmache, um meinen alten Freund Herbert zu besuchen. Aber wenn ich ihn dann sehe in seinem Rollstuhl, wie er sich schon auf mich freut, so bedeutet mir das sehr viel. Ich werde durch die Begegnung mit diesem alten, senilen und dementen Mann irgendwie selber getröstet.“ Mit diesen Worten beschrieb ein junger Mitarbeiter sein Erleben im Besuchsdienst. Sicher wird es auch Erfahrungen geben, wo wir stärker die Tragenden und Gebenden sind. Aber gerade, weil es sich häufig um ältere Menschen handelt, kann der ganze Schatz ihres Lebens neu entdeckt werden.

Heilung und Tröstung im Gottesdienst

„Ich sehe, wie sich Menschen mit Fesseln und mit Ketten an den Händen und Füßen in unsere Kirche schleppen. Aber schon in dem Moment, wo sie im Vorraum des Gottesdienstsaales sind, fallen diese Fesseln und Ketten von ihnen ab. Sie weinen vor Freude und loben Jesus.“ Diese Vision teilte vor vielen Jahren eine treue Beterin der Gemeinde mit. Zwar erlebten wir seinerzeit schon sehr intensive und lebendige Gottesdienste, aber durch diese Vision ermutigt, erwarteten wir fortan noch mehr die heilige und heilende Gegenwart des lebendigen, auferstanden und erhöhten Jesus in unserer Mitte.

Gottesdienste sollen nicht nur ein Ort der Predigt und Belehrung sein und nicht primär ein Ort menschlicher Begegnung, sondern sie sind Treffpunkte mit Gott. Während in einer zunehmend spirituell verhungerten, vom Rationalismus ausgedörrten Gesellschaft der Hunger nach Gotteserfahrung, nach spirituellen Erlebnissen deutlich ansteigt, verharren etliche Kirchengemeinden in einer erstarrten Liturgie, einer vorhersagbaren Abfolge von einzelnen Inhalten im Gottesdienst.[257]

Es geht vielfach um ein Programm und nicht um eine Gotteserfahrung. Sicher schließt das eine das andere nicht aus. Aber was erlebt ein Gott suchender, spirituell ausgehungerter Zeitgenosse, wenn er in christliche Kirchen und Gemeinden kommt? In den traditionellen Großkirchen in Deutschland erwartet ihn leider oft ein nicht repräsentativer Ausschnitt der Bevölkerung in einem schlecht besetzten Kirchengebäude. Eine eigentümliche Fremdheit, die wir nicht vorschnell als „das Heilige" bezeichnen sollten, überfällt ihn, wenn er nicht weiß, wann und warum er aufstehen soll, warum für ihn völlig unbekannte Lieder erklingen und er möglicherweise eine halbe Stunde damit zubringen soll, einer Bibelauslegung und der Einschätzung einer predigenden Person zu folgen.

Wo sind die eigentlichen Berührungen, wo bleibt die sakramentale Dimension, die Begegnung mit Gott in den Zeichen seiner Gegenwart? Gewiss, auch das lebendige Wort der Bibel, sei es vorgetragen oder gepredigt und ausgelegt, will Menschen zutiefst berühren und Orientierung, Trost und Heilung geben. Es ist wie Balsam für eine wunde Seele.

Eine solche göttliche Arznei ist ebenso das Abendmahl/die Eucharistie. Das Mahl des Herrn ist nicht nur ein Wortgeschehen, sondern eine ganzheitliche Zuwendungserfahrung. Es ist beklagenswert, wenn das Abendmahl zu einem Annex eines predigtzentrierten Gottesdienstes verkümmert. Hier gilt es, die *Cura Dei*, Gottes

257 Siehe hierzu: Zulehner, P./Beranek, M.: *Gottvoll und erlebnisstark. Für eine neue Kultur und Qualität unserer Gottesdienste.*

Heilung in der „geistlichen Arzney aus Gottes Wort“[258] und im Mahl des Herrn neu zu entdecken und ihr einen zentralen Ort im Gottesdienst zu geben.

Schließlich sind da noch die Musik und das gemeinsame Singen im Gottesdienst. Die wunderbaren Klänge und Lieder, selbst, wenn sie einem nicht vertraut sind, können uns zutiefst verbinden mit dem Heiligen. Wer kennt das nicht? „Ein Gottesdienst ist für mich erst dann wirklich gut, wenn ich zu Tränen gerührt bin!“, sagte mir eine junge Frau nach einem Gottesdienst. Während einer Predigt war ich selber so tief von der Liebe und Gnade Gottes erfasst, dass mir die Tränen kamen und ich innehalten musste.

Ich musste im Lauf meiner Predigterfahrung lernen, dass Emotionalität auf der Kanzel auch ihren Platz haben darf; allerdings niemals als rhetorisches Mittel, sondern nur als authentischer Ausdruck einer vom Geist Gottes gewirkten Ergriffenheit. Doch es sind nicht nur diese emotionalen Momente, sondern die „Offenbarung“, die „Orientierung“, die „Ordnung“, die das Wort Gottes und seine Gegenwart in unserem Leben bewirken können. Wir kommen zu Einsichten und Erkenntnissen, die uns wie ein Licht aufleuchten und uns einen Weg zeigen, wo wir zuvor keinen Weg gesehen haben (Psalm 119,105).

In unseren Gottesdiensten freuen wir uns, wenn wir im gemeinsamen Gebet, in der Anbetung und im Lobpreis diese Intensität der Gegenwart Gottes erfahren. Sie ist nicht abhängig vom Stil oder der Kultur eines Gottesdienstes. In der Braunschweiger Friedenskirche haben wir seit fast 20 Jahren jeden Sonntag drei Gottesdienste mit verschiedenen Kulturen. Der sonntägliche Frühgottesdienst hat stärker klassische kirchliche Momente, er ist ruhiger und kontemplativer ausgerichtet. Der Mittagsgottesdienst um 11.30 Uhr spricht

258 Auf die enge Verknüpfung von Heilungsgeschehen in Wort und Sakrament bei Luther und in der lutherischen Orthodoxie weist Johann Anselm Steiger in seiner Studie *Christus medicus und theologia medicinalis bei Martin Luther* hin (Steiger J. A.: Aao 9–10).

Leute an, die neue Formen der Frömmigkeit zum Ausdruck bringen. So gibt es moderne Lobpreismusik; eine solche gottesdienstliche Veranstaltung ist in der gesamten Ausrichtung vital und beweglich. Man könnte den ersten Gottesdienst mit einem erholsamen Waldspaziergang vergleichen, den zweiten hingegen eher als „Joggen" bezeichnen.

Sonntagabends treffen wir uns vorwiegend mit jungen Erwachsenen zur „Fiesta", einem Gottesdienst, der in Sprache und Form vor allen Dingen junge Erwachsene anspricht. Es ist unsere Erfahrung, dass sich die heilige Gegenwart Gottes in allen diesen Gottesdiensten ausbreiten kann. Menschen werden inspiriert und innerlich berührt. Sie erfahren Zuspruch, Vergebung von Sünde und dürfen sich hineinnehmen lassen in Gottes Handeln. Die Charismen, die der Geist Gottes in unserer Mitte wirkt, sind in allen Gottesdiensten willkommen.

So sind wir nicht nur „offen" für prophetische Äußerungen, sondern wir wünschen sie und ermutigen ausdrücklich zum „Hören auf Gott" (1. Korinther 14,1). Wie oft durften wir erleben, dass Menschen durch einen prophetischen Zuspruch, ein „Wort der Erkenntnis" oder ein „Wort der Weisheit" zutiefst von Gott berührt wurden! Allerdings haben wir lernen müssen, in einem öffentlichen Gottesdienst eine Form zu wahren, die uns weitgehend vor „Wildwuchs" schützt.[259] Damit meine ich jene Äußerungen, die als „charismatisch" angesehen werden, sich jedoch in Gestalt von menschlicher Unreife und mangelnder Heiligung so äußern, dass sie in einem öffentlichen Gottesdienst das ganze Interesse der Gemeinde auf sich lenken.

Verantwortliche Mitarbeiter sollten darauf achten, dass bei allem, was im Gottesdienst geschieht, Gott selber Freude und Aufmerksamkeit bekommt; sei es im Chorgesang, in der Predigt, der Liturgie

259 Ausführlich hierzu: Rust, H. C.: *Prophetisch leben. Prophetisch dienen. Die Entdeckung einer vergessenen Gabe.* Zur Gabe der Geisterunterscheidung: Rust, H. C.: *Herr, bist du es? Von der Gabe der Geisterunterscheidung.*

oder sei es durch charismatische Äußerungen. Wenn es in einem öffentlichen Gottesdienst dazu kommt, dass jemand in einer Gebetssprache (Glossolalie) betet, so erwarten wir eine Interpretation bzw. Auslegung (1. Korinther 14,26–28). Allemal werden wir anschließend oder auch zuvor eine kurze Erklärung geben für alle jene, die eine solche spirituelle Äußerung verunsichern könnte, weil sie etwas erleben, was sie nicht „kontrollieren" oder verstehen können.

Aber ist es nicht bei allen Wirkungen des lebendigen Gottes so, dass wir sie nicht kontrollieren und auch nur ansatzweise mit unserem Intellekt erklären können? Das Mysterion der Gottespräsenz ist allerdings nicht nur beim Abendmahl gegeben, sondern es ist bezeichnend für jeden christlichen Gottesdienst. Wer will denn schon rational begründen, warum wir davon ausgehen dürfen, dass Jesus uns in den Zeichen von Brot und Wein begegnet und unter uns ist?

Ich setze mich stark dafür ein, dass alle Gaben und auch die Vielfalt von spirituellen Äußerungen in einem Gottesdienst Raum haben können. Dennoch ist es ein Lernfeld, d. h. es braucht eine Art pädagogischer Begleitung des Gottesdienstgeschehens. Selbst wenn es einmal zu unreifen oder peinlichen Erfahrungen kommt, so erinnern wir uns, dass wir alle in der Schule des Heiligen Geistes sind. Der Missbrauch von Charismen ist am besten durch einen gesunden Gebrauch der Gaben zu verhindern. Ein absoluter Ausschluss charismatischer Äußerungen sollte, wenn überhaupt, die absolute Ausnahme sein. Gleichwohl will ich einräumen, dass die Praxis von Geistesgaben in einem Gottesdienst nicht unvermeidlich eine starke Präsenz Gottes zufolge haben muss.

Letztlich ist jeder Gottesdienst ein Charisma, eine Gottesgabe, die empfangen und erbeten werden will. Es wird sehr entscheidend sein, was die Gottesdienst-Verantwortlichen, eine Kirchen- bzw. Gemeindeleitung oder die Gottesdienstbesucher selber von einer solchen Zusammenkunft erwarten und von Gott erbitten. Das Gebet vor und während eines Gottesdienstes prägt die gesamte Atmosphäre. Die Anrufung des Heiligen Geistes (Epiklese) hat nicht nur ihren

Ort vor der Feier des Abendmahls oder vor Beginn der Predigt, sondern sie betrifft das gesamte Gottesdienstgeschehen. Befremdlich finde ich es, wenn gebetet wird: „Heiliger Geist, wir erlauben dir, in unserer Mitte zu wirken." Nicht wir Menschen entscheiden und „erlauben" dem Geist Gottes etwas. Wir können ihn aber bitten und uns in seine Regie begeben. Wir können ihn einladen.

Die Gegenwart Gottes kann in einer Stille, aber auch in lautem Geschehen Raum nehmen. Der Geist Gottes äußert sich nicht nur in einem Säuseln (1. Könige 19,12), sondern auch in einem Brausen (Apostelgeschichte 2,2). Er ist nicht abhängig von der Größe einer gottesdienstlichen Versammlung. Die Fixierung und Festlegung auf eine ganz bestimmte Gottesdienstkultur kann somit zu einer Einschränkung des Wirkens Gottes führen; egal ob es sich dabei um hochkirchliche oder neopentekostale, um liturgische oder freistilhafte Äußerungen handelt. Der Geist Gottes bewegt nicht nur, sondern er bewahrt uns ebenso in der Gegenwart Gottes.[260]

Manche verbinden diese heilende und tröstende Gegenwart mit dem biblischen Begriff der „Herrlichkeit" Gottes.[261] Sie kann sich wie eine Schwere, eine Dichte auf eine Versammlung legen, eine Konzentration, die zugleich erhebt und beflügelt. In der Herrlichkeit Gottes geschehen Heilungen, Befreiungen und Tröstungen in einer Intensität, die uns häufig in Erstaunen versetzt.[262] Diese Nähe Gottes versöhnt uns mit der Vergangenheit und der Zukunft und

260 Auf das breite Spektrum der Geisteswirkungen gehe ich ein in: Rust, H. C.: *Geist Gottes* 73–81.

261 Hebräisch *kabod*, griechisch *doxa* kennzeichnen gleichsam „Ehre, Pracht, Glanz und Herrlichkeit", die kraftvolle und erleuchtende Gegenwart Gottes, die Auswirkung seiner „Einwohnung". In der jüdischen Theologie hat sich der Begriff *Schechina* bewährt, der gleichsam auf die Präsenz des Geistes Gottes weist. „Die Schechina ist keine Eigenschaft Gottes, sondern die Gegenwart Gottes selbst" (Moltmann, J.: *Der Geist des Lebens* 61). Vgl. Goldberg, A.: *Untersuchungen von der Vorstellung von der Schekhinah* 455ff.

262 Vgl. Jordan, M.: *Herrlichkeit – Gottes Dimension.*

lässt uns selber präsent sein. Sie trägt in sich den Hauch des ewigen, himmlischen Sabbats, der Ruhe Gottes. In einer Zeit, in der Menschen geradezu durch ihr Leben getrieben werden, ist es wichtig, dass Gottesdienste solche Ruheräume sind bzw. neu werden. Die Herrlichkeit Gottes verwandelt die hässlichen Dinge des Lebens in die Schönheit göttlicher Zugehörigkeit.

Je nach Größe und Prägung der jeweiligen Gemeinde wird der gemeinsame Gottesdienst unterschiedliche Möglichkeiten bieten, um auch für Kranke und Belastete zu beten. In der Braunschweiger Friedenskirche laden wir zu einem solchen Gebet in der Regel in jedem Gottesdienst ein. Die Gebetsmitarbeiter haben entweder als Leitende und von der Gemeinde Berufene auch das Vertrauen der Gemeinde oder es handelt sich um ein Team, das besonders für einen solchen Gebetsdienst geschult und begabt ist.

Wir halten unsere Mitarbeiter an, in einem solchen gottesdienstlichen Geschehen keine ausführlichen seelsorgerlichen Dialoge zu führen. Dafür gibt es die Seelsorgeangebote. Wenn möglich, beten wir auch gern zu zweit für einen Menschen, der das Gebet wünscht. Nachdem wir uns kurz mit Vornamen vorgestellt haben, fragen wir nach dem Anliegen. Sodann entscheiden wir im Hören auf Gott und auf den Menschen, ob wir hier ein Fürbittegebet, ein Segensgebet oder ein Heilungsgebet formulieren. Wir fragen normalerweise auch vor einem solchen Gebet, ob es Recht ist, dass wir dem Hilfesuchenden die Hände auflegen bzw. ihn berühren. Hier gibt es sehr unterschiedliche Formen und biblisch keine Vorgabe.

Die Berührung soll unserem Gegenüber helfen, sich vor Gott zu öffnen. In der Fürbitte nehme ich als Betender oft die beiden Hände des Gegenübers oder ich lege meine Hände auf die Hände des Gegenübers. Eine andere Möglichkeit kann eine angedeutete Umarmung sein, wenn ich eine Hand auf die Schulter lege. Wenn wir die Hände des Hilfesuchenden halten, so sollten wir jedoch darauf achten, dass dieser sich nicht unwohl fühlt, wenn er etwa beginnt zu weinen und dann keine Hand frei hat, um die Tränen abzuwischen. Es mag nur eine Äußerlichkeit sein, die jedoch für die betreffende

Person irritierend ist. Ich denke, jeder hat schon einmal erlebt, wie unangenehm es ist, wenn einem die Tränen laufen und wir dann keine Möglichkeit haben, sie zu trocknen. In manchen charismatisch geprägten Gemeinden, die häufiger Gebets- und Segenszeiten im Gottesdienst haben, stehen schon Boxen mit Papiertaschentüchern bereit. Das mag eine Hilfe sein, ich finde es jedoch angemessener, wenn die Beter selber einige Taschentücher bereithalten und ggf. zur Verfügung stellen.

Wenn ein Segensgebet angemessen ist, so legen wir ebenfalls die Hände auf die Schulter oder auf die Hände oder auf den Kopf des Hilfesuchenden. Keinesfalls sollte es hier zu heftigen Berührungen kommen, die der Hilfesuchende als Bedrückung erlebt. Eine Segnung ist dann angesagt, wenn ein Mensch den Zuspruch Gottes sucht, wenn er z. B. seine Begleitung und Hilfe erbittet vor einer neuen Wegstrecke oder Entscheidung in seinem Leben.

Fürbitte und Segnung liegen vom Wesen eng beieinander; allerdings ist die sprachliche Form unterschiedlich. An einem Beispiel soll das verdeutlicht werden: Da kommt eine junge Familie, die eine weite Reise vor sich hat, und sie bitten um Gebet. Ich könnte mit ihnen einen kleinen Kreis bilden und wir fassen uns an den Händen an. Sodann würde ein Fürbittegebet so lauten:

> „Vater im Himmel, im Namen Jesu bitten wir um Bewahrung auf dieser langen Reise. Bitte halte deine schützende Hand über einen jeden (evtl. die Namen nennen). Schenke du ihnen wunderbare Momente deiner Gegenwart, Erholung und neue Inspiration zum Leben."

Bei einem Reisesegen würde ich vermutlich meine beiden Hände zum Segen erheben über der Familie:

> „Gott, der Vater im Himmel, er segne und behüte euch auf eurer langen Reise. Der Herr schenke euch wunderbare Momente seiner Gegenwart und neue Inspiration zum Leben (Namen nennen): Es segne euch Gott der Vater, der Sohn Jesus Christus und der Heilige Geist."

Nach dem Segensgebet sollte, wenn möglich, noch ein Moment der Stille sein. Der Segnende kann dann die Segnungshaltung noch bewahren und erst nach der Stille das „Amen“ sprechen.[263]

Gebets- und Segnungsdienste in dieser Form gibt es in der Braunschweiger Friedenskirche schon seit etwa 20 Jahren in den „normalen“ Sonntagsgottesdiensten. Dabei haben wir Bekehrungen, Heilungen, Befreiungen und Tröstungen Gottes reichlich erlebt.

Seit wir uns des Heilungsauftrags der Gemeinde neu bewusst wurden, haben wir etwa alle drei Monate in den sonntäglichen öffentlichen Gottesdiensten einen inhaltlichen und zeitlichen Schwerpunkt im Gebet für Kranke.[264] Wir ermutigen die Gemeinde, kranke Freunde und Nachbarn zu diesem Gottesdienst einzuladen, was auch vielfach geschieht. Auch in der Tageszeitung wird dazu regelmäßig eingeladen.

Die Gottesdienste sind von der Verkündigung stärker als sonst auf Menschen ausgerichtet, die Jesus noch nicht kennen. Sie sind evangelistisch. Meist predigen wir über einen Heilungsbericht aus den Evangelien. Auch die Einladung, Jesus nachzufolgen, wird deutlich ausgesprochen. Sodann haben in diesen Gottesdiensten aktuelle Erfahrungsberichte ihren Platz. Meist bitte ich eine Person, von einer Heilung zu berichten, sei sie nun prozesshaft oder spontan, sei sie allein durch Gebet, oder durch Gebet und Medizin oder durch medizinische Behandlung erfolgt. Die Geheilten geben Gott die Ehre.

Aber auch jene sollen zu Wort kommen, die eine erbetene Heilung so nicht erfahren haben. Sie berichten authentisch, wie sie in der Krankheit den Trost und die Nähe Gottes erleben und was ihnen

263 Die Bedeutung des Segens bzw. Segnens im Heilungsgeschehen betonen u. a.: Müller, D./Aschoff, F.: *Segnen: Gottes Kraft erfahren*; Grün, A.: *Segen – die heilende Kraft*; Greiner, D.: *Segen und Segnen*; Leuenberger, M.: *Segen.*

264 Einige Kirchengemeinden haben gute Erfahrungen damit gemacht, bei den Abendmahlsgottesdiensten parallel zum Abendmahl das Segensgebet oder das Gebet für Kranke bzw. Krankensalbung anzubieten.

dabei eine Hilfe war. Auch sie geben Gott die Ehre. Die Erfahrungsberichte sollen keine Belehrungen für andere enthalten und auch keine Aufrufe, sondern sie sollen bezeugen, was Menschen erlebt haben. Gerade diese lebensnahen Schilderungen fördern das Vertrauen und den Glauben der zuhörenden Gottesdienstgemeinschaft.

Sodann hat das Gebet für Kranke einen hohen Stellenwert in einem solchen Gottesdienst. Nach der Predigt erklärt der Predigende oder der Gottesdienstleitende kurz, wie wir es handhaben wollen, etwa mit folgenden Worten:

„Wir werden nun eine gemeinsame Zeit haben, um für kranke Menschen zu beten. Dabei hören wir im Hintergrund leise Instrumentalmusik, die uns helfen mag, diese Zeit auch als persönliche Zeit mit Gott zu gestalten. Hier im ganzen Saal werden gleich Gebetsmitarbeiter stehen. Ich bitte die Gebetsmitarbeiter schon einmal an ihren Platz zu gehen. Jeder, der hier ist, kann mit dem Anliegen kommen, das er hat. Bitte nennen Sie uns kurz Ihren Vornamen und auch wofür wir konkret beten sollen. Wir fragen Sie dann, ob es Ihnen Recht ist, dass wir Ihnen im Namen Jesu die Hände auflegen, etwa auf die Schulter, auf die Hände oder auch auf den Kopf. Wenn Sie das nicht wünschen, so sollen Sie wissen, dass von dieser äußeren Form des Gebetes nicht die Heilungskraft Jesu abhängig ist.

Jedes Gebetsteam hat auch so eine kleine Ölflasche dabei (ein Fläschchen mit Salböl wird gezeigt). Es ist kein Öl, das heilende Wirkung hat. Die Salbung mit Öl[265] machen wir als ein körperlich fühlbares Zeichen für Sie, dass Gott Sie berühren will. Auch hier fragen wir Sie, ob Sie eine solche Salbung wünschen. Wenn ja, so nehmen wir einen Tropfen Öl aus dem Fläschchen und zeichnen damit ein Kreuz auf Ihre Stirn oder Ihre Hände, dabei sagen wir: ‚Wir salben dich im Namen des Vaters, des Sohnes Jesus Christus und des Heiligen Geistes. Amen.'

Sodann weisen wir Sie darauf hin, dass wir hier keine ‚Heiler' sind. Nicht wir verfügen über Heilungskräfte oder Energien, sondern wir stellen uns Jesus zur Verfügung, Er ist der Heiler, nicht wir. Wir

265 Zur Salbung mit Öl siehe meine Erläuterungen unter „Das Gebet für Kranke nach Jakobus 5".

assistieren ihm nur. Wir sind Frauen und Männer, die Jesus lieben und ihm nachfolgen. In seinem Auftrag und in seiner Autorität tun wir diesen Dienst.

Und noch eins ist uns wichtig: Wir bilden hier einen gemeinsamen Gebetsraum. Jeder von uns hat ein bestimmtes Maß an Glauben, an Vertrauen zu Gott, zu Jesus, dem Herrn und Heiland, sonst wären wir sicher nicht hier. Wir wollen nun in dieser besonderen Gebetszeit unseren Glauben ‚zusammenlegen' und Gott um begleitende Zeichen und Wunder seiner Gegenwart in unserer Mitte bitten. Wir wollen beten, dass Heilungen und Tröstungen von Gott hineinkommen in die vielen Krankheitsnöte, dass Licht hineinfließt in alle Dunkelheit.

Bitte haben Sie auch die Freiheit, in dieser Zeit still für sich, für andere Menschen oder auch füreinander zu beten. Man muss nicht unbedingt zu unseren Gebetsteams gehen. Wenn Sie hier jemanden gut kennen, der auch mit Jesus lebt, dann beten Sie doch gern leise an Ihrem Platz miteinander.

Und bitte denken Sie nicht, dass diese Gebetszeit nun ein stilles Ende dieses Gottesdienstes ist. Es ist ein heiliger Raum, der sich uns erschließen will. Wir bitten: ‚Heiliger Geist komm und wirke du!'

Und noch eine praktische Anmerkung: Wir werden nach ca. 15 Minuten diese Gebetszeit offiziell mit einem gemeinsamen Vaterunser-Gebet und einem Segen beenden. Ich bitte Sie sodann, den Gottesdienst-Saal still zu verlassen, denn wir wollen hier solange weiterbeten, dass jeder auch Gebet empfangen kann, der es wünscht. Sie sind gern eingeladen zur anschließenden Gemeinschaft in der Cafeteria oder im Vorraum. Und nun – bitte zögern Sie nicht, kommen Sie gern zum Gebet!"

Wir erleben es immer wieder, dass in diesen Gottesdiensten Heilungen und Berührungen Gottes geschehen. Dass diese Gebetszeit ein Teil des „offiziellen" Gottesdienstes ist, hat zunächst einige langjährige Gemeindemitglieder etwas irritiert. Sie waren nun etwa 15 Minuten in einen Prozess hineingenommen und mussten es auch lernen, wie sie diesen gestalten. Einige schauten zu, wer denn da alles nach vorne zum Gebet ging, aber zunehmend ist die Gemeinde darin gewachsen und ermutigt, diese Zeit ebenfalls betend still zu nutzen. „Warum müssen wir denn als ganze Gemeinde solange warten? Diejenigen, die nicht krank sind oder kein Gebet wünschen, brauchen doch nicht im Raum sein, wir könnten doch den Gottesdienst schon beenden und nur die bleiben noch, die Gebet wollen." Dieses Ansinnen hörte ich als Gemeindepastor anfänglich häufiger, aber inzwischen ist klar, dass jeder Gläubige in dieser Zeit zum Gebet aufgefordert ist.

Von einem Pfingstprediger hörte ich einmal folgende Geschichte: Auch er hatte in der Gemeinde einen sogenannten „Heilungsgottesdienst" und nun kamen einzelne nach vorn. Jedoch war es in diesem Fall so – soweit ich ihn verstanden habe –, dass er diesen Heilungsdienst allein als Pastor im Anschluss an die Predigt tat.

Als eine ältere Frau aus der Gemeinde mit ihrer Enkelin nach vorn zum Gebet kam, wussten alle im Raum, dass es jetzt wirklich dramatisch werden könnte. Das kleine Mädchen litt an einer schweren chronischen Erkrankung. Als der Pastor die Hände zum Segensgebet erhob, sah er, wie viele die Hälse reckten, sie wollten nun doch sehen, ob der Glaube ausreicht, damit hier vor ihren Augen ein Wunder geschehen würde. Doch dann unterbrach er das Geschehen und sprach die Gemeinde direkt an: „Was guckt ihr denn nun alle? Wollt ihr sehen, ob der Glaube von den beiden oder von mir ausreicht, damit Gott hier ein Wunder tut? Bitte, geht doch jetzt alle nach Hause und nächsten Sonntag bringt alle euren Glauben mit, damit wir Jesus gemeinsam für dieses Mädchen bitten und ihn ehren!"

Die Gemeinde und auch die ältere Dame und ihre Enkelin waren sehr erstaunt. Doch als am folgenden Sonntag die Gemeinde wieder zusammenkam, forderte der Pastor die Dame mit ihrer Enkeltochter auf, gleich zu Beginn nach vorne zu kommen, damit die Gemeinde für sie beten könne. Die beiden waren noch nicht nach vorn gekommen, da hatte die kleine Enkeltochter bereits eine spontane Heilung erlebt. Die Freude war groß, aber auch die Lehre, welche diese Gemeinde erhalten hat, war groß. Die Gemeinde hatte begriffen, dass jeder Einzelne an diesem Heilungsgeschehen beteiligt war.

Neben diesen sonntäglichen Gottesdiensten haben wir seit geraumer Zeit in der Braunschweiger Friedenskirche Freitagabends „Heilungs- bzw. Segnungsgottesdienste“. Hier konzentrieren wir uns mit dem Gebetsteam noch mehr auf das Heilungsgeschehen. Es gibt nur eine kurze Predigt und der Raum für Erfahrungsberichte ist größer. Auch haben wir in diesen Abendgottesdiensten eine größere Freiheit, neue Formen des Gebetes und der Segnung zu haben. Zu den Freitagsgottesdiensten kommen vorwiegend Menschen, die Heilung und Hilfe brauchen. Umso wichtiger ist es, dass das gesamte Mitarbeiterteam in einer guten geistlichen Vorbereitung ist. Dazu kann auch ein gemeinsames Abendmahl des Teams vor dem Gottesdienst eine Hilfe sein. Zwei Formen, die wir in den Heilungs- und Segnungsgottesdiensten gern eingeführt haben, will ich an dieser Stelle beispielhaft kurz vorstellen.

Da ist zum einen der „Segenstunnel“ bzw. „Segenskanal“. Dabei bilden alle Gebetsmitarbeiter gemeinsam eine Art Spalier. Sie bilden zwei Reihen und stehen sich jeweils mit dem Gesicht zugewandt gegenüber. Sie breiten ihre Arme segnend aus. Diejenigen, die einen Segen empfangen möchten, gehen sodann langsam durch diesen so gebildeten Gang. Niemand sagt zuvor, was sein konkretes Anliegen ist.

Die Gebetsmitarbeiter achten auf die Impulse des Heiligen Geistes, auf prophetische Worte oder seelsorgerliche Zusprüche. Sie sprechen kurze Segensgebete über dem Einzelnen oder singen auch leise ein Lied in sein Ohr. Am Anfang, als wir diese Form wählten, war ich, offen gestanden, etwas skeptisch, zumal wir in der Bibel dafür keine Vorlage finden. Aber auch für andere bewährte Gottesdienstformen finden wir im biblischen Zeugnis keine Vorgaben, und dennoch haben sie sich bewährt. So war ich offen und gespannt, was Gott tun würde.

Die Ersterfahrung sprengte in positiver Weise alle meine Erwartungen. Wir beteten bis tief in die Nacht, weil so viele Menschen diesen Segenskanal durchschritten. Man könnte es bildhaft mit einer Art Autowaschanlage bezeichnen, nur hier ging es um weit mehr als äußere Reinigung. Menschen gingen neugierig und oft auch geknickt auf diesen Segensweg und kamen voller Freudentränen am

Ende an. Es ereigneten sich Segnungen, prophetische Worte, Seelsorge und Trost. Auch Heilungen geschahen in diesem Zusammenhang. Hilfreich war es, dass wir bei den Gebetsmitarbeitern sowohl Personen aus dem prophetischen als auch aus dem heilenden und seelsorgerlichen Dienst hatten. Der Segenskanal ist eine Form, die wir immer einmal wieder in diesen Abendgottesdiensten haben. Sie ist verhältnismäßig zeitintensiv, wenn man das „Spalier der Beter" zu lang macht. Aber es ist eine wertvolle Zeit, in der viel Gutes vom Geist Gottes gewirkt wird.

Eine weitere Gestalt für den Freitagsgottesdienst ist in Anlehnung an die „Thomasmesse"[266] entstanden. Wir haben unterschiedliche Gebetsstationen im Gottesdienstsaal hergerichtet. So gibt es einen Ort im Gottesdienst, wo wir das Abendmahl miteinander feiern, Vergebung und Versöhnung erleben. An anderer Stelle lesen oder hören wir das biblische Wort. Auch einzelne Kärtchen mit biblischen Segens- und Verheißungsworten können hier empfangen werden. Es kann Stationen geben, wo wir uns bewegen oder tanzen, oder wir nehmen still unter einem Baldachin Platz und genießen Gottes Nähe.

Meistens gibt es eine Gebetsstation, wo wir in kleinen Gruppen in der Fürbitte zusammenstehen. Es können auch kreativ neue Ideen eingebracht werden. Der Vorteil dieser Gestaltung ist, dass die Gottesdienste Vielfalt bieten und zugleich mehrere Dimensionen von Heilung aufnehmen. Zudem sind viele Personen aktiv in das Gottesdienstgeschehen involviert.

Sicher mag es noch andere gute Erfahrungen geben, wie solche spezifischen Heilungsgottesdienste gestaltet werden können. Es ist zu bedenken, wie man solche Gottesdienste nennt. Wir sprechen

266 Haberer, T.: *Die Thomasmesse. Ein Gottesdienst für Ungläubige, Zweifler und andere gute Christen.* Viele Anregungen finden sich auch in: Bundschuh-Schramm, C./Gaab, J.: *Eine Zeit zum Suchen: Neue Gottesdienstformen.*

zwar von „Heilungsgottesdiensten", betonen aber, dass wir nicht über Heilung verfügen, sondern sie erwarten und erbitten. Oft sprechen wir auch von „Gottesdiensten mit dem Angebot der Krankensalbung".

An dieser Stelle sei noch ein Wort zu einigen ungewöhnlichen Phänomenen gesagt, die im Zusammenhang mit einem Heilungsgeschehen auftreten können. Bereits im neutestamentlichen Zeugnis lesen wir beispielsweise, dass Menschen schon durch den „Schatten des Petrus" oder durch die „Berührung der Kleidung" unter den Einfluss der göttlichen Heilungskraft gekommen sind.[267] Solche Phänomene werden auch in der Kirchengeschichte immer einmal erwähnt. Sie bilden jedoch die Ausnahme und sollten nicht zu einer festen Form gebracht oder ritualisiert eingesetzt werden. Eine Grenzüberschreitung zu einem magischen Verständnis von göttlicher Heilung ist an dieser Stelle schnell gegeben.

Wir verfügen nicht über Energien, wir sprechen sie nicht hinein in mitgebrachte Kleidungsstücke von kranken Menschen und legen nicht unsere Hände auf Bilder oder Gegenstände von Erkrankten. Ich finde dafür im neutestamentlichen Zeugnis keine Aufforderung und nehme deshalb davon Abstand. Damit stelle ich nicht infrage, dass der Geist Gottes in außergewöhnlichen Situationen auch diese Formen zum Anlass nehmen kann, um Menschen Heilung zukommen zu lassen.[268] Ähnlich verhält es sich mit ekstatischen Phänomen, die hier und da auftreten können, aber sie bilden nicht die

267 Vgl. Matthäus 9,20par.; Apostelgeschichte 19,11f; 5,15 heißt es, „dass man die Kranken auf die Gassen hinaustrug und sie auf Betten und Bahren legte, damit, wenn Petrus käme, auch nur sein Schatten auf einen von ihnen fiele". Es wird nicht berichtet, dass durch den Schatten des Petrus Menschen geheilt wurden, sondern dass die Erwartung da war, dass eine solche Nähe zum Apostel schon Heilung wirken könnte.

268 Ouweneel sieht in solchen merkwürdigen Heilmethoden die Mannigfaltigkeit von Gnadengaben, Diensten und Wirkungen (1. Korinther 12,4–6). „Gott ist ein origineller Gott, der sich nicht scheut, fremde und ungewöhnliche Dinge zu tun" (Ouweneel, W. J.: AaO 267f).

Hauptstraße zum Herzen Gottes.[269] Immer wenn uns Formen oder Phänomene wichtiger werden als Gott selber, haben wir das Ziel aus den Augen verloren.

Heilungs- und Seelsorgedienste

Bevor ich weitere Heilungs- und Seelsorgedienste in der Gemeinde vorstelle, sollen die theologischen Grundpositionen dieser Studie nochmals zusammenfassend in Erinnerung gebracht werden:

1. Die Heilungskompetenz der Gemeinde entspricht dem von Christus ergangenen Sendungsauftrag und der Sendungsbefähigung. Sie ist verbunden mit der Verkündigungskompetenz, ersetzt diese jedoch nicht und ist auch durch diese nicht zu ersetzen. Verkündigen und konkretes Handeln im Namen Jesu Christi gehören zusammen und fokussieren sich bei den Armen, Schwachen und Kranken (Matthäus 9,12). Wir beten für Kranke, weil Jesus ihr Heiland ist und sie in ihrer Not aufsucht.

2. Wir wissen uns durch den Heiligen Geist befähigt und ermutigt, zu verkündigen, zu heilen, zu trösten und zu begleiten. Jedoch verfügen wir nicht über Heilungsenergien und können Heilung und Trost nicht feilbieten wie eine Ware. Heilungen sind begleitende

269 Francis MacNutt geht ausführlich auf das Phänomen des „Ruhens im Geist" ein. Dabei befinden sich Menschen in einer Art ekstatischem Zustand, bei dem Sinne und Körpergefühl schwinden. Menschen können bewegungslos darniederliegen oder in einem Zustand verharren und berichten, wie sie anschließend eine innere oder auch körperliche Heilungserfahrung gemacht haben. Unter Bezugnahme auf kirchengeschichtliche Zeugnisse, etwa aus der Mystik (Teresa von Avila, Johannes Tauler, Heinrich Seuse), verweist er darauf, dass Ekstase durchaus als menschliches Phänomen von Ergriffenheit, aber auch durch den Heiligen Geist ausgelöst gedeutet werden kann. MacNutt wirbt um Verständnis dafür, ohne der Ekstase oder den außergewöhnlichen Phänomenen eine besondere Wirksamkeit bei einem göttlichen Heilungsgeschehen zuzuordnen (MacNutt, F.: *Beauftragt zu heilen* 126–147).

Zeichen des angebrochenen Reiches Gottes, die wir erwarten und erbitten dürfen. Sie sind nicht machbar durch bestimmte Formen und Methoden des Heilungsgeschehens. Gleichwohl sind die begleitenden Zeichen weder Randerscheinungen noch die Mitte des Evangeliums.

Bei aller neuen Aufmerksamkeit für die Heilungskompetenz muss deutlich bleiben, dass das Heil in Christus nicht abhängig ist von der Heilung und dem Wohl des Menschen. Ärgerlich sind jene Anbietenden, die vorgeben, eine Methode bzw. eine Kraft gefunden zu haben, die unweigerlich zu einer Heilung führen (Machbarkeit). Christen sind vollkommen abhängig vom Heilungs- und Tröstungshandeln Gottes in der Kraft des Heiligen Geistes. Sie erfreuen sich an den Gaben und Wirkungen, die der Geist Gottes freisetzt, aber sie verfügen nicht darüber.

3. Die Heilungskompetenz ist der ganzen Gemeinde anvertraut, sie konzentriert sich jedoch in unterschiedlichen Diensten und Gaben. Dabei achten wir darauf, dass kein „Personenkult" entsteht, bei dem Hilfesuchende mehr auf einen Gaben- und Dienstträger als auf Jesus den Heiland ausgerichtet sind. Ein solcher Personenkult kann vorkommen, aber ihm muss entschieden gewehrt werden.[270] Aus diesem Grund plädiere ich in dieser Studie mit Nachdruck für eine Wiederentdeckung der Gemeinde als Trägerin der Heilungskompetenz. Gerade das Zusammenspiel der Gaben und Dienste lässt die mannigfaltige Kraft des Evangeliums aufleuchten. Zudem erleben alle, die im Heilungsdienst von Gott gebraucht werden, auch ihre eigenen Grenzen. Sie brauchen ebenso Schutz, Ermutigung und Ermahnung. Im Reich Gottes ist niemand zum Einzelkämpfer berufen.

4. Die heilenden Kräfte sind die „Kräfte der zukünftigen Weltzeit" (Hebräer 6,5), die Kräfte des angebrochenen Reiches Gottes. Es sind

270 Vgl. Apostelgeschichte 14,8ff; MacNutt, F.: *Beauftragt zu heilen* 71–81.

keine kosmischen Energien oder andere Kraftfelder, die wir uns zu eigen machen und einsetzen. Es sind auch nicht jene angeblich kosmischen bzw. universellen Energien, die beim Reiki durch „mantrische Zeichen" auf den kranken Menschen geleitet werden sollen.[271] Die Praxis des christlichen Heilungsgeschehens hat ihre Quelle weder in irdischen oder kosmischen Energien, noch in magischen bzw. schamanischen Wurzeln. Allerdings legen wir im Namen des Vaters, des Sohnes Jesus Christus und des Heiligen Geistes Menschen die Hände auf und berühren bzw. salben sie.

Was aber ist das für eine Kraft, die im Heilungsgeschehen fließt (griech. *dynamis*), was für Wirkungen (griech. *energeia*, vgl. 1. Korinther 12,6) bewirkt der Geist Gottes? Alle Mutmaßungen, dass es sich hierbei um magnetische Energiefelder handle oder um magische Wirkungen oder gar um einen Placebo-Effekt, der aufgrund einer psychischen Konzentration eintreten kann, greifen zu kurz und entsprechen nicht einem solchen Vorgang.[272]

---

271 Reiki ist ein esoterisches Konzept, bei dem durch Handauflegung und spezielle Symbolarbeit Einfluss auf die Gesundheit genommen werden soll. Häufig wird auch von „Energiearbeit" gesprochen. Der Begriff *Reiki* setzt sich aus den japanischen Wurzeln *rei* = Geist und *ki* = Lebensenergie zusammen. Das Konzept ist naturwissenschaftlich nicht plausibel und belegbar.

272 Ich weise in diesem Zusammenhang auf folgende Literatur hin: Ritter, W. H./Wolf, B. (Hg.): *Heilung – Energie – Geist. Heilung zwischen Wissenschaft, Religion und Geschäft* 15–30. Zur Suggestion und Placebo verweise ich auf die Stellungnahme der Bundesärztekammer: *Placebo in der Medizin*. Placebo bezeichnet eine heilsame Wirkung, die aufgrund autosuggestiver Beeinflussung zustande kommt. Wenn von Placebo-Effekten im Zusammenhang mit spiritueller Heilung gesprochen wird, so soll damit die Quelle der Heilung bei dem Menschen verortet werden und nicht in einer transzendenten spirituellen Kraft. W. J. Ouweneel zeigt äußere Parallelen des christlichen Heilungsdienstes zu parapsychologischen Phänomenen oder gar zu Wundern, die durch dämonische Kraft hervorgebracht werden. Er verweist auf Luthers Redeweise vom Teufel als *Simus Dei* (Affen Gottes), der vieles von dem imitieren will, was Gott tut. Entscheidend ist jedoch die nachhaltige Frucht eines Heilungsgeschehens (Matthäus 7,15–

Der Göttinger Theologe Manfred Josuttis nimmt gleichwohl den Begriff der Energie auf und sieht darin „nicht nur eine modische Vokabel aus den Naturwissenschaften und der Esoterik". Er spricht von den „Segenskräften", die im Seelsorgegeschehen, in Gebet und Sakrament durch die Kraft des Heiligen Geistes zu den Menschen fließen, allerdings auch unter Einbeziehung bewusster Methodik, jedoch nicht in Abhängigkeit von bestimmten Modellen und Methoden. „Die Segenskräfte des Heiligen wirken überall da, wo Menschen medizinisch und diakonisch, politisch und ökonomisch, pädagogisch und therapeutisch einander zu helfen versuchen. Die Wirkungen dieser Wirklichkeit übersteigen alle Modelle und Methoden, die Menschen, die Heil und/oder Heilung vermitteln wollen, sich von ihrem Handeln machen."[273]

Ich stimme Josuttis dahingehend zu, dass die von Gott gewollte und gewirkte Heilung oder auch Tröstung sich durchaus unterschiedlicher Methoden und Heilungsmodelle bedienen kann. Ein Gebet kann ebenso wie eine medizinische oder therapeutische Behandlung Selbstheilungskräfte des Menschen stärken. Aber die Kräfte der neuen Weltzeit, des Reiches Gottes (Hebräer 6,5) beschränken sich eben nicht auf das abrufbare Energiepotenzial dieser Weltzeit und dieses Universums.

Christopher Grundmann, Inhaber des interdisziplinären Lehrstuhls zur Erforschung der Zusammenhänge von Religion und den unterschiedlichen Heilkünsten (Universität Valparaiso, USA), setzt sich kritisch mit dem polemischen Diskurs zu Glaubens-, Geist- und Wunderheilungen auseinander und hält es für „müßig, das Phänomen solcher Heilungen zu bestreiten". Sie sind „viel zu gut belegt, als dass man sie in Abrede stellen könnte".[274] Allerdings weist er darauf

---

23). „Glaubensheilung bringt Menschen näher zu Gott, dämonische Heilung führt Menschen von Gott weg" (Ouweneel, W. J.: AaO 270).

273 Josuttis, M.: *Segenskräfte. Potienziale einer energetischen Seelsorge* 9–10.

274 Grundmann, C.: „Glaubens-, Geist- und Wunderheilung" in: *EZW Materialdienst* 9/16. 333.

hin, dass christliche Heilung immer über eine vorläufige Gesundwerdung hinausweist auf eine Hoffnung, die den Tod überwindet. „Es macht einen großen Unterschied aus, worauf sich eine solche Hoffnung gründet, auf leichtfertiges Vertrauen in Versprechungen von Heilern und Medizinern, von Arzneien und Therapien, oder auf die existenzielle Gewissheit, dass es einen letzten, tragenden Grund allen Lebens gibt."[275] Diesen Grund haben wir Christen in der Auferstehungshoffnung und in der Gewissheit, dass Leiden, Tod und Auferstehung in der Gemeinschaft mit Jesus Christus vereint werden.

Wenn wir in christlichen Gemeinden für Kranke beten, ihnen die Hände auflegen, sie mit Öl salben und sie in der heilenden Gemeinschaft des Geistes willkommen heißen dürfen, so mag es für rationalistisch und naturwissenschaftlich orientierte Menschen immer eine Ähnlichkeit zu Heilungsmodellen und -methoden in der Esoterik oder in anderen Religionen geben.[276] Wenn alles Transzendente sogleich kritisch beäugt wird oder lediglich mit Maßstäben der Naturwissenschaft „geprüft" wird, so prallen Weltanschauungen aufeinander. Es bedarf zudem der Unterscheidung der Geister, wenn wir von „Geistheilungen" sprechen. Um hier einer Verwechslung mit esoterischen oder magischen Heilungsmethoden vorzubeugen, empfehle ich den Begriff „Geistheilung" zu vermeiden und besser von einer von „Gott gewirkten Heilung" zu sprechen.

5. Zu den theologischen Grundpositionen gehört schließlich auch die eschatologische Grundeinstellung. Was bedeutet etwa die Passage im Gottesknechtslied, wenn es heißt: *„Fürwahr, er hat unsere Krankheiten getragen und unsere Schmerzen auf sich geladen … und durch seine Wunden sind wir geheilt"* (Jesaja 53,4.5)? Ich habe bereits darauf hingewiesen, dass die Vergebung der Schuld uns hier und jetzt schon erfahrbar zugesprochen und zugesagt werden

275 Grundmann, C.: Aao.

276 Vgl. Ouweneel, W. J.: AaO 268–271.

kann, jedoch nicht die vollkommene Heilung und Wegnahme aller Schmerzen. Die wird uns erst in Gottes neuer Welt in der Vollkommenheit begegnen.[277]

Für die irdische Zeit der Gemeinde Jesu werden Heilungen dementsprechend als Vor- bzw. Anzeichen für die neue Welt, das angebrochene Gottesreich, gedeutet. Je nachdem, wie eine eschatologische Justierung geschieht, kann es sowohl zu einem Schwärmertum kommen, in dem Krankheiten bei Christen nicht mehr vorkommen sollten bzw. dürfen, als auch zu einer verkürzten Kreuzestheologie, die jegliche Heilung von Krankheit erst in der zukünftigen Welt erwartet und das Heilungsgebet ablehnt. Dazwischen kann es viele Nuancierungen geben.

Beispielsweise sind in Anlehnung an den umfassenden Dienst des Heilungsevangelisten John Lake Anfang des 20. Jahrhunderts in Spokane/USA und darüber hinaus sogenannte „Healing Rooms" (Heilende Räume) entstanden, Orte, an denen intensiv die Heilung durch Jesus proklamiert und auch erfahren wurde. Ich bezweifle nicht, dass durch den Dienst von John Lake und seine Mitarbeiterschaft viele außergewöhnliche Heilungen geschehen sind. Ich bezweifle auch nicht, dass gegenwärtig in dem von Carl Pierce Anfang des 21. Jahrhundert neu wiederbelebten „Healing Room Ministry"[278] ebenfalls Heilungen geschehen und glaubhaft dokumentiert sind. Jedoch teile ich die „eschatologische Weichenstellung" dieser Bewegung nicht, die Jesaja 53,4 und 5 präsentisch

277 So u. a. auch C. Peter Wagner: „Wir glauben nicht, dass der Herr jedes Mal dann heilt, wenn wir ihn darum bitten. Wir glauben auch nicht, dass es schriftgemäß ist, dass wir von ihm erwarten sollen, jedes Gebet um Heilung zu beantworten. Die Heilige Schrift spricht davon, dass in der zukünftigen Welt Gott alle Tränen von unseren Augen abwischen wird. Alle Heilung wird dann vollständig und für immer sein … Völlige und endgültige Heilung wird uns nur für diese kommende Zeit verheißen, nicht für jetzt" (Wagner, C. P.: *Der gesunde Aufbruch* 243).

278 Pierce, C.: *Den Weg bereiten: Eine Vision für Heilungsräume.*

interpretiert: Heilungen stünden den Christen quasi zu, sie müssten sie lediglich im Glauben empfangen und mutig dafür beten.[279]

Als die Bewegung „Healing Rooms" Anfang dieses Jahrhunderts mehr und mehr auch in Europa und in Deutschland bekannt wurde, verband sich damit zudem nicht nur jene überzogene Heilungserwartung für hier und jetzt, sondern auch eine ganze Organisation. So sollte man sich „registrieren" lassen, damit man auch den Namen „Healing Rooms" hier verwenden könne. Wenngleich ich mir eine Zunahme von Heilungsdiensten in den Kirchen in Europa und Deutschland sehr wünsche, habe ich mich seinerzeit doch entschieden, mich der „Healing Room"-Bewegung nicht anzuschließen, weil ich die theologische Ausrichtung zu einseitig empfinde.

Sicher mag es in den jeweiligen „Healing Rooms" vor Ort durchaus eine differenzierte Einschätzung geben, wieviel Heilung wir hier und jetzt den Menschen im Namen Jesu zusprechen bzw. versprechen dürfen. Gerade weil es sich jedoch um eine entscheidende theologische Justierung des Heilungsdienstes handelt, die z. B. auch mit den Reaktionen auf nicht erfolgte Heilungen korrespondiert, ist es mir an dieser Stelle wichtig, nicht in einem Atemzug mit „Healing-Room-Ministry" genannt zu werden. In der Braunschweiger Friedenskirche haben wir uns entschieden, vom „Heilenden Gebet", bzw. von Dienstgruppen in heilendem und tröstendem Gebet zu sprechen. Wie sich solche Dienstgruppen in einer Ortsgemeinde oder Region formieren können, möchte ich erläutern – wohlwissend, dass es nur *eine* Ausformung ist, wie der Dienst an kranken Menschen noch konkreter werden kann.[280]

---

279 Vgl. https://healingrooms.com.

280 Viel Beachtung findet besonders in charismatischen und pfingstlichen Gemeinden die Lehre von Bill Johnson (Bethel Church, Redding). Er betont die übernatürliche Heilungskraft und die Heilungskompetenz der Gemeinde Jesu Christi und regt zu vielen praktischen Formen an. Die Stärke seiner Ausführungen liegt meines Erachtens in der Praxis, weni-

Zunächst haben wir über das Thema „Heilung“ und „Tröstung/ Seelsorge“ eine theologische und inhaltliche Orientierung durch Predigt, Vorträge, Schulungen und Seminare ermöglicht. Die Schulungen für den Bereich der Seelsorge waren vor 15 Jahren bereits sehr gut ausgerichtet und es gab bereits neben den hauptamtlichen auch ehrenamtliche Seelsorgerinnen und Seelsorger.

Ebenfalls hatten sich Beratungsstellen gebildet, wo Lebensfragen zentral im Sinn einer therapeutisch begleitenden Seelsorge besprochen werden konnten. Im Rahmen der Seelsorge hatte das Fürbittegebet in Krankheitsnöten seinen festen Platz. Das Ältesten-Gebet nach Jakobus 5 wurde bereits seit vielen Jahren wahrgenommen. Inspiriert durch die Heilungsdienste, die wir bei einer Studienreise in die USA wahrgenommen haben, entschlossen wir uns allerdings, zu den Gebeten in Gottesdiensten auch ein festes Team von Mitarbeitern zu schulen und zusammenzustellen, die unter der Woche regelmäßig für kranke Menschen um Heilung beten würden.

Nach einigen Schulungen etwa über Themen wie „Die Charismen im Dienst der Heilung“ oder „Handauflegung und Segnung“ oder „Die Bedeutung des Glaubens im Heilungsgeschehen“ hatten wir eine Gruppe von etwa 15 Frauen und Männern, denen das Gebet für Kranke sehr auf dem Herzen lag und die auch schon Erfahrungen im Heilungsgebet gesammelt haben. Parallel haben wir eine ähnliche Dienstgruppe für das „Hörende Gebet“ zusammengestellt, in der Personen mit prophetischer Begabung zusammenkamen, um Menschen im „Hören auf Gott“ zu unterstützen. Ein Team aus einer solchen Gebets-Dienstgruppe setzt sich bei uns in der Regel aus 2–4 Personen zusammen. Wir fördern die Wahrnehmung im Team, weil es hier auch zu guten Ergänzungen kommen kann.

Die Dienstgruppe „Heilendes Gebet“ findet immer mittwochabends statt. Parallel ist ebenfalls die Dienstgruppe „Hörendes Gebet“ bzw. „Seelsorge“ da. Hilfesuchende, kranke Menschen

---

ger in der theologischen Reflexion. Vgl. Johnson, B./Clark, R.: *Berufen zu heilen. Grundlagen und Praxis des Gebetes für Kranke.*

können sich an unser Gemeindebüro wenden und einen Termin vereinbaren. Wir nehmen uns in der Regel für jeden, der sich zum „Heilenden Gebet“ anmeldet, ca. 30 Minuten Zeit. Menschen können diesen Dienst auch öfter in Anspruch nehmen. Die jeweiligen Personen, die sich mittwochs zu einem dieser Dienste angemeldet haben, werden gebeten, nach Möglichkeit schon etwa 20 Minuten eher zu kommen. Sie werden dann empfangen in unserem „Raum der Stille“. Es ist ein heller Gebetsraum, in dem Bibeln ausliegen, eine leise instrumentale geistliche Musik im Hintergrund zu hören ist, Kerzen zur Besinnung einladen.

Die Besucher werden von einem „Prayer-Host“ empfangen, einer Person, die sich in diesem Raum der Stille aufhält, begrüßt und die Personen informiert, wie ein solcher Gebetsdienst bei uns abläuft. So erhalten die Besucher eine kurze schriftliche Zusammenstellung, wie wir Heilung verstehen. Zudem weisen wir in diesem Schreiben ausdrücklich darauf hin, dass wir Gebet und Medizin nicht als Alternativen betrachten, sondern als komplementäre, sich ergänzende Quellen von Heilung, die Gott gleichsam nutzen kann. Auf dem Zettel, den die Besucher zu Beginn empfangen, sind auch Bibelstellen zusammengestellt, die auf die Heilungskraft Jesu und die Heilungskompetenz seiner Gemeinde hinweisen. Der Besucher kann sich in der Stille auf das Heilungsgebet einstellen.

Wir haben schon erlebt, dass kranke Menschen bereits an diesem ersten Ort Hilfe und Heilung erfahren haben. Doch normalerweise kommt nach ca. 20 Minuten die Teamleitung vom „Heilenden Gebet“, holt die wartende Person ab und geleitet sie in einen anderen ebenfalls nett hergerichteten Gebetsraum. Nach einer kurzen Vorstellung des Teams sagt der Hilfesuchende konkret sein Anliegen. Dabei achten wir darauf, dass wir genügend Zeit für das Gebet haben.

Das heilende Gebet hat zwar seelsorgerliche Aspekte, aber es ist nicht die Seelsorge, sondern eben ein Gebetsdienst. Auch die Frage einer klaren Diagnostik ist für das heilende Gebet nicht so ausschlaggebend. Die Teamleitung erläutert noch, wie wir beten, und fragt nach, ob eine Salbung mit Öl bzw. Handauflegung erwünscht und gestattet ist. Sodann wird in dieser Zeit intensiv gebetet. Wir ermutigen den Hilfesuchenden auch, selber zu beten, wenn er dazu in der Lage ist.

Wenngleich wir das Augenmerk nicht auf die Diagnose bzw. die Symptome einer Erkrankung fixieren, so ist uns bewusst, dass von Gottes Geist gewirkte Heilung immer einen ganzheitlichen Ansatz hat. So haben wir im Blick, wie die sozialen Beziehungen sind, in denen ein Mensch lebt, oder wir erkundigen uns auch kurz danach. Wir beten um körperliche, seelische, soziale und geistliche Heilung im Sinn der Versöhnung mit Gott.

Es kann auch stille Zeiten des Segnens geben, bei denen wir die Kranken berühren und mit ihnen warten auf das heilende Wirken des Geistes Gottes. Heilungen müssen nicht schnell gehen und es ist wichtig, dass diese Zeiten im „Gebet um Heilung“ nicht gehetzt oder hektisch sind. Auch das laut ausgesprochene Bibelwort hat hier eine heilende Funktion. – Häufiger kommen Kranke in Begleitung von Verwandten oder Freunden. Diese werden – wenn es möglich ist – einbezogen in das Gebet. Dann und wann melden sich Leute zum „Heilenden Gebet“ an, dass sie gern für andere Menschen in dieser Zeit mit uns beten möchten. Wir weisen sie nicht ab, wenn sie schon da sind. Wenn sie diesen Wunsch allerdings vorher schon deutlich machen, ermutigen wir sie, lieber auf unsere Fürbitte-Mitarbeiter zuzugehen.

In der Dienstgruppe „Gebet für Heilung“ kommen bestimmte Geistesgaben zum Einsatz. Da sind zunächst die „Gaben der Heilungen“ (1. Korinther 12,9). Paulus verwendet hier einen doppelten Plural, womöglich um anzudeuten, dass jede Heilung ein eigenes Charisma sein kann. Es mag unterschiedliche Ausprägungen dieser Gabe geben. Dass ein Christ vom Geist Gottes mit einer solchen Gabe beschenkt ist, stellt sich häufig erst nach einer längeren Zeit des Dienstes in einer Heilungsgruppe heraus. Die Begabung kann sich ja nur da manifestieren, wo für Kranke gebetet wird.

Wenn wir erleben dürfen, dass bei einigen Betern Heilungen in bestimmten Krankheitsbereichen häufig geschehen, so ermutigen wir, diese Gabe auch bewusst zur Ehre Gottes einzusetzen. Ich weiß von Menschen, die eine Gabe haben, besonders für Kinder zu beten oder für ältere Menschen (Alterserkrankungen). Es mag auch eine spezifische Heilungsgabe für innere Heilung geben, für Menschen mit psychischen oder sozial bedingten Erkrankungen. Neben den Gaben der Heilungen kommen im „Heilenden Gebet“ auch andere Gaben zur Wirkung.[281]

Wie bereits erwähnt, ist es eine Hilfe, wenn auch prophetische Offenbarungen, Worte der Erkenntnis oder Worte der Weisheit zum Einsatz kommen. Ebenso ist die Gabe des Glaubens und die Gabe der Kraftwirkungen hilfreich, wenn es beispielsweise um einen Befreiungsdienst im Heilungsprozess geht, sprich: wenn dämonische Mächte gebunden werden sollen. In dem Zusammenhang halte ich die Gabe der Unterscheidung der Geister ebenfalls für notwendig und wichtig. Ich ermutige dazu, in den Gebetsteams zu diesen einzelnen Gaben und charismatischen Profilen zu informieren und darum zu beten, dass diese Gaben dort zum Einsatz kommen.[282]

Neben den Gaben des Geistes ist gleichsam die Frucht des Geistes in einem solchen heilenden Gebet ausschlaggebend. Wenn ich mit einem Menschen bete, den ich innerlich ablehne oder gegen den ich selber etwas habe, so ist dieses Gebet von vornherein blockiert (vgl. Jakobus 5,16). Auch das eigene Leben der Beter im Team soll klar ausgerichtet sein auf Jesus. Eine Hilfe dazu ist, dass wir vor jedem Dienst am Mittwochabend die Mitarbeiter der Dienstgruppen bitten, gemeinsam zum Abendmahl zusammenzukommen, um sich

281 Vgl. hierzu: Ouweneel, W. J.: AaO 131–166.

282 Eine Hilfe kann dabei ein Lehrbuch über die unterschiedlichen Charismen sein. Vgl. Rust, H. C.: *Charismatisch dienen.* Dort erkläre ich 15 Gabenprofile, wo sie in den biblischen Schriften vorkommen, wie sie sich äußern, worauf jemand achten sollte, wenn er eine bestimmte Gabe von Gottes Geist empfangen hat.

innerlich auf den Dienst auszurichten und das „Herz“ frei zu haben. Wir segnen einander und erbitten die Führung und Ausrüstung des Heiligen Geistes für den Dienst. Auch nach einer etwa zwei- bis dreistündigen Dienstzeit in den Dienstgruppen nehmen wir uns – wenn irgend möglich – nochmals kurz Zeit, um das Erlebte, das Gehörte und auch die Emotionen und Gedanken innerlich vor Gott loszulassen und ihm zu vertrauen, dass er handeln wird.

Die Schulung und Weiterbildung der Mitarbeiter in diesen Dienstgruppen geschieht kontinuierlich in unterschiedlichen Seminaren im Laufe des Jahres. Ebenso sind die Gebetsleiter gebeten, eine gute Supervision und Begleitung zu gewährleisten.

Auf eine gewisse Schwierigkeit, die häufiger in solchen Gebetsteams vorkommen kann, will ich an dieser Stelle kurz eingehen. Jeder Gebetsmitarbeiter bringt seine eigene Prägung, sein eigenes Berufungsprofil mit. So haben wir Mitarbeiter, die häufiger im Befreiungsdienst von Gott gebraucht werden. Es ist verständlich, dass sie sensibler und genauer hinhören, ob und inwiefern bei einer Erkrankung auch dämonische bzw. diabolische Mächte mitwirken. Dennoch ist es wichtig, dass jene Mitarbeiter nicht vorschnell von einem dämonischen Zusammenhang ausgehen und dann dementsprechend beten, ohne dass es im Gebetsteam abgestimmt ist.[283]

Ich denke an Markus. Er spricht sehr häufig zum „Geist der Krankheit“ oder bindet den „Dämon des Schmerzes“ usw. – Nun wird Gott das schon richtig einordnen, und wir müssen uns wohl weniger Gedanken darüber machen, ob Gott dann in richtiger Weise handelt. Das können wir ihm wirklich überlassen. Aber für einen kranken Menschen kann es durchaus befremdlich sein, wenn plötzlich ein dämonischer oder diabolischer Ursprung seiner Erkran-

283 Ich schätze es so ein wie C. Peter Wagner: „Die Heilige Schrift spricht zwar davon, dass Krankheit auf dämonische Beeinflussung zurückgeführt werden kann, wir glauben jedoch, dass es nicht richtig ist, wenn wir alle oder die meisten körperlichen oder geistigen Erkrankungen als dämonisch verursacht betrachten“ (Wagner, C. P.: AaO 246).

kung zur Sprache kommt. So ist es uns wichtig, dass wir uns gerade in diesem Punkt mit größter Sorgfalt äußern. Ein Befreiungsdienst sollte mit dem Kranken immer zuvor auch im Gespräch bedacht werden, wenn er zu einem Heilungsgebet gekommen ist.

Ebenso sollte es im Gebetsteam zu einer gemeinsamen Einschätzung kommen. Es mag auch angesagt sein, dass jemand mit mehr Erfahrung im Befreiungs- und Seelsorgedienst zu einem solchen Dienst hinzugezogen wird. Wie im Kapitel 2 erläutert, ist die Intensität der Einflussnahme von dunklen bösen Mächten sehr unterschiedlich. Ich bedaure, dass in manchen charismatisch geprägten Gemeinden vorschnell eine dämonische Belastung angenommen wird und in traditionellen Kirchen eine solche vorschnell ausgeschlossen wird. Wir brauchen hier sehr viel mehr Unterscheidung der Geister und auch eine synoptische Wahrnehmung von christlichen Seelsorgern, Therapeuten und Betern.

Wenn ich von vorschnellen diagnostischen Einschätzungen rede, so sind diese allerdings nicht nur gegeben, wenn es zu eiligen Dämonenaustreibungen kommt, wo gar keine sind. Es kann ebenso zu einem zurückhaltenden, geradezu klagenden Fürbitten kommen oder zu einer voreiligen Bitte um Linderung von Symptomen einer Krankheit, die ihre Wurzeln viel tiefer haben. So können womöglich Schmerzen weichen, aber die Ursache eines Schmerzes, eine entzündete Leber etwa, wird nicht erkannt. Und womöglich geht es noch tiefer, wenn sich herausstellt, dass sich eine körperliche Entzündung aufgrund einer seelischen oder chronisch sozialen krankhaften Not manifestiert hat. Im Gebet um Heilung ist ein sorgfältiges Hören aufeinander und besonders auf die Offenbarungen des Geistes äußerst wichtig.

An dieser Stelle sei im Rahmen dieser Studie auch kurz auf den Ablauf eines Befreiungsdienstes im Rahmen der Heilungskompetenz der Gemeinde Jesu hingewiesen. Die Verwicklungen zwischen Schwäche, Sünde, Krankheit oder dämonische Beeinflussung sind komplex. Eine sorgfältige Vorbereitung ist bei einem Befreiungsdienst angemessen. Dazu gehört die innere Ausrichtung der Beter ebenso wie eine Hinführung des Belasteten zu den einzelnen Schritten im Befreiungsdienst. Ich empfehle auch, eine Passage aus dem Neuen Testament zu lesen, in welcher der Sieg Jesu über die diabolischen Mächte bekannt wird.

Manchmal kommt es schon gleich zu Beginn eines solchen Dienstes zu Manifestationen. Die betroffenen Personen rufen dazwischen, schreien oder sie werden möglicherweise aggressiv. Dennoch ist zu bedenken, dass nicht jede Form von dämonischer Belastung sich aggressiv und laut äußert. Es kann auch zu Lähmungserscheinungen oder vorübergehender Stummheit oder Taubheit führen. Bleibt der Verlust an Selbstkontrolle bei den Betroffenen, so rate ich, diesen direkt anzuschauen und anzusprechen und ggf. ihn aufzufordern, etwas zu trinken oder tief durchzuatmen. Sodann sollte der Hilfesuchende Sünde bekennen und die Vergebung Jesu bewusst empfangen.

Nicht selten führt schon allein die Tatsache eines solchen Bekenntnisses zu einer Befreiung. Im Zusammenhang mit der Vergebung gewinnt die betroffene Person auch die Freiheit und Autorität gegenüber den Mächten der Finsternis. Ein Lossage-Gebet kann die Befreiung noch besiegeln. „Hiermit sage ich mich los von allen dämonischen Mächten in meinem Leben. Ich stelle mein Leben bewusst unter die alleinige Herrschaft Jesu Christi." Ein Gebet um eine Neuerfüllung mit dem Heiligen Geist schließt sich an.

Wenn es sich um eine leichtere dämonische Belastung handelt, so ist damit der Befreiungsdienst häufig schon vollzogen. Bei stärkeren Belastungen, bis hin zu einer Besessenheit, bei denen die betroffene Person gar nicht mehr auf eine persönliche Ansprache reagiert, ist ein anderes Vorgehen angesagt. Hier geht es zuerst um ein vollmächtiges Binden und Gebieten im Namen Jesu. „Im Namen Jesu Christi, des lebendigen Sohnes Gottes, dem alle Autorität gegeben ist, gebieten wir den dämonischen Mächten und Geistern, zu weichen. Wir binden sie nun in die Hände des auferstandenen Christus ein für alle mal." Dabei können diese Mächte auch direkt angesprochen werden: „Du Geist der Krankheit, der Bosheit … im Namen des Herrn Jesus Christus, du musst weichen! Lass diesen Menschen los. Du bist gebunden im Namen Jesu Christi!“ Die Wortwahl und auch die Form der Anrede sind dabei nicht ausschlaggebend, aber die Berufung auf Jesus Christus. Wir treten den diabolischen Mächten nicht im eigenen Namen entgegen. Es ist gut, wenn es sofort zu einer Befreiung kommt. Manchmal jedoch ist es auch ein längerer Prozess.

Ich entsinne mich, wie eine Frau am Abend vor ihrer Taufe zu den Mitarbeitern ging. Sie fühle sich nicht frei und könne die Taufe noch nicht empfangen, gab sie zu verstehen. Die Mitarbeiter beteten mit ihr, doch dann manifestierten sich Dämonen, die aus ihr schrien und die sie zu Boden warfen. Die Mitarbeiter beteten intensiv weiter. Die Frau wurde ruhiger, doch nach kurzer Zeit meldeten sich die dunklen Mächte erneut und noch massiver. Dieser Gebetskampf dauerte mehrere Stunden. Doch am Ende war die Frau völlig befreit. Sie strahlte und erlebte, wie der Geist Gottes sie innerlich ausfüllte. Mit Freude empfing sie am nächsten Tag ihre Taufe und folgt seitdem Jesus nach.

Wenn ein Prozess sich länger hinzieht, so habe ich auch die Freiheit, diesen Prozess zu unterbrechen, um die Person selber und die Mitarbeiter zu schützen. Entscheidend ist auch, dass nach einem Befreiungsdienst die inneren „leeren Räume“ eingenommen werden durch die Herrschaft Jesu Christi. Ein Befreiter, der sich nicht an Jesus bindet, fällt in der Regel wieder zurück in eine dämonisch verursachte Bindung, die dann noch massiver sein kann als zuvor.

Wenn im Zusammenhang einer dämonischen Belastung Krankheiten aufgetreten sind, weichen sie in der Regel auch spontan mit der Befreiung. Es kann allerdings auch sein, dass sich durch die Befreiung erst ein längerer Prozess des ganzheitlichen Heilwerdens anbahnt. Dann ist die seelsorgerliche Begleitung angesagt. Sicher gäbe es gerade zu dem Zusammenhang von Krankheit und Dämonie noch sehr viel mehr zu sagen. Ich verweise u. a. auf meine Ausführungen dazu im Buch: *Und wenn die Welt voll Teufel wär…*[284]

In diesem Zusammenhang kommt die Zusammenarbeit mit den Seelsorgern und den Tröstediensten zur Sprache. Wenngleich ich sie im Rahmen dieser Studie nicht zum Schwerpunkt habe, so will ich darauf hinweisen, wie wichtig eine parallele seelsorgerliche Begleitung ist. Sie ist sinnvoll, wenn eine spontane Heilung geschieht, da sich mit einer solchen Heilung das Leben evtl. sehr stark ändern wird. Sie ist erforderlich, wenn Heilungen ausbleiben oder zunächst ausbleiben.

Es mag Christen geben, die sich selber für eine ausbleibende Heilung verantwortlich machen. Sie vermuten, dass es noch nicht aufgedeckte Sünde in ihrem Leben gibt oder dass Gott sie durch die Krankheit züchtigen will. Andere wiederum glauben den Grund für eine ausbleibende Heilung in einer unguten Familiengeschichte zu finden oder in einem Fluch. Alle diese Optionen können bei einer ausbleibenden Heilung einen kranken Menschen noch kranker machen.

Eine umsichtige seelsorgerliche Begleitung, die deutlich machen kann, dass Christen im Leiden keine schlechteren Christen sind, eine solche Seelsorge hilft. Hier hat auch das Klagen und Weinen vor Gott seinen Raum. Es ist eine Begleitung notwendig, welche die Quellen des Trostes aufzeigen hilft.[285] Die ehrenamtlichen Mitarbeiter der Seelsorge werden in der Braunschweiger Friedenskirche

---

284 Rust, H. C.: *Und wenn die Welt voll Teufel wär…* 193–215. Ebenso: Ouweneel, W. J.: AaO: 231–244; Straube, R.: *Die Wahrheit wird euch freimachen*; Grossklaus, M.: *Free Church Pastors in Germany – Perceptions of Spirit Possession and Mental Illness*; Powell, G. u. S.: *Der Dienst der Befreiung*; Dam, W. C. v.: *Dämonen und Besessene.*

285 Vgl. Fountain, D. F.: *Die heilende Kraft Gottes* 179–246; Brüning, G.: *In dir ist Freude in allem Leide*; Wolf, E.: „Wie besuche ich Kranke?" In: Aschoff, F. u. a.: *Heilung* 34–37; Morgenstern, A.: *Trauer zwischen Schuld und Scham*; Keller, T.: *Gott im Leid begegnen.*

ebenso kontinuierlich geschult, begleitet und supervisiert. Es ist uns ein Anliegen, dass in der tröstenden Seelsorge nicht nur gesprächstherapeutische Ansätze Raum haben, sondern auch tröstende gemeinsame Zeiten und eine Begleitung in eine Spiritualität, welche dem Leidenden zu einer Gottesbegegnung helfen kann.

Das Gebet nach Jakobus 5

Maria lag schon länger mit großer Schwäche danieder. Sie litt an einer schweren Lungenerkrankung. Als sie ins Krankenhaus kam, konnten die Ärzte ihr keine Hoffnungen mehr machen, aber ihre Schmerzen lindern. Sie bat darum, dass die Ältesten (Gemeindeleiter und Pastor) ihrer Kirchengemeinde zum Gebet und zur Krankensalbung zu ihr kommen mögen. Da das Krankenhaus recht weit von ihrem Wohnort entfernt war, kamen diese erst am späten Abend zu ihr. Sie selber war nicht mehr ansprechbar und lag mit geschlossenen Augen in einem separaten Raum. Ihre engsten Angehörigen waren dort.

Die Ältesten gingen sogleich in das Gebet, legten Maria ihre Hände auf, salbten sie mit Öl auf ihrer Stirn und an ihren Händen. Auch die Angehörigen beteten mit. Plötzlich öffnete Maria ihre Augen. Sie sprach sehr klar und betete ebenfalls. In dieser Nacht wurde sie an Geist, Seele und Leib heilend von Gott berührt. Am nächsten Morgen stand sie vor den erstaunten Krankenschwestern und Ärzten der Station. „Mir geht es sehr gut! Ich habe großen Hunger!" Es war aber auch großes Erstaunen in der ganzen Klinik. Die Untersuchungen ergaben, dass alle Krankheitssymptome verschwunden waren.

Maria dankte den Ärzten und dem Pflegepersonal für ihre wunderbare Unterstützung. „Doch danken Sie mit mir auch Jesus, meinem Heiland. Er hat mir das Leben neu geschenkt!", rief sie ihnen zu. Diese konnten nur zustimmend nicken. Hier war ein Heilungswunder geschehen; oder so etwas wie ein „unvorhergesehener Heilungsverlauf", wie es oft in den Krankenakten genannt wird. Maria war seinerzeit etwa 50 Jahre alt. Sie erzählte mir ihre

Geschichte im hohen Alter. „Gott tut Wunder! Nun bin ich schon so alt geworden. Alle meine Kinder folgen Jesus nach! Doch einmal darf ich zu ihm gehen und meine Zeit wird hier auf der Erde vollendet sein. Wie sehr freue ich mich auf den Tag, wenn ich meinen Retter Jesus sehen werde!"

Eine bewegende Geschichte. Das Ältestengebet nach Jakobus 5 hat in diesem Fall eine spontane Heilung zur Folge gehabt. Ich habe in den über 40 Jahren meines Pastorendienstes häufig das Gebet für Kranke nach Jakobus 5 praktizieren dürfen, und ich habe selber ebenfalls das Ältestengebet in Krankheitsnot empfangen. Es sind erstaunliche Heilungen geschehen, aber auch Vergebung von Schuld und Sünde, Versöhnung von zerstrittenen Familien und innere Heilungen hat Gott gewirkt. Nicht immer ist die körperliche Heilung erfolgt. Der Schriftabschnitt aus dem Jakobusbrief gibt uns einen Eindruck, wie die nachösterliche Gemeinde Formen entwickelt hat, um für Kranke zu beten. So lesen wir in Jakobus 5,13–18 folgenden Text:

> *Leidet jemand unter euch? Er bete. Ist jemand guten Mutes? Er singe Psalmen. Ist jemand krank unter euch? Er rufe die Ältesten der Gemeinde zu sich, und sie mögen über ihm beten und ihn mit Öl salben im Namen des Herrn. Und das Gebet des Glaubens wird den Kranken retten, und der Herr wird ihn aufrichten, und wenn er Sünden begangen hat, wird ihm vergeben werden. Bekennt nun einander die Sünden und betet füreinander, damit ihr geheilt werdet! Viel vermag eines Gerechten Gebet in seiner Wirkung. Elia war ein Mensch von gleichen Gemütsbewegungen wie wir; und er betete inständig, dass es nicht regnen möge, und es regnete nicht auf der Erde drei Jahre und sechs Monate. Und wieder betete er, und der Himmel gab Regen, und die Erde brachte ihre Frucht hervor."* (Elberfelder Übersetzung)

Es ist erstaunlich, dass diese klare Anweisung für die Gemeinde Jesu in vielen Kirchen und christlichen Kreisen kaum Beachtung gefunden hat, bis hin zur Ablehnung. Die Gründe dafür mögen vielfältig sein: Man begrenzt z. B. diese Anweisung auf die apostolische Zeit, weil wir gegenwärtig eine gute medizinische Versorgung haben und solche Gebetsheilungen nicht mehr notwendig wären. Andere halten sich scheu zurück, weil ein solches Gebet ja nicht unmittelbar eine Heilung hervorbringt.

Man will also nicht eine Sehnsucht bei schwer kranken Menschen wecken, die dann womöglich nicht erfüllt wird. Und auch die Deutung einer solchen Krankensalbung als Sterbesakrament in der katholischen Kirche über viele Jahrhunderte hin lässt heute noch Menschen erschrecken, wenn ich im Krankenhaus Patienten salbe und für sie bete. „Herr Pastor, ist es nun schon so weit?", höre ich dann einige ängstlich fragen. Umso wichtiger scheint es mir, dass wir diese wunderbare Anleitung zum Gebet für Kranke noch einmal näher betrachten.

Zunächst fragen wir danach, wer hier krank ist und um was für Krankheiten es sich handeln kann. Im Vers 13 werden diejenigen zum Gebet aufgerufen, die leiden (griech. *kakopatheo*).[286] Dieser allgemeine Ausdruck bedeutet so viel wie ein „Unwohlsein". Er beschreibt nicht nur Krankheiten, schließt aber diese nicht generell aus. Der kranke Mensch soll also selbst beten. Er soll seine Not direkt zu Gott tragen und vor ihm ausbreiten.

Das ist im Gesamtkontext der biblischen Schriften nichts Neues, denken wir nur an das häufig zitierte Psalmwort: *„Rufe mich an am Tag der Not, so will ich dich erretten und du sollst mich ehren!"* (Psalm 50,15), an die Aufforderung Jesu, in seinem Namen den Vater zu bitten (Johannes 14,13f; 15,16; 16,23), oder auch an das Wort des Apostels Paulus: *„In allem lasst durch Gebet und Flehen mit Danksagung eure Anliegen vor Gott kundwerden!"* (Philipper 4,6). Menschen sollen also in jeder Notlage beten und sich an Gott wenden. In Vers 14 wird der griechische Begriff *astheneo* – schwachsein – verwendet. Er bezeichnet einen körperlich und seelisch geschwächten Zustand. In Vers 15 weist das Wort „Kranker", das Partizip von dem griechischen *kamno* (schlafen, müde sein), auf eine bedrohliche Erkrankung oder eine Lebensmüdigkeit hin. Es handelt sich offenkundig

286 Vgl. 2. Timotheus 2,9; 4,5.

um ernstliche Erkrankungen, die dazu führen, dass ein Mensch in seiner Mobilität eingeschränkt ist und die Ältesten zu sich rufen soll.

Die Initiative, ein solches Gebet in Anspruch zu nehmen, liegt gemäß Vers 14 bei dem schwer Erkrankten. Dennoch ist es durchaus angebracht, wenn in der Gemeinde auf das Ältestengebet hingewiesen wird oder es einem Kranken auch offeriert wird. Die Eigeninitiative des Kranken kann hingegen als Ausdruck seines Glaubens angesehen werden und somit zum Glaubenskontext des Heilungsgeschehens beitragen.

In Vers 15 heißt es: „*Das Gebet des Glaubens wird den Kranken retten*" (griech. *sozein*). Gemeint ist ein umfassendes Heilungsgeschehen, das dazu beiträgt, dass die Erkrankung nicht mehr trennend zwischen Gott und Mensch steht. Ein besonderer Akzent liegt in den Anweisungen des Jakobus auf dem beharrlichen, anhaltenden und ernstlichen Gebet des Glaubens. Nicht nur der Glaube des Kranken, sondern auch der Glaube der herbeigerufenen Ältesten spielt in dem Heilungskontext eine Rolle.

Ich scheue mich, hier von dem Maß des Glaubens zu sprechen oder gar zu behaupten, dass der Glaube der ausschlaggebende Faktor für eine Heilung sei. Dann wäre jedes Heilungsgeschehen vom Glauben des Menschen abhängig bzw. hervorzubringen. Der Heilende ist und bleibt jedoch Gott selber. Durch den Glauben, den Gottes Geist in uns Menschen ja hervorbringt, wollen wir in einem solchen Gebet Gott unser ganzes Vertrauen entgegenbringen und ihn nicht mit unseren Zweifeln, unseren „Wenn"- und „Aber"-Möglichkeiten beschäftigen. Er sieht ohnehin unser Herz an und weiß, was in uns vorgeht. Wir bringen Gott so viel Glauben, so viel Vertrauen entgegen wie irgend möglich. Die Möglichkeiten Gottes sind nicht begrenzt, weder durch Glaube noch durch Unglaube. Der Unglaube engt jedoch den Raum der Möglichkeiten bei uns ein. Der Glaube hingegen empfängt bewusst die Möglichkeiten Gottes und erwartet sie als Realität des angebrochenen Reiches Gottes.

Auch das Bekenntnis von Sünde spielt in dem Zusammenhang eine Rolle: „*Und der Herr wird ihn aufrichten, und wenn er Sünden begangen hat, so wird ihm vergeben werden. Bekennt einander die Übertretungen und betet füreinander, damit ihr geheilt werdet!* (Vers 15–16). Der Zusammenhang von Sünde und Krankheit bzw. Vergebung und Heilung wird nicht einfach ignoriert.

Jedoch wird die Erkrankung nicht in einen unmittelbaren kausalen Zusammenhang mit einer Sünde des Kranken gestellt. Hier wird lediglich die Option bedacht: „wenn er Sünden begangen hat".[287] In Vers 16 werden alle am Gebet Beteiligten aufgefordert, ihre Übertretungen einander zu bekennen. R. Scharfenberg sieht darin nicht eine Aufforderung zu einer allgemeinen Beichte, sondern einen Hinweis, dass nichts zwischen den betenden Personen stehen soll. Ein solches Bekenntnis öffnet den Weg zur Versöhnung, eine Grundlage für ein solches Glaubensgebet.

> „Nur im generellen Sinn, in Bezug auf die allgemeine Sünde, darf die Verbindung zur Krankheit immer gezogen werden: In jedem Fall ist Krankheit eine Folge des Sündenfalls, der Tod und Leid in die Welt brachte ... Krankheit ist eine Geißel der bösen Macht, die seit dem Sündenfall über der Schöpfung herrscht. Krankheit ist darum nicht nur auf die persönliche Ebene zu reduzieren. Sie ist Zeichen der bösen Macht in der gefallenen Schöpfung. Heilung ist demzufolge auch Zeichen des schon anbrechenden Reiches Gottes."[288]

Soll ein solches Glaubensgebet für Kranke in dieser Form nur von einer Ältestenschaft gesprochen werden oder sollen auch andere so beten?

Zumindest heißt es in Vers 16 allgemein: „... *betet füreinander, damit ihr geheilt werdet!*". Die Ältesten, als leitende Verantwortungs-

---

287 Das griechische *kan* (und wenn) weist auf einen Sonderfall: „und wenn er Sünden getan hat". Jakobus unterstellt nicht, dass die Krankheit notwendigerweise eine Folge von persönlicher Sünde ist. Aber die Möglichkeit besteht. So finden wir im neutestamentlichen Zeugnis über Krankheit und Heilung hierzu drei Stellen (Markus 2,1–12; Johannes 5,14; 1. Korinther 11,27–30). Jesus weist eine Pauschal-Kausalität zurück (Johannes 9,2–3).

288 Scharfenberg, R.: AaO 423.

träger einer christlichen Gemeinde, sind hier zwar vorrangig gefragt, doch alle anderen Gläubigen sind ebenfalls zum Gebet aufgerufen. Die Verheißung der begleitenden Zeichen, u. a. der Heilung von Kranken in Markus 16,17–20, gilt denen, die gläubig geworden sind, und nicht nur den Aposteln oder leitenden Verantwortlichen. Die Funktionsbezeichnung „Älteste" (griech. *presbyterous*) wurde aus dem alten Israel und aus der jüdischen Synagogenordnung in der jungen christlichen Gemeinde übernommen. Die Ältesten bilden eine leitende Gruppe mit einer Verantwortung für die „Herde".[289]

Auffallend ist in diesem Zusammenhang der indirekte Hinweis auf die Handauflegung. Die Ältesten beten für/bzw. über ihm (griech. *epi*), auch die folgende Salbung setzt eine Berührung voraus.[290] Damit ist jedoch nicht eine Übertragung einer Autorität, sondern die körperlich fühlbare Zuwendung angezeigt. Die Handauflegung wird in den biblischen Texten in verschiedenen Funktionen gesehen. Sie unterstreicht die Zuwendung des gebenden Gottes, der Gaben und Wirkungen und Dienste zuteilt. Handauflegungen waren offensichtlich -ähnlich wie die Salbung – im Judentum zurzeit Jesu allgemein verbreitet und sie gehörten zu den Basiserfahrungen der jungen Christenheit (vgl. Markus 6,13, 1. Timotheus 4,14, Hebräer 6,2). Der Gedanke einer Übertragung von göttlicher Beru-

289 In ähnlicher Weise wird der Ausdruck *Episkopos* (Aufseher) gebraucht. Auch sie haben eine gemeinsame Verantwortung für die Gemeinde (Apostelgeschichte 20,17.28; Titus 1,5.7; 1. Petrus 5,1ff). Das neutestamentliche Zeugnis gibt keine einheitliche Funktionsbezeichnung für die leitenden Personen in der Gemeinde. Mit Blick auf Epheser 4,11 könnte auch der sogenannte „fünffältige Dienst" (Apostel, Propheten, Evangelisten, Lehrer und Hirten) hier gesehen werden. Kirchen und Gemeinden verwenden je nach ihrer Tradition und Prägung unterschiedliche Funktionsbezeichnungen. Gemeint sind die leitenden Frauen und Männer, die einer Gemeinde vorstehen. Vgl. Scharfenberg, R.: AaO 413–418.

290 Die Wirkung des Gebets soll auf ihn (den Kranken) bezogen sein. Die Ältesten beten nicht nur für ihn, auch nicht bloß über seinem Lager stehend, sondern „zu einer Heilswirkung auf ihn hin" (Scharfenberg, R.: AaO. 416).

fung und Salbung ist bei der Einsetzung in eine Leitungsaufgabe gegeben, aber nicht bei der Krankensalbung. Auch finden wir im neutestamentlichen Zeugnis keinen Hinweis, dass sich durch die Praxis der segnenden Handauflegung Krankheiten oder gar Dämonen auf die segnende Person übertragen. Die Mahnung, „niemand zu schnell die Hände aufzulegen" (1. Timotheus 5,22), verstehe ich im Kontext der Einsetzung in Ältestenaufgaben, jedoch nicht im Zusammenhang eines Gebetes für Kranke.

Wofür steht aber die Salbung mit Öl? Die Ältesten salben mit Öl im Namen des Herrn (Vers 14). Jakobus gebraucht hier nicht den üblichen griechischen Begriffs *chiro*, der für eine religiöse Weihehandlung steht, sondern er verwendet an dieser Stelle den allgemeinen Begriff *aleipho*, der für jede Art von Salbung stehen kann.

Die Bedeutung der Salbung mit Öl war sowohl im praktischen Alltagsleben (Essenszubereitung, Hygiene) und in der Medizin denkbar, aber auch in einem sakramentalen und symbolischen Verständnis bei religiösen Handlungen.[291] Ich gehe davon aus, dass es sich bei der Krankensalbung in Verbindung mit dem Gebet für Kranke weder um eine medizinische noch um eine religiös sakramentale Anwendung handelt.

Gott heilt, nicht das Öl! Der Kranke wird auch nicht durch die Salbung besonders Gott geweiht, wie etwa bei einer Priesterweihe. Die Symbolik kann darauf hinweisen, dass sich der Kranke durch die Salbung seiner Zugehörigkeit zur Gemeinde bewusst wird. Sie ist ein symbolisches Zeichen der Wertschätzung und der fühlbaren Erfahrung der Zuwendung Gottes.[292] Dementsprechend wird sie bei Jakobus auch nicht weiter erläutert. So wird nicht mitgeteilt, wel-

---

291 Ausführlich dazu: Scharfenberg, R.: AaO 442–459.

292 Vgl. Dagny von der Goltz sieht den Symbolwert einer solchen Salbung, die als Sinnbild für die Bitte um den Heiligen Geist, als Ausdruck festlicher Freude (Psalm 23,5; 45,8) und Wertschätzung (Lukas 7,46) und Ausdruck der besonderen Präsenz Gottes betrachtet wird (Goltz, D. v. d.: *Krankheit und Heilung* 183).

ches Körperteil gesalbt werden soll, wie etwa bei einem medizinischen Vorgang.

In der Braunschweiger Friedenskirche praktizieren wir diesen in der jungen Christenheit üblichen Brauch der Krankensalbung nach Jakobus 5 ganz bewusst. Allerdings nicht nur im Kontext eines Ältestengebetes für Kranke, sondern ebenfalls in den Gottesdiensten und den Gebets-Dienstgruppen „Heilendes Gebet". Wir verwenden kein besonders geweihtes Öl, sondern ein wohlduftendes Öl (z. B. Olivenöl gemischt mit Rosenöl).

Bei der Salbung erklären wir dem Betroffenen zuvor, dass wir diese Salbung symbolisch als Zeichen der körperlich fühlbaren Zuwendung Gottes verstehen. Normalerweise handhaben wir es so, dass wir den Hilfesuchenden symbolisch mit wenigen Tropfen Öl ein Kreuz (Zeichen des Sieges Jesu über den Tod und die Sünde) auf der Stirn oder auf den Händen zeichnen. Das Gebet und die Salbung erfolgt „im Namen des Herrn". Wir verwenden die trinitarische Form: „Wir segnen und salben dich im Namen des Vaters, des Sohnes Jesus Christus und des Heiligen Geistes."

Da wir das Gebet für die Kranken mit Handauflegung und Salbung nicht auf die Ältestenschaft beschränken, sind die fünf Schritte hilfreich, die John Wimber bei dem Gebet für Kranke sowohl für ein Gebet nach Jakobus 5 (Ältestengebet) als auch für ein Gebet in Heilungsgottesdiensten oder Dienstgruppen vorschlägt.[293] Je nach den zeitlichen Rahmenbedingungen können diese fünf Schritte unterschiedlich lang sein. Die Zeit, die wir uns für ein Krankengebet nehmen, sollte in etwa zuvor mit dem Kranken abgestimmt sein. Wimber schlägt folgende fünf Schritte vor:

293 Wimber, J./Springer, K.: *Heilung in der Kraft des Heiligen Geistes* 191–226. In Anlehnung dazu: Aschoff, F.: „Heilungsgebet und Salbung praktisch." In: Ders.: *Heilung* 26–32.

Schritt 1: Interview (Gespräch)

Der Gebetsdienst beginnt mit der Frage: „Welches Anliegen haben Sie?“ Es ist wichtig, dass der Kranke selbst, wenn möglich, sein Anliegen formuliert und mit welchen Erwartungen er in die Gebetszeit geht. Diese erste Phase sollte möglichst kurz gehalten werden. Durch ein solches Interview erhalten wir erste Anhaltspunkte dafür, wie und in welche Richtung wir beten sollen.

Schritt 2: Diagnose

Bereits während des Interviews hören wir hin, wenn Ursachen für eine Erkrankung genannt werden. Wir unterscheiden körperliche, seelische, geistliche oder auch soziale Ursachen. In allen diesen Bereichen können Sünden oder dämonische Einflüsse sich auswirken. Die Symptome haben oft andere Ursachen, als die Betroffenen es angeben oder vermuten. So ist es wichtig, dass die Betenden immer auch „ein Ohr“ ganz bei Gott haben und auf die Führungen und Offenbarungen des Heiligen Geistes achten.

Schritt 3: Entscheidung über die Gebetsart

Wir können ein fürbittendes Gebet sprechen oder auch ein segnendes Gebet unter Handauflegung. Wenn wir den Eindruck gewinnen, dass ein dämonischer Einfluss gegeben ist, führen wir den Hilfesuchenden ein in das Vorgehen. Sofern es möglich ist, wird der Kranke ermutigt, selber auch Gebete zu sprechen. Je konkreter wir dabei beten, umso besser. Wir erinnern uns durch das Aussprechen von biblischen Verheißungen an die Grundlage unseres Glaubens und Vertrauens.

Der Hilfesuchende wird vor dem Gebet hingewiesen, wie wir beten werden. Zudem wird er gefragt, ob er einverstanden ist, dass wir unsere Hände auf seine Stirn, seine Schulter oder Hände legen und ggf. die Krankensalbung durchführen. Wenn möglich und angemessen, kann eine Berührung (Handauflegung, Salbung) auch auf kranke Stellen des Körpers erfolgen, jedoch nur, wenn das im Einvernehmen mit der betroffenen Person gewünscht wird. Jegliche Berührung, die als unsittlich oder übergriffig angesehen werden kann, ist zu unterlassen. Handauflegung und Salbung haben unterstützenden Charakter und sind nicht ausschlaggebend für eine Heilung.

Schritt 4: Die Gebetshandlung

Wir wenden uns direkt dem Kranken zu und legen ihm die Hände auf. Wir bitten den Heiligen Geist, diesem Menschen die Heilung und Hilfe zu senden. Wir behalten dabei unsere Augen offen, um auch zu sehen, wie es dem Kranken geht oder ob er Reaktionen zeigt. Wir ermutigen den Menschen, für den wir beten, sich zu öffnen, ggf. selber Gebete zu sprechen. Wir fragen nach, wie es ihm geht. „Was empfinden Sie jetzt? Spüren Sie etwas? Was für Gedanken beschäftigen Sie?“ Auch die Bitte um Vergebung von aufgedeckter Schuld und Sünde und der Zuspruch der Vergebung haben hier Raum und gehören zum Gebetseinsatz. Am Ende des Gebetes stellen wir den Menschen ausdrücklich unter den Schutz und Segen Gottes.

Schritt 5: Hinweise nach dem Gebet

In diesem letzten Schritt geht es um die Frage, wie es weitergeht. Wie kann man das Erfahrene bewahren? Soll es zu einem weiteren Gebetstreffen kommen? Wenn Sünde ursächlich für eine Erkrankung offenbar und bekannt wurde, so ist der Hinweis angebracht, sich auch in Zukunft von der Sünde fernzuhalten: „Geh hin, und sündige nicht mehr!“ Das kann auch als Hinweis auf eine pragmatische Lebensveränderung verstanden werden. Diese sollte jedoch im Gespräch und im Einvernehmen zwischen dem Betroffenen und erfahrenen Seelsorgern oder Therapeuten geschehen. Wenn ein Kranker Medikamente oder eine ärztlich angeordnete Therapie begonnen hat, so sollte er sich mit den Ärzten und Therapeuten darüber verständigen, ob die Medizin bzw. Verordnung weiterhin in Anspruch genommen werden soll. Auf keinen Fall empfehlen wir den Kranken unsererseits die Absetzung von Therapien und Medizin. Vielmehr weisen wir ggf. auf die Zusammenarbeit mit christlichen Ärzten, Therapeuten und Seelsorgern hin.

VI

KOOPERATIVE HEILUNGSKOMPETENZ

Alexander hat sich so entschieden. Ob es Gott so gefallen hat, weiß ich nicht. Ich stehe am Grab eines frommen Mannes. Als er die Diagnose „Krebs" bekam, hat er sich gegen jegliche medizinische Therapie entschieden. „Wenn mein Gott mich heilen will, so kann er das tun. Wenn nicht, so bin ich auch bereit, zu ihm zu gehen. Ich will nicht die vielen Gifte bei einer Chemotherapie in meinen Körper pumpen."

Auch alternative Heilungswege lehnte Alexander konsequent ab. Er empfand es – zum Leidwesen seiner Frau und Kinder – als ein Zeichen des Unglaubens, mit Medizin gegen die Erkrankung anzugehen. Alle Argumente erreichten ihn nicht. Gebetsmühlenartig wiederholte er immer die gleichen Aussagen: „Es ist so, als wenn ich Jesus eine Heilung nicht zutrauen würde! Ich will ihm voll und ganz vertrauen. Er ist mein Arzt! Jesus ist mein Arzt, und sonst niemand!" Gott hat Alexander hier auf der Erde nicht geheilt, sondern er hat es zugelassen, dass dieser Mann im besten Alter durch den Tod von seiner Familie genommen wurde. Bei seiner Beerdigung fiel es mir schwer, am Grab die Beisetzungsworte zu sprechen: „Es hat Gott gefallen, unseren Bruder Alexander aus dieser Zeitlichkeit in sein ewiges Reich zu rufen." Ob Gott ihn wirklich schon rufen wollte, ob es Gott gefallen hat, dass dieser Mann seine Familie weinend zurücklässt?

Immer wieder erlebe ich, dass kranke Christen die Auffassung vertreten, sie könnten Gott ihren Glauben dadurch „beweisen", dass sie seine Hilfe nur direkt von ihm erwarten. Aber hat Gott nicht unterschiedliche Handlanger, Heilungsassistenten? Ist es wirklich ein Zeichen von Vertrauen, wenn wir die Errungenschaften der medizinischen Wissenschaft missachten, weil Gott angeblich möchte, dass wir unsere Hoffnung in Krankheitsnöten allein auf ihn gründen und nicht auf Medizin oder therapeutische Angebote? Wirkt der Geist Gottes nur in der Gemeinde bzw. ausschließlich nur in und an den Menschen, die Jesus konsequent nachfolgen? Wenn ich in diesem letzten Kapitel von einer kooperativen Heilungskompetenz spreche, so will ich dazu ermutigen, Kooperationen zwischen den unterschiedlichen Heilungsträgern und Angeboten aufmerksam wahrzunehmen und zu fördern und diese Angebote nicht wie ein Konkurrenzunternehmen zur Gemeinde Jesu zu betrachten.

Wir bekennen den dreieinen Gott als Schöpfer dieser Welt. Alle Weisheit und Heilungskraft, die er schon in die Natur und in seine Schöpfung hineingelegt hat, ist durch den Sündenfall nicht vollends betäubt, gelähmt oder verseucht. Allein das Staunen über die Herrlichkeit und Vielfalt der Schöpfung zeigt an, dass Gott in der Natur noch viel mehr angelegt hat, als alle Naturwissenschaften es bislang nachweisen können. Sicher haben wir eine Wachsamkeit zu erbitten, wo es durch kommerzielle Interessen zur Missachtung des Lebens kommt, wo mit angeblich weltanschaulich neutralen Methoden Heilungen vermarktet werden.

Das sonst so hervorragende deutsche Gesundheitssystem scheint sich selber zu lähmen durch eine wachsende Ökonomisierung. Menschen bleiben auf der Strecke, nicht nur die Kranken und Schwachen, sondern auch die Gesunden und Starken: Mediziner und Therapeuten, Pfleger und Helfer. Sie werden im Sekundentakt durch die langen Klinikgänge und die vollgepfropften Straßen von Haus zu Haus getrieben, da jede Hilfeleistung gut und sauber abgerechnet werden muss. Doch wie ist die Heilung eines Systems zu erreichen, das Menschen an die Grenzen ihrer Belastbarkeit führt?

Erleben wir andere, die in ihrer Ausbildung und Kompetenz ebenso Kranken und Schwachen, Sterbenden und Trauernden zur Seite stehen, wie eine Konkurrenz?

Was im säkularen Gesundheitswesen immer offensichtlicher wird, ist in Kirchenkreisen nur verdeckt, aber ebenso wahrnehmbar. Da gibt es hervorragende Diakonieeinrichtungen, großartige Initiativen und Ideen. Christen haben etwas zu bieten. Ich denke nicht nur an die spirituelle Begleitung und Heilung, sondern auch an die soziale Kompetenz, die unterschiedlichen Angebote von alltagsnaher Gemeinschaft oder auch an die vielen christlichen Beratungsstellen und Seminare.

Die Zukunft gehört allerdings nicht der Konkurrenz, sondern der Kooperation mit allen gut ausgebildeten Fachkräften und ehrenamtlich engagierten Helfern. Es gibt nicht nur einen Dünkel, den wir auf den Ärztekongressen antreffen können, sondern auch einen Dünkel der Besserwisser, der Alternativen und einen Dünkel der Seelsorger und Pastoren und Ehrenamtlichen. Es gibt den abgrenzenden Hochmut der Wissenschaftler und den der „schlichten Beter". Wer glaubt denn mehr? Sind Glaube und Medizin wie Konkurrenten, die nur schwer zueinander finden?

Ich will und mag mich an einen solchen Gedanken nicht gewöhnen. Nicht nur, weil es solche Leute wie Alexander gibt, sondern weil ich Gottes Wirkungskreis nicht auf ein Ghetto in dieser Welt beschränken kann. Ich glaube an einen Gott, der selbst einen heidnischen Perserkönig auswählt, um seinem Volk Israel Gutes zu tun. Ich bin davon überzeugt, dass gute, sorgfältige wissenschaftliche Arbeit eine Gabe Gottes ist und nicht nur das Verdienst der Menschen.

Die Laboratorien sollen sich öffnen für das Wirken des Heiligen Geistes! Er weiß am besten, wie Leben geht, er ist der *Ruach*, der Lebensfunke, ohne den nichts auf der Erde funktioniert. – Ich träume von Gemeinden und Kirchen, in denen Ärzte, Therapeuten, Pflegende und Seelsorger, Pastoren und Beter gemeinsam um die Heilung von kranken Menschen ringen. Ich träume von einer Welt, in der die Völker voneinander lernen und sich nicht gegenseitig bekriegen und verzollen. Ich träume von Gottes neuer Welt, die hier und jetzt schon angefangen hat und sich ausbreiten soll. Es braucht neue Bekehrungen, nicht nur hin zu diesem einen Gott Vater, Sohn und Heiligen Geist, sondern auch zueinander. Es braucht die Kooperation von *Ora et Labora*, von Gebet und Arbeit.

Wir beklagen heute vielfach den Protektionismus in seinen unterschiedlichen Erscheinungsformen. Aber pflegen wir ihn mit vorgehaltener Hand als Wahrung „unserer Kernkompetenzen" und „Berufungen", unserer anvertrauten Tradition und Heimat nicht selber? Der Tempel Gottes ist da, wo Gottes Geist wirkt und Wohnung nimmt. Mauern können diese Wahrheit nicht einsperren, die uns in Jesus Christus begegnet. Eine Wahrheit, die die Welt umspannt. Seit dem Pfingstfest ist der Heilige Geist ausgegossen auf alles Fleisch, alles von Gott Geschaffene.

Wenn ich diesen missionalen Ansatz einer kooperativen Heilungskompetenz mit diesen zugegeben prosaisch, idealistisch anmutenden Worten beschreibe, wenn ich von meinem „Traum" spreche, meiner realistischen Sehnsucht, so hat das einen einzigen Grund, den ich in jedem Vaterunser-Gebet spreche: „Dein Reich komme! Dein Wille geschehe, wie im Himmel so auf Erden!"

Nun könnten Sie, wenn Sie diese Zeilen lesen, schnell ein korrigierendes Gegenmodell entwerfen, übrigens auch unter Zuhilfenahme einiger biblischen Aussagen. Da heißt es doch auch im Vaterunser-Gebet: „Führe uns nicht in Versuchung und erlöse uns von dem Bösen!" Diese Welt, dieser Kosmos, dieses Universum, so heißt es, ist doch durchseucht von dem großen Grundübel, von dem Bösen. Da gibt es universale Sünde, da gibt es kooperative Krankheitsmächte und kultivierte Angst. Da ist doch nicht nur der Geist Gottes am Werk, sondern auch der Geist des Bösen, da ist nicht nur Licht, sondern auch Finsternis!

Ja, das erkenne ich durchaus auch, aber ich werde das Feld dem Teufel nicht überlassen, weil Gott es ihm nicht überlassen hat. Ich will mit wachem Geist wahrnehmen, dass wir in dieser Welt nicht „mit Fleisch und Blut" (Epheser 6,12) allein zu tun haben, sondern mit einer manifesten, lebenszerstörerischen Macht, einem System Bosheit. Diese Welt, alles Leben ist von diesem Gezerre des bösen Gottesneiders geprägt; das sieht auch derjenige, der transzendent blind ist. Hass, Tod, Feindschaft, Bosheit artikulieren sich überall. Der Böse macht auch vor den Toren der Kirchen und den Herzen der Christen kein Stopp. Er will Raum gewinnen, weil er sein Haus verloren hat.

Die gebotene Wachsamkeit gegenüber den Agitationen des Bösen führt allerdings nicht selten zu einer falschen Fixierung. Wir sind nicht in dieser Welt, um uns auf die Macht und das Gebrüll des Teufels zu konzentrieren, sondern um das neue Lied der Menschen anzustimmen, die eine Auferstehungshoffnung haben, die sehen, dass die Finsternis nicht finster bleiben muss. Wir dürfen uns als „Salz der Erde" oder „Licht der Welt" sehen (Matthäus 5,13–16). Wenn das keine Kompetenzzusage Jesu an seine Kirche ist, was dann?

Glaube und Medizin

Ich habe länger überlegt, wie ich die beiden Kooperationspartner hier am besten benenne. Soll ich von Kirche und Krankenhaus, von Medizinern und Betern oder von dem notwendigen Dialog zwischen Theologie und Natur- und Humanwissenschaften sprechen? Häufig hören wir Allgemeinsätze, die wie ein Plädoyer, eine fast nicht zu leistende Anforderung im Raum stehen: „Theologie und Naturwissenschaften, Glaube und Medizin gehören zusammen!"

Die Diskussion einer Verhältnisbestimmung zwischen Glaube und Medizin schlägt sich bereits in den alttestamentlichen Texten nieder. Jahwe stellt sich vor als „Arzt" (2. Mose 15,26); aber wir finden auch den Einsatz von Medizin (2. Könige 20,7; Jesaja 3,7; Jeremia 8,22) Der Glaubende soll die Medizin nutzen, allerdings im Vertrauen auf Gott den Schöpfer und Herrn. Medizin soll nicht vergöttert werden (2. Könige 1,1–8; 2. Chronik 16,12). Im Judentum wird das Verhältnis von Jahwe als Arzt und der Medizin als Arm dieses einen großen Arztes gewahrt. So wird in Jesus Sirach der Mediziner an Gott gebunden: „*Ehre den Arzt mit gebührender Verehrung, damit du ihn hast, wenn du ihn brauchst; denn der Herr hat ihn geschaffen, und die Heilung kommt von dem Höchsten und Könige ehren ihn mit Geschenken*“ (Jesus Sirach 38,1–2 nach Luther).

Der Alttestamentler Hans Walter Wolff fasst zusammen: „Der Arzt hat ebenso seine Weisheit und Kunst von Gott, wie Heilmittel Gaben des Schöpfers aus der Erde sind. Er kann die richtige Diagnose treffen, kann Schmerzen lindern und vielleicht das Leben erhalten. Aber seine Gaben haben Grenzen und er verfügt darüber nicht jederzeit. So ist er selbst wie der Kranke auf das Gebet angewiesen.“[294] Im Neuen Testament finden sich weitere Hinweise auf ein Miteinander von Glaube und Medizin (vgl. Lukas 10,34; 1. Timotheus 5,23). Paulus spricht voller Wertschätzung von „Lukas, dem geliebten Arzt“ (Kolosser 4,14).

Erst mit der Weiterentwicklung der Medizin kommt es zu einer Ablösung der Kompetenzen. Die Kirche ist für das spirituelle bzw. das Seelenheil zuständig, für den kranken Körper werden die Ärzte konsultiert, die Gott gebrauchen will. Die Fixierung der modernen Medizin auf ein funktionales Verständnis vom Menschsein hat bis in das 20. Jahrhundert hinein eine solche Aufteilung zugrunde gelegt. Durch den Einfluss einer rationalistischen Theologie wurde die Erwartung von Heilungen und Wundern in der Gegenwart Gottes massiv zurückgedrängt.

Der Göttinger Theologe Manfred Josuttis weist darauf hin, dass es am Ende des 19. Jahrhunderts in Deutschland zu rechtlichen Regelungen kam, die faktisch eine Arbeitsteilung zwischen Medizin und Religion zur Folge hatten.

> „1883 wird das gewerbemäßige, vagabundierende Heilen verboten. Erst 2004 hat das Bundesverfassungsgericht die Heilertätigkeit, vor allem durch Handauflegung, wieder erlaubt, wenn sie nicht die ärzt-

294 Wolff, H. W.: *Anthropologie des Alten Testaments* 217. Siehe auch: Lührmann, D.: „Integration der professionellen Medizin in den Jahwe-Glauben bei Jesus Sirach.“ In: Gollwitzer-Voll, W.: *Christus Medicus* 119–122.

liche Behandlung zu ersetzen beansprucht ... Die kirchliche Praxis verkündigt das Heil, Medizin und Therapie sorgen für Heilung. Die Handlungsfelder scheinen abgegrenzt, das erspart Konflikte und sorgt für feste Zuständigkeiten.“[295]

Die Entdeckung der spirituellen Dimension in der Psychotherapie einerseits und die Aufnahme psychotherapeutischer Konzepte in der kirchlichen Seelsorge andererseits haben dazu beigetragen, dass es zu neuen Konzeptionen der Vernetzung kommt. Josuttis plädiert für eine Neubesinnung auf die spirituelle Kompetenz der Seelsorge. „Die Phase der therapeutischen Orientierung der Seelsorge geht zu Ende.“[296] Ebenso wird aus medizinischer – und therapeutischer – Sicht die Spiritualität neu in den Blick genommen.[297] Gleichfalls gibt es einen hohen Konsens bei Vertretern und Befürwortern des christlichen Heilungsgebetes, Medizin und Therapie nicht abzulehnen.[298] Die Alternative „Glaube oder Medizin“ wird nur von einzelnen Heilungsevangelisten hier und da vertreten. Allerdings wird von medizinischer Seite ein solches komplementäres Zusammenwirken eher zurückhaltend, skeptisch und abweisend kommentiert,

295 Josuttis, M.: „Heil und Heilung im Christentum.“ In: Ehm, S./Utsch, M.: *Religiöse Krankheitsbewältigung* 28–36.

296 Aao 33.

297 Eschbach, Holger: *Spiritualität und Gesundheit. Überlegungen aus theologischer und humanwissenschaftlicher Sicht.* Siehe dazu: Utsch, M.: *Religiöse Fragen in der Psychotherapie. Psychologische Zugänge zu Religiosität und Spiritualität.* M. Utsch stellt drei wesentliche Faktoren heraus, warum Spiritualität der Gesundheit dient: Der Mensch braucht in Krisen des Lebens eine Sinngebung; christliche Spiritualität führt zu einer ethisch verantwortungsvollen und damit auch gesünderen Lebensführung und christliche Spiritualität wird meist in Gemeinschaft gelebt, was zur Stabilisierung der Seele beitragen kann (Utsch, M.: AaO 157–185). Im Jahr 2010 kam es zur Gründung der Internationalen Gesellschaft für Gesundheit und Spiritualität. Aktuelle Impulse werden in der von ihr herausgegebenen Zeitschrift „Spiritual Care“ veröffentlicht (http://www.spiritual-care-online.de).

298 Vgl. Scharfenberg, R.: AaO 278–280.

wenngleich es inzwischen genügend solide Dokumentationen von sogenannten Spontanheilungen gibt.[299]

Warum ist aber der Dialog zu schwierig?

> „Das Grundproblem des polemischen Für und Wider in Bezug auf Glaubens-, Geist- und Wunderheilung besteht zunächst einmal in der Reduktion der Argumentation auf die simple ‚Entweder-Oder-Alternative'. Entweder gibt es Geist- und Wunderheilungen oder nicht. Dieses populäre Denken entstellt und verzerrt den Sachverhalt aber wesentlich; denn beide Positionen haben ihre Berechtigung. Die bekenntnishaften Zeugnisse und die naturwissenschaftlich kritische Reflexion sollen in ein neues Gespräch miteinander kommen."

So fordert es Christoffer H. Grundmann.[300]

Bereits im Jahr 1964 gab es im Deutschen Institut für Ärztliche Mission in Tübingen eine Konferenz zum Thema „Heilendes Handeln", die unter der Bezeichnung „Tübingen I" in die Geschichte der Ärztlichen Mission eingegangen ist. Einige Jahre später kam „Tübingen II" (1967). An Beispielen aus der Missionsgeschichte wurde bei diesen Konferenzen verdeutlicht, wie ärztliches und spirituelles Handeln in Kirchengemeinden zusammengehören.

Allerdings wurde auch damals schon Wert darauf gelegt, dass medizinische und pastorale Tätigkeiten nicht verwischt werden, aber sie sollten doch zusammenwirken. Wegweisend ist die Studie aus dem Jahr 2007 *Gesundheit, Glaube und Spiritualität. Zur Zukunft des heilenden Dienstes in Kirche und Diakonie.*[301] Auf die Impulse

299 Vgl. dazu Matthews, D. A.: *Glaube macht gesund. Spiritualität und Medizin.* Die meisten Belege und Studien hierzu kommen aus den USA, u. a.: Trowell, H.: *Study Notes on Faith Healing. Secular and Religious Healing.* 2015 erschien eine Studie aus Köln: Lopez-Pastorini, A. u. a.: *Spontaneous Regression of Non-Small Cell Lung Cancer.* Siehe auch: Kappauf, Herbert: *Wunder sind möglich. Spontanheilung bei Krebs.*

300 Grundmann, C. H.: AaO 332.

301 Bartmann, P. u. a.: *Gesundheit, Glaube und Spiritualität. Zur Zukunft des heilenden Dienstes in Kirche und Diakonie. Ein Grundsatzpapier aus öku-*

aus der weltweiten Ökumene weist Michael Dietrich nachdrücklich hin: „Angesichts weltweiter dramatischer Herausforderungen des Gesundheitssystems ist der profilierte Beitrag von Kirche und Diakonie notwendiger denn je.“[302]

Seit 2008 gibt es in Deutschland erneut dialogische Bemühungen, etwa durch den „Christlichen Gesundheitskongress“. Hier kommen Christen aus den unterschiedlichen Kirchen und Disziplinen zusammen, um ein stärkeres Bewusstsein für eine gemeinsame Heilungskompetenz zu fördern. Ein erklärtes Ziel dieses Kongresses ist es, „Mitarbeitende aus Gesundheitswesen und Gemeinde zu inspirieren, die modernen pflegerischen, therapeutischen und medizinischen Erkenntnisse zu verbinden mit dem kirchlichen Glaubens- und Erfahrungsreichtum im Sinn einer christlich fundierten Heilkunde“.[303] Weiterhin will der Kongress dazu beitragen, „das Zusammenwirken von Gesundheitswesen und Gemeinden zu fördern und anhand von Modellerfahrungen Möglichkeiten gegenseitiger Befruchtung aufzuzeigen“.[304]

Der Dialog zwischen Theologie, Medizin und Pflege soll allerdings nicht nur auf Konferenzen anvisiert sein, sondern sich in einer kooperativen Zusammenarbeit vor Ort niederschlagen. Hierzu ist noch ein weiter Weg zu gehen. Modellhaft sind dazu an manchen Orten sogenannte „Patientengottesdienste“ und „Gottesdienste

---

menischer, diakonischer und missionstheologischer Perspektive.

302 Dietrich, M.: „Gesundheit, Heilung und Glaube in interkulturell-ökumenischer Perspektive.“ In: Köller, R./Schiffner, G.: *Christliche Heilkunde. Zugänge* 7–20. Vgl. dazu: Deutsches Institut für Ärztliche Mission: *Christian Medical Commission: Das christliche Verständnis von Gesundheit, Heilung und Ganzheit.*

303 Schiffner, G.: „Christliche Heilkunde – wie wirken heilende Dienste zusammen?“ In: Köller, R./Schiffner, G.: *Christliche Heilkunde. Zugänge* 26–38.

304 www.christlicher-gesundheitskongress.de.

mit Kranken“[305] entstanden oder auch Netzwerke von christlichen Ärzten, Therapeuten, Pflegenden und Seelsorgern.[306] Im Bereich der Zusammenarbeit zwischen Psychotherapeuten und Seelsorgern gibt es die „Akademie für Psychotherapie und Seelsorge“,[307] ebenfalls mit dem Angebot unterschiedlicher Seminare und Kongresse. Gleichwohl liegt der gegenwärtige Akzent zunächst auf einer gegenseitigen Wahrnehmung und Wertschätzung.

Wolfgang Bittner weist meiner Einschätzung nach zu Recht darauf hin, dass eine zunehmende Vernetzung nicht den notwendigen weltanschaulichen Dialog ersetzt. Gibt es ein einheitliches Verständnis vom Menschen? „Welches Menschen- und Weltbild steht hinter der Tatsache, dass in der Naturwissenschaft und mit ihr in der Medizin unsere Welt bloß auf ihr Funktionieren hin befragt wird?“[308] Bittner weist unter Bezugnahme auf den zunehmenden Einfluss von esoterischen Gedanken und Praktiken darauf hin, dass neben den göttlichen und menschlichen auch dämonische Kräfte bei dem Bemühen um Heilung auf den Plan treten können. Im Sinn einer ganzheitlich-personalen Medizin ist die Spiritualität nicht nur in fernöstlichen Meditationspraktiken zu suchen oder in einer interreligiösen Mixtur zu bedenken, sondern sie muss verantwortungsvoll und transparent in die Begleitung und Behandlung von Kranken aufgenommen werden.

„Wo im Gespräch mit der Medizin ein ‚Menschen- und Weltbild‘ hervortritt, ist genau nach deren geistesgeschichtlicher Herkunft zu

305 Keck, D.: *Ich will das Morgenrot wecken. Bausteine und Gestaltungselemente für Gottesdienste mit Kranken.*

306 Ich weise auf das Netzwerk „Christen im Gesundheitswesen“ hin, das erheblich zu einer guten Vernetzung von christlichen Mitarbeitern im Gesundheitswesen beiträgt. Vgl. www.cig-online.de. Mit gleicher Zielsetzung gibt es das Magazin für Spiritualität und Gesundheit „Chris Care“. Vgl. www.chriscare.info.

307 www.akademieps.de. Vgl. das Magazin „P & S – Psychotherapie und Seelsorge“.

308 Bittner, W.: AaO 103.

fragen."[309] Gibt es überhaupt eine weltanschaulich neutrale Medizin bzw. Therapie? Setzt nicht jede Behandlung von kranken Menschen ein Menschen- und Weltbild voraus?[310] Selbst ein Atheist geht davon aus, dass „Spiritualität" in einem Gesundungsprozess eben keine Bedeutung habe. Es ist seine Weltanschauung, die keineswegs als „neutral" angesehen werden kann.

In der Braunschweiger Friedenskirche haben wir vor einigen Jahren überlegt, ob wir ein christliches Gesundheitszentrum einrichten können. Zunächst haben wir etwa 25 Fachärzte und Pflegende sowie Präventivmediziner und Seelsorger in einem Netzwerk zusammengerufen. Noch ist das Zentrum nicht entstanden, aber wir haben eine Vernetzung, eine wachsende Kooperation zwischen den Heilungskompetenz-Trägern. Als wir vor zehn Jahren die sozial-diakonischen Aktivitäten der Gemeinde im „Netzwerk Nächstenliebe" zusammenführten, entstand schon bald der Wunsch nach einem Zentrum, in dem Gebetsdienste, Beratungsangebote und sozialtherapeutische Angebote zusammen unter einem Dach sein können. Das Zentrum „Spatz 21" wurde direkt gegenüber der Friedenskirche errichtet. Dort sind unter einem Dach – quasi in einer kooperativen Heilungskompetenz – folgende Einrichtungen: Mehrere Beratungsstellen (Schwangerschafts- und Eheberatung; Begleitung junger Familien, Lebensberatung, Schuldnerberatung), ein Familienzentrum, eine Kinderkrippe, eine Musikschule, Angebote der Erwachsenenbildung sowie Gebetsdienste und Ausbildungsmöglichkeiten.

Ein schönes Straßencafé lädt zur Gemeinschaft ein. In unseren Gebets- und Seelsorgediensten arbeiten wir mit den Beratungsstellen unserer Kirche, aber auch mit anderen Beratungsstellen der Region zusammen, ebenso mit vielen Fachärzten, Kliniken und Seniorenwohnheimen. Nicht jede Kirchengemeinde kann so ein

309 Bittner, W.: AaO 103. Weitere Ausführungen dazu 116ff.

310 Siehe hierzu einen Beitrag zum christlichen Menschenbild in der christlichen Therapie: De'Ignis: *Christlicher Glaube und seelische Gesundheit.*

umfassendes Kooperationsprogramm haben, das ist auch nicht notwendig. Dennoch ermutige ich dazu, konkreter zu überlegen, wie die Zusammenarbeit zwischen Medizinern, Therapeuten, Seelsorgern und ehrenamtlichen Mitarbeitern in den Gebets- und Besuchsdiensten noch stärker verknüpft werden kann.

Alternative oder komplementäre Medizin

„Wer heilt, hat Recht!" Hier und da hört man auch heute noch eine solche Binsenwahrheit, die allerdings meist auch in die Binsen geht. Wenn Heilungen geschehen, so ist es erfreulich. Wenn sich ein Mensch jedoch nachhaltig durch eine Heilungsmethode von einer versöhnten Gottesbeziehung und zwischenmenschlichen Beziehung entfernt, so handelt es sich nicht um ein Heilwerden, sondern lediglich um die Heilung einer Lebensdimension (oft körperlich) auf Kosten einer oder mehrerer anderer.

Wenn beispielsweise ein Psychotherapeut einem an einer religiösen Neurose erkrankten Christen nahelegt, nicht mehr zu Jesus zu beten, so mag das zunächst für den Heilungserfolg sinnvoll erscheinen, da sich offenbar ein krankmachendes Gottesverständnis auch in frommen Jesusgebeten artikulieren kann. Aber wenn ein Mensch durch einen solchen Rat seine Spiritualität völlig verliert, wenn er sozusagen nach einer religiösen Neurose in einen religiösen Leerraum fällt, dann ist ihm damit keine Heilung als Person gegeben. Spiritualität ist ein wesentlicher Faktor für die Sinngebung des Lebens.

Ich entsinne mich an unsere ältere Nachbarin Frau E. Sie litt entsetzlich unter Schmerzen aufgrund unterschiedlicher Verletzungen und Altersgebrechen. Schließlich suchte sie einen in der Region bekannten „Besprecher" auf, der sie durch die Anrufung Verstorbener (Spiritismus) und anderer Orakel „behandelte". Voller Freude berichtete sie am nächsten Tag, dass die Schmerzen vollkommen verschwunden seien. Doch am gleichen Tag hatte sie sich bereits mit ihrem Mann wegen einer „Kleinigkeit" so sehr gestritten, dass es zu

Handgreiflichkeiten kam. Einige Monate später kam eine schwere Depression dazu.

Frau E. hatte zwar körperlich keine Schmerzen mehr, sie hatte jedoch daheim auch keinen Frieden mehr und ihre Tage wurden immer dunkler. Wenn wir als Familie zum Gottesdienst gingen, schüttelte sie nur den Kopf. „Das hilft alles nix!", sagte sie. Wir boten ihr an, für sie zu beten, damit sie Befreiung erlebt. Doch auch das lehnte sie entschieden ab. Frau E. nahm sich schließlich selber das Leben.

So eindeutig wie bei Frau E. sind die Auswirkungen von nichtchristlichen, aber spirituellen Heilverfahren, nicht immer. Mit zunehmender Heilung setzt eine zunehmende Entfremdung von Gott und Menschen ein. Es gibt neben der Schulmedizin inzwischen einen sehr großen Markt von alternativen Heilungsangeboten und Heilverfahren. Yogaübungen, Ayurveda, Akupunktur boomen geradezu. Auch die Praxis von Reiki nimmt zu. Die meisten dieser fernöstlich geprägten Heilungsmethoden und -zugänge ist religiös motiviert entstanden, präsentiert sich jedoch in der westlichen Welt in ideologiefreier Manier als Meditations-Entspannungskultur. Öffentliche Krankenkassen finanzieren diese Heilmaßnahmen immer häufiger, da durchaus Heilungserfolge erkennbar sind. Man spricht von der Alternativmedizin oder Komplementärmedizin; diese Heilverfahren sollen die Schulmedizin ersetzen oder ergänzen.

Mit zunehmender Ausbreitung jener alternativen Heilverfahren in Europa wurden mahnende christliche Stimmen laut; besonders dann, wenn die religiösen Ursprünge und Hintergründe eines Heilverfahrens in den Blick genommen wurden. „Ein Christ kann doch nicht den Namen einer hinduistischen Gottheit nutzen, um zur Entspannung zu kommen. Wir beten zu Jesus!" Zu einer solchen Einschätzung kann man kommen, wenn man davon ausgeht, dass ein Mantra beim Yoga nicht selten aus Silben besteht, die in den Namen hinduistischer Gottheiten vorkommen. Doch könnte man beispielsweise die körperlichen Entspannungsübungen des Yoga auch durchführen, und dabei den Namen Jesus anrufen?

Inwieweit kann man Heilmethoden übernehmen, ohne zugleich den ideologischen oder religiösen Ansatz willkommen zu heißen? Aus lauter Angst vor dem Unbekannten gab und gibt es immer wieder Pauschalurteile, die weder dem Zeugnis der Bibel noch dem Wert alternativer und komplementärer Heilmethoden gerecht werden. Die Angst, man könne als Christ unter den Einfluss einer dämonischen oder antichristlichen Macht geraten, wenn man außerschulische Heilverfahren in Anspruch nimmt, ist besonders in evangelikalen Kreisen recht verbreitet. Dennoch gibt es christliche Ärzte, die Heilmethoden aus der Traditionellen Chinesischen Medizin (TCM) oder auch alternativen Heilverfahren der Homöopathie anwenden.[311] Nicht alles, was uns fremd ist, ist zugleich okkult bzw. dämonisch. Nicht alles, was uns vertraut ist, ist zugleich harmlos.

Wann kann es zu einer kooperativen Heilungskompetenz kommen und wann muss vor einer derartigen Kooperation gewarnt werden?

Hierzu will ich im Rahmen dieser Studie nur einige Faktoren nennen, die zu einer Orientierung beitragen mögen. Zudem verweise ich auf christliche Literatur, die hierzu gute Hilfestellung bietet.[312]

1. Konturen einer biblisch-theologischen Weltsicht

Diese Welt, alles Leben und damit jeder Mensch und jedes Lebewesen existieren aufgrund der Schöpfung Gottes. Die Schöpfung steht in einer Beziehung zum Schöpfer und ist losgelöst davon nicht ganzheitlich zu analysieren. Die Bibel bezeugt die Existenz einer sichtbaren und einer unsichtbaren Welt (Kolosser 1,15–20; 2,8; Epheser 6,10ff). Nicht die gesamte unsichtbare Welt (Transzendenz)

311 Unter den 13 deutschen Berufsverbänden von Heilpraktikern gibt es auch seit 1984 die „Vereinigung christlicher Heilpraktiker" (VCHP).

312 Vreemann, W.: *Was hilft, heilt?*; Köller, R./Schiffner, G.: *Alternative Heilverfahren aus christlicher Sicht*; Warten, P.: *Naturheilverfahren biblisch hinterfragt.*

ist nach dem Zeugnis der Bibel in einer Koexistenz mit Gott, sondern es gibt die diabolische Auflehnung, die sich u. a. in der Gebrochenheit der gesamten Schöpfung und des Kosmos zeigen.

Wo unsichtbare Kräfte in den Dienst des Diabolischen gelangen oder davon ausgehen, zerstören sie das Leben nachhaltig. Der Ausgang der Geschichte von unserer älteren Nachbarin Frau E. ist dafür ein deutlicher Beweis. Wo die unsichtbare Welt Christus dient und zugeordnet ist (z. B. Engel), fördert sie das Leben.

Das Zeugnis des Neuen Testaments ist eindeutig: Jesus Christus ist der Herr über alle Mächte und Kräfte der unsichtbaren Welt. Sie sind ihm untergeordnet. Sie haben nicht die Kraft, uns eigenmächtig von der Liebe Gottes zu trennen (Römer 8,31f; 1. Korinther 15,25–28; Matthäus 28,18). Menschen sollen diese Kräfte der unsichtbaren Welt nicht anbeten, nicht als Heilsbringer bzw. Retter vergötzen. Christen sollen darum wissen, dass es diese Mächte gibt, sich aber nicht darauf konzentrieren oder in eine Abhängigkeit geraten. Wo antichristliche und dämonische Mächte Menschen gefangen nehmen, fordert das Zeugnis des Neuen Testaments zur Befreiung im Namen Jesu Christi auf.

2. Konturen verschiedener Heilverfahren

Die weitverbreiteten „schulmedizinischen Heilverfahren“ wollen ausschließlich auf naturwissenschaftlich nachweisbare Weise wirken. Hierzu werden die Wirkungsprinzipien der *Eliminatio* (Entfernung von Krankem), der *Subtitutio* (Ersatz von Fehlendem) und der *Directio* (Lenkung von gestörten Funktionen) genutzt. Der weltanschauliche Ansatz ist vorwiegend rationalistisch-humanistisch orientiert.

„Christliche-spirituelle Heilverfahren“ haben Heilwirkungen zum Ziel, die durch den Heiligen Geist Gottes unter Einsatz von Gebet, Fürbitte, Segnung, Handauflegung, Krankensalbung, Befreiungsdienst, begleitender und therapeutischer Seelsorge, Gemeinschaft, sakramental begründeter Gottesnähe oder durch den Einsatz von Geistesgaben (Charismen) ausgelöst werden.

Das Gegenstück dazu sind „Nichtchristliche-spirituelle Heilverfahren", die im Zusammenhang mit okkulten Praktiken, Zauberei, Totenbefragung (Spiritismus), Wahrsagerei, Orakelbefragung, Besprechen und Beschwören, dem Gebrauch von Amuletten oder der Anrufung von anderen als göttlich verehrten Mächten ausgeübt werden. Zu dieser Gruppe gehören ebenfalls Methoden der „Geistheilung" durch transzendente Mächte, die nicht dem dreieinen Gott der Bibel entsprechen und dienen.

„Energetisch-spirituelle Heilverfahren" sind bioenergetisch ausgerichtet. Heilwirkungen sind nach dem Verständnis dieser Verfahren durch Energie bzw. Informationsübertragung zu erklären. Die Herkunft der Energie bzw. Information kann einen materiellen-natürlichen oder auch einen transzendenten Ursprung haben, so z. B. anthroposophische Medizin, moderne Wellness auf energetisch-esoterischer Grundlage (Vitalisierung der Resonanzen, Öffnung der Chakren, Ayurveda oder auch eine religiös und weltanschaulich verankerte „Traditionell Chinesische Medizin" [TCM]).

„Regulativmedizinische Heilverfahren" beanspruchen keine spirituell-energetische Wirkkraft. Sie verstehen ihre Wirkung nach dem Reiz-Regulationsprinzip. Nicht die einzige, aber die hauptsächliche Wirkweise ist die Stimulatio. Zu dieser Gruppe u. a. zählen die klassischen Naturheilverfahren, die Neuraltherapie, die „Westliche Akupunktur", die klassische Homöopathie oder die Fußreflexionsmassage.

Für alle Heilverfahren gilt, dass man grundsätzlich zwischen dem methodischen Anteil und dem dahinterstehenden weltanschaulichen Anteil differenzieren sollte. Der weltanschauliche Anteil prägt die Interpretation der Wirkweise der Methode und hat auch Einfluss auf die Beziehung zwischen Therapeuten und Hilfesuchenden. Eine Methodik kann grundsätzlich von Therapeuten mit unterschiedlicher Weltanschauung verwendet und gedeutet werden.

3. Beurteilungskriterien der Heilmethoden und Heilverfahren

Wir fragen zuerst danach, ob es sich um ein weltanschaulich begründetes und angewandtes Angebot handelt, das im Widerspruch zu den Grundaussagen zum Welt- und Menschenbild der Bibel steht. Bei bio-energetischen Heilverfahren kann eine christliche Zuordnung geschehen, sie kann jedoch auch in einem anderen weltanschaulichen Rahmen erfolgen. Das gilt u. a. auch für die sogenannte Schulmedizin und für die Anwendung der Methodik aus der TCM, z. B. „Westliche Akupunktur" oder „Hatha Yoga".[313]

Zudem fragen wir uns, ob ethische Bewertungen eines Heilverfahrens mit den ethischen Werten der Christusnachfolge vereinbar sind (vgl. Diskussion um Schwangerschaftsabbruch, Sterbehilfe). Eine naturwissenschaftliche Einschätzung kann ebenfalls zur Beurteilung dienen: Die rationale Nachvollziehbarkeit, die Möglichkeit der Reproduzierbarkeit und die statistisch/biochemisch belegbare Wirksamkeit ist überprüfbar und nachweisbar.

Entscheidend wird auch die Einschätzung des Hilfesuchenden selber sein. Belastet die Anwendung der Heilmethodik bzw. des Heilverfahrens das Gewissen des Hilfesuchenden bzw. des Therapeuten und Mediziners? Gedanken, Befürchtungen oder Ängste, dass durch die Anwendung einer rational fassbaren Methode eine spirituelle oder gar dämonische Einflussnahme auf Christen erfolge, lassen sich biblisch nicht belegen. Vor Gott ist die Geistes- und Her-

313 „Die ayurvedischen Methoden sind für sich gesehen harmlos und in den allermeisten Fällen sehr wohltuend. Das dahinterstehende Prinzip der Selbsterlösung des Menschen kann man aus christlicher Sicht jedoch nicht befürworten ... Die Akupunktur hilft vielen, aber nicht in allen Fällen. Problematisch kann der weltanschauliche Hintergrund sein ... Auf den ersten Blick handelt es sich bei den Yoga-Kursen um harmlose Körperübungen, die Meditation, Entspannung und Festigung der Persönlichkeit bieten. Wer sich unter solchen Vorzeichen mit Yoga beschäftigt, tut nichts Böses. Wer sich als Christ auf die religiösen Seiten des Yoga einlässt, blockiert mit Sicherheit sein Glaubensleben" (Vreemann, W.: „Was hilft, was heilt?" In: Interview Idea Spektrum, Nr. 28/2016).

zenshaltung des Menschen ausschlaggebend.[314] Wenn das Gewissen eines Menschen belastet ist, bedarf es nicht einer Dämonenaustreibung, sondern einer Enthaltung, die nicht zum Maßstab für die gesamte Christenheit gemacht werden darf.

Der Dialog der Weltanschauungen

Die biblischen Heilungs- und Wunderberichte klopfen ständig an dem lockerem Putz eines rationalistisch-naturwissenschaftlich geprägten Welt- und Menschenbildes. Da werden Dämonen ausgetrieben, da gibt es Engel, da wird ein toter Lazarus wieder lebendig, obwohl die Verwesung bei ihm schon begonnen hat, da verwandelt sich Wasser in Wein, Meere trennen sich durch unsichtbare Gewalten. Sicher könnte man in allen diesen Berichten lediglich Geschichtsdokumente sehen, Versuche der Menschen, ihre erfahrene Welt mit den Begrifflichkeiten ihrer Zeit zu deuten. Dann müsste man zunächst das Verständnis von Welt und Menschen in den jeweiligen historischen Kontexten der Bibeltexte sorgfältig erforschen.

Man müsste das lebendig machende Wort Gottes aus der Einkleidung historischer Sprache, Kultur und Weltanschauung lösen, um zu der eigentlichen Offenbarung Gottes zu gelangen.[315] Doch geschieht eine solche Unterscheidung zwischen echter Gottesoffenbarung, einem echten Wort Gottes und einem historischen Kontext, sodann nach den Kriterien einer naturwissenschaftlichen Weltsicht? Was für ein wissenschaftstheoretischer Purzelbaum musste

314 Vgl. Matthäus 15,11–20; 1. Korinther 8,1–13; Römer 14,1–23.

315 „Die Versuche, den Anstoß des ‚Weltbildes der Bibel' zu überwinden, sind vielfältig und bereits sehr früh unternommen worden … Hinter all diesen Unternehmen steht der Versuch, in der Bibel zwischen einem ‚eigentlichen Inhalt, der für uns Christen weiterhin verbindlich Geltung hat, und seiner bloß zufälligen, weltbildhaften Einkleidung' zu unterscheiden. Diese Einkleidung könne dann selbstverständlich für uns nicht mehr maßgebend sein" (Bittner, W.: AaO 139–140).

geleistet werden, als die Welt nicht mehr als Scheibe, sondern als runder Planet ausgemacht wurde. Die ganze kirchliche Autorität hat Jahrzehnte gebraucht, um jene „Ketzer" nicht weiter zu verbrennen, die das alte Weltverständnis infrage stellten. Hat sich aber durch die kopernikanische Wende sogleich ein neues Menschenbild, ein neues Gottesverständnis entwickelt?[316] Ist nur das real und wirklich, was die menschliche Vernunft begreifen und erforschen kann (Deismus)?[317] Wer mit einer solchen Vorgabe die biblischen Texte liest, wird den Texten selber nicht gerecht, noch dem Geist Gottes, der die biblische Wahrheit erschließen muss (vgl. 1. Korinther 2,6–16).

Nun haben sich im wissenschaftlichen Diskurs um „die Wahrheit" ab dem 19. Jahrhundert fleißig die Human- und Sozialwissenschaften zu den Naturwissenschaften gesellt. Auch sie beanspruchen, das Leben, die Menschen und die Welt deuten zu können. Zu den experimentierfreudigen Laboranten der Naturwissenschaft gesellten sich jene, die aufgrund von Statistiken, empirischen Untersuchungen, Befragungen und Beobachtungen zur Spezies Mensch Rückschlüsse auf die Menschheit schlechthin, auf die Welt, die Religiosität, ja auf Gott zogen. Dennoch ist in den Humanwissenschaften für Gott der Platz lediglich durch die Stichworte Religiosität bzw. Spiritualität gegeben.

Beide Begriffe bieten sich heute an, um die Ohnmacht angesichts der kollabierenden reduktiven Wirklichkeitskonstrukte zu vermeiden. Sprengt aber die Wiederentdeckung der Religiosität, der Spiritualität ein humanistisches oder rationalistisches Welt- bzw. Menschenbild? Sicher gibt es genügend Statistiken von Spontanheilungen. Aber worauf sind sie zurückzuführen? Sind sie womöglich Placebo-Effekte; werden sie aufgrund psychisch noch nicht erforschter Phänomene definiert, aber nicht erklärt?

---

316 Ich verweise auf meine ausführliche Diskussion zu diesem Thema. Siehe: Rust, H. C.: *Und wenn die Welt voll Teufel wär…* 49–69.

317 Vgl. Voigt, C.: *Der englische Deismus in Deutschland.*

Es ist doch erstaunlich, dass „Besessenheit" als ein anerkanntes Krankheitsbild in der Psychologie benannt wird, jedoch eine solche Besessenheit vorrangig durch die Beschreibung der Symptome definiert wird.[318] Die Ursächlichkeit wird dann in den bereits bekannten krankmachenden sozialen Feldern und Verhaltensweisen der Menschen angenommen, nicht aber durch eine transzendente Kraft. Der geradezu inflationäre Willkommensgruß für die „Spiritualität", den man nicht nur in TV-Talkshows als komödiantische Einlage einbaut, sondern der sich in einer zunehmenden Anzahl von wissenschaftlichen Studien und empirischen Statistiken niederschlägt, zeigt meines Erachtens, dass die transzendente Obdachlosigkeit der Wissenschaften sich deutlich manifestiert. Da werden hurtig allerlei spirituelle Aspekte thematisiert und ergänzend hinzugezogen.

So begrüßenswert es ist, dass in den Humanwissenschaften und auch in der Medizin, Psychologie und Soziologie die spirituelle Dimension des Menschseins neu in den Blick genommen wird, so tunnelhaft bleibt ein solches Unterfangen, wenn der Dialog mit den Geisteswissenschaften, in Sonderheit mit der Theologie, ausbleibt. Spiritualität lediglich auf ein menschliches Phänomen – sprich in der Anthropologie – zu verankern, führt zu einer Konzentration der Gottesfrage auf eine Selbstbespiegelung des Menschen.

Ich bin zuweilen sehr verwundert, wie in christlichen Krankenhäusern und Einrichtungen die Türen in alle Richtungen schnell geöffnet werden, nach dem Motto: „Was immer zur Heilung beiträgt, ist willkommen!" Wenn etwa der heilsame Einfluss der Religiosität eines Menschen auf die Gesundheit durch wissenschaftliche Studien „bewiesen" wird, so ist einzuräumen, dass dabei nur selten zwischen den Religionen differenziert wird. „Spiritualität" ist sodann interreligiös zu verstehen. „Spiritual Care" nimmt gleichsam religiöse Ausdrucksformen, Glaubensinhalte wie flexibel einsetzbare Tools, ohne

318 International Classification of Diseases (ICD): „States of trance and possession": Zustand von Trance und Besessenheit (ICD-10/F: 44.3). Vgl.: Grossklaus, M.: AaO 28ff.

dabei die Kernfragen nach Gott, nach einem Leben vor und nach dem Tod und nach der Ebenbildlichkeit des Menschen mit Gott in den Blick zu nehmen.

Hier ist noch sehr viel Dialog notwendig, wenn die Wiederentdeckung der Spiritualität nicht in einem weltanschaulichen Fiasko enden soll. Wohlgemerkt, ich bin keineswegs der Meinung, dass Spiritualität bzw. Religiosität immer nur christlich definiert werden darf. Es gibt nicht nur in der Mystik, sondern auch in anderen Ausdrucksformen – z. B. der Relation von Barmherzigkeit und Gotteserfahrung –, Parallelen in den Religionen, die helfen können, hier zu einer verantwortlichen Einbeziehung der Gottesfrage in den Heilungsprozess zu gelangen.

Der interreligiöse Dialog ist nicht gleichzusetzen mit einer Vermischung von Religionen zu einem allgemein verträglichen Heilungstrunk. Ich ermutige dazu, genauer nachzufragen und sich selber darüber klar zu werden, was wir mit Spiritualität in der Medizin und Therapie meinen. Ebenso sollten sich die christlichen Kirchen diesem Thema nicht verschließen oder gar davon ausgehen, dass der interreligiöse Dialog eine Besinnung auf eine spezifisch christliche Spiritualität, ein christliches Menschenbild und Verständnis von dieser Welt ersetze. Vielmehr werden wir uns in einem solchen Dialog neu der Tiefe und Einzigartigkeit christlicher Existenz bewusst werden.[319]

Was meinen wir, wenn wir beten, wenn wir Menschen im Namen Jesu segnen oder sie in den Sakramenten des Abendmahls oder der Taufe willkommen heißen in der Gegenwart Gottes, im Leib Christi? Wie beschreiben wir die Neuschöpfung durch Wasser und Geist angesichts einer noch vorhandenen seufzenden Schöpfung? Wie sprechen wir von der sozialen Einheit des dreieinen Gottes in einer sozial auseinanderfallenden Weltwirklichkeit? Wie können Weltan-

319 Vgl. Rötting, M.: *Interreligiöse Spiritualität. Verantwortungsvoller Umgang der Religionen.* Dahlgrün, C.: *Christliche Spiritualität* 301–368. Barth, H.-M.: *Spiritualität.*

schauungen miteinander ins Gespräch kommen, ohne dass sie sich aufgeben bzw. voneinander abgrenzen? Diese Fragen werden uns in dem Dialog der Weltanschauungen noch weiter bewegen.

Ich vertraue darauf, dass der Heilige Geist in einem solchen Prozess leitet und nicht die Angst oder die menschliche Sehnsucht allein. Der notwendige weltanschauliche Dialog hat schon längst in der westlichen Gesellschaft und auch in den Arztpraxen, Kliniken und Therapieeinrichtungen angeklopft. Allein die Tatsache, dass der Anteil der Christen in der deutschen und westeuropäischen Gesellschaft sich zugunsten anderer Weltanschauungen reduziert, die Tatsache, dass in kirchlichen Einrichtungen Fachkräfte mit anderen religiösen Hintergründen bzw. als bekennende Atheisten oder Agnostiker tätig sind, weist darauf hin, in was für Umbrüche wir gestellt sind. Die Zeit, in der ein humanwissenschaftlicher Rationalismus allein die Maßstäbe für das setzt, was wahr und wirklich ist, sind nach meiner Einschätzung vorbei. Dennoch sollten wir damit nicht Abschied nehmen von einer naturwissenschaftlich orientierten Medizin! Wer wollte denn auf die herausragenden Leistungen verzichten?

Ich will einen solchen Dialog anhand der Betrachtung eines biblischen Heilungsberichtes noch einmal ausmalen.

> *Jesus lehrte aber in einer der Synagogen am Sabbat. Und siehe, da war eine Frau, die seit 18 Jahren einen Geist der Krankheit hatte, und sie war verkrümmt und konnte sich gar nicht aufrichten. Als nun Jesus sie sah, rief er sie zu sich und sprach zu ihr: Frau, du bist erlöst von deiner Krankheit! Und er legte ihr die Hände auf und sie wurde sogleich gerade und pries Gott. Der Synagogenvorsteher aber war empört darüber, dass Jesus am Sabbat heilte, und er ergriff das Wort und sprach zu der Volksmenge: Es sind sechs Tage, an denen man arbeiten soll; an diesen kommt und lasst euch heilen, und nicht am Sabbattag! Der Herr nun antwortete ihm und sprach: Du Heuchler, löst nicht jeder von euch am Sabbat seinen Ochsen oder Esel von der Krippe und führt ihn zur Tränke? Diese aber, eine Tochter Abrahams, die der Satan, siehe, schon 18 Jahre gebunden hielt, sollte sie nicht von dieser Bindung gelöst werden am Sabbattag? Und als er das sagte, wurden*

seine Widersacher beschämt; und die ganze Menge freute sich über all die herrlichen Taten, die durch ihn geschahen. (Lukas 13,10–17)

Ein Naturwissenschaftler wird erklären können, woran diese Frau konkret gelitten hat, um was für eine Art der Wirbelsäulenverkrümmung es sich handelt. Er kann auch die Prozesse einer Spontanheilung analysieren, wird jedoch hier an Grenzen der Erklärbarkeit kommen. Was er über die Erkrankung sagt, die Symptomatik, ist durchaus wissenswert. Ein Humanwissenschaftler wird sicher auf die sozialen Bezüge in diesem Text hinweisen. Er wird die Frau als „religiös" beschreiben. Womöglich kann er die Verkrümmung ihres Rückens auch auf eine Krümmung in der Biografie zurückführen. Warum sonst sollte Jesus sie durch die Bezeichnung „Tochter Abrahams" neu in die Synagogengemeinschaft stellen? Ein Sozialwissenschaftler wird den Akzent dieses Berichtes möglicherweise gar nicht in der Heilung der einzelnen Frau sehen, sondern in dem anschließenden Dialog über den Sabbat. Der kranke Mensch darf nicht aufgrund von Strukturen übersehen werden.

Man kann in diesem Bericht also durchaus unterschiedliche Seiten einer Wahrheit wahrnehmen und daraus auch Rückschlüsse ziehen. Aber die wesentliche Herausforderung besteht sicher darin, dass Jesus hier als Ursache der Erkrankung einen „Geist der Schwäche" sieht, während andere lediglich seit 18 Jahren eine verkrümmte und leidende Frau wahrnehmen. Wenn wir diese Aussagen der Heilungsberichte schnell überlesen, so vermeiden wir die Frage nach der Transzendenz. Die Handauflegung könnte man sicher noch im Sinn einer menschlichen Zuwendung einordnen, aber warum muss die Frau „erlöst" werden, sie braucht doch nur eine Heilung, oder?

Dies ist nur ein Beispiel, wie wir biblische Texte aufnehmen können, ohne uns den weltanschaulichen Fragen zu stellen. Ich will am Ende dieser Ausführungen zusammenfassend auf die Kernfragen für einen weltanschaulichen Dialog hinweisen, die sich angesichts der Heilungskompetenz der Gemeinde Jesu stellen:

- Gibt es einen Gott, der nicht nur in der Anthropologie im Sinn von Spiritualität und Religiosität verortet ist, sondern der als Gegenüber seiner Schöpfung handelt und dabei Menschen und ihre Begabungen nutzen kann?
- Gibt es eine nicht erklärbare, aber existente Macht des Bösen, die sich nicht nur in dem Chaos der Welt, in Krankheiten und Todeserfahrungen zeigt, sondern die aktiv auf die Welt und den Menschen einwirken kann?
- Gibt es neben den erlernbaren und ausbildbaren Fähigkeiten und Gaben des Menschen und den in der Natur angelegten Heilungsquellen eine Heilungsquelle, die direkt von Gott fließt? Gibt es „Kräfte der zukünftigen Welt"?
- Ist der Tod des Menschen seine letzte Station oder gibt es ein Leben nach dem Tod? Was meinen wir, wenn wir von „Hoffnung" sprechen?
- Worin besteht der Sinn des Lebens? Kann ein Leben in Leid und Krankheit dennoch sinnvoll und wertvoll sein? Wie begründen wir den Wert des Lebens?
- Welche Bedeutung hat es, dass wir in einer Schöpfungs- bzw. Lebensgemeinschaft sind, wenn wir an Heilung und Gesundung denken?
- Wie werden heilende spirituelle Kräfte geweckt, gefördert und in ein Heilungsgeschehen einbezogen?

Es ist nicht zufällig, dass ich am Ende meiner Studie vorwiegend Fragen aufwerfe. Bei aller Begeisterung der erfahrenen und erlebten Wirklichkeit des Heiligen Geistes und des auferstandenen Christus weist mich gerade der Dienst an kranken und trauernden Menschen auf diese Kernfragen des Lebens hin. Doch es sind nicht nur Fragen, die am Ende stehen. Es ist die Gewissheit des nicht in Worte zu fassenden Glücks, das ein Mensch erlebt, wenn Jesus sagt: „Du bist erlöst!" Das Reich Gottes ist in Jesus Christus in diese kranke

Welt gekommen. Es ist durch den Heiligen Geist erfahrbar und es sprengt alle Grenzen meiner Vorstellung. Ich bin gern dabei, wenn diese Heilungskompetenz der Gemeinde Jesu Christi sein heilendes Licht leuchten lässt.

LITERATUR

Ahrens, Petra/Wegener, Gerhard: *Soziokulturelle Milieus und Kirche.* Stuttgart 2013.

Bach, Ulrich: „*Heilende Gemeinde*“? *Versuch, einen Trend zu korrigieren.* Neukirchen-Vluyn 1988.

Bach, Ulrich: *Ohne die Schwächsten ist die Kirche nicht ganz. Bausteine einer Theologie nach Hadamar.* Neukirchen-Vluyn 2006.

Barth, Hans-Martin: *Spiritualität. Ökumenische Studienhefte* 2. Göttingen 1993.

Bartmann, Peter/Laepple, Ulrich/Jakob, Beate/Werner, Dietrich: *Gesundheit, Glaube und Spiritualität. Zur Zukunft des heilenden Dienstes in Kirche und Diakonie.* DIFÄM Studienheft Nr. 5, Stuttgart 2007.

Baumert, Norbert: „Jesus, heile mich: Heilungsgeschehen und Heilungsauftrag nach dem Neuen Testament.“ In: Ders. (Hg.): *Dem Geist Jesu folgen.* Münsterschwarzach 1988.

Behrent-Höhne, Marion u. a.: *Spirituelle Begleitung. Befähigungskurs für Mitarbeitende in der Hospiz- und Palliativversorgung.* Esslingen 2017.

Bennett, George: *Jesus befreit und heilt.* Metzingen 1976.

Benrath, Gustav Adolf: „Die Erweckung innerhalb der deutschen Landeskirchen 1815–1888. Ein Überblick.“ In: Gäbler, Ulrich: *Der Pietismus im neunzehnten und zwanzigsten Jahrhundert.* S. 150–271. Göttingen 2000.

Beyreuther, Erich: *Frömmigkeit und Theologie. Gesammelte Aufsätze zum Pietismus und zur Erweckungsbewegung.* Hildesheim/New York 1980.

Biser, Eugen: „Auf dem Weg zu einer therapeutischen Theologie. Gedanken zur Wiedergewinnung einer verlorenen Dimension.“ In: *Lebendige Seelsorge* 38. Würzburg 1987.

Bismarck von, Ruth-Alice: *Brautbriefe Zelle 92: Dietrich Bonhoeffer, Maria von Wedemeyer.* München 2010.

Bittner, Wolfgang J.: *Heilung – Zeichen der Herrschaft Gottes.* Neukirchen-Vluyn [3]1999.

Blumhardt, Johann Christoph: *Die Krankheitsgeschichte der Gottliebin Dittus in Möttlingen.* Regensburg 2002.

Bonhoeffer, Dietrich: *Ethik* (DBW 6). München 1992.

Bonhoeffer, Dietrich: *Widerstand und Ergebung.* München 1951.

Brüning, Gerhard: *In dir ist Freude in allem Leide. Wie Christen mit Leid und Krankheit umgehen.* Wuppertal 1996.

Bundesärztekammer (Hg.): *Placebo in der Medizin.* Köln 2011.

Bundschuh-Schramm, Christiane/Gaab, Judit (Hg.): *Eine Zeit zum Suchen: neue Gottesdienstformen.* Ostfildern 2003.

Calvin, Johannes/Freudenberg, Matthias (Hg.): *Unterricht in der christlichen Religion. Institutio Christianae Religionis.* Neukirchen-Vluyn 2008.

Chambers, Oswald: *Mein Äußerstes für sein Höchstes.* Bern [5]1975.

Crabb, Lawrence J.: *Connecting: Das Heilungspotential der Gemeinschaft.* Gießen [3]2007.

Crabb, Lawrence J.: *Orte der Geborgenheit und Heilung. Auf dem Weg zur authentischen geistlichen Gemeinschaft.* Bruchsal 2011.

Dahlgrün, Corinna: *Christliche Spiritualität.* Berlin 2009.

Dam, Willem C. van: *Dämonen und Besessene.* Aschaffenburg 1975.

Deere, Jack: *Überrascht von der Kraft des Heiligen Geistes.* Wiesbaden 1995.

De'Ignis: „Christlicher Glaube und seelische Gesundheit. Anthropologische Aspekte der de'ignis-Arbeit." In: *de'ignis Magazin* Nr. 55. Altensteig 2018.

Demling, J. H./Thierauf, P.: „Zur ärztlichen Einschätzung von dämonischer Besessenheit. Ein nicht nur historischer Abriss." In: *Wege zum Menschen,* Vol. 62.

Deschner, Karlheinz (Hg.): *Was halten Sie vom Christentum? 18 Antworten auf eine Umfrage.* München 1961.

Deutsches Institut für Ärztliche Mission (Hg.): *Christian Medical Commission: Das christliche Verständnis von Gesundheit, Heilung und Ganzheit.* Genf 1989/Tübingen 1990.

Dobert, Heinz: *Das Charisma der Krankenheilung: Eine biblisch-theologische Untersuchung über eine vergessene Grundfunktion der Kirche.* Hamburg 1960.

Ebertshäuser, Rudolf: *Die Charismatische Bewegung im Licht der Bibel.* Bielefeld 1995.

Eckstein, Hans-Joachim: *Gesund im Glauben.* Holzgerlingen 2011.

Ehm, Simone/Utsch, Michael (Hg.): *Religiöse Krankheitsbewältigung. Zur Rolle von Christentum und Islam im Umgang mit psychischen Erkrankungen.* EZW-Texte 208. Berlin 2010.

Eibach, Ulrich: *Der heilende Mensch vor Gott. Krankheit und Behinderung als Herausforderung unseres Bildes von Gott und dem Menschen.* Neukirchen-Vluyn 1991.

Eschbach, Holger: „Spiritualität und Gesundheit. Überlegungen aus theologischer und humanwissenschaftlicher Sicht." In: *Theologisches Gespräch. Freikirchliche Beiträge zur Theologie.* Heft 3. 37. Jahrgang. 107–120. Kassel 2013.

Faix, Tobias/Hofmann, Martin: *Warum wir mündig glauben dürfen: Wege zu einem widerstandsfähigen Glauben.* Witten 2015.

Finney, Charles G.: *Erweckung. Gottes Verheißung und Verantwortung.* Solingen ²1998.

Foster, Richard J.: *Gottes Herz steht allen offen. Eine Einladung zum Gebet.* Kassel 1994.

Fountain, Daniel F.: *Die heilende Kraft Gottes. Krankheit, Heilung und der Faktor Glaube.* Schwarzenfeld 2008.

Franziskus, Papst: *Laudato si! Die Umwelt-Enzyklika des Papstes.* Freiburg 2015.

Frick, Eckhard: *Sich heilen lassen. Ignatianische Impulse.* Würzburg 2005.

Frost, Evelyn: *Christian Healing: A Consideration of the Place of Spiritual Healing in the Church of Today in the Light of the Doctrine and Practice of the Anti-Nicene Church.* London 1940.

Giebel, Astrid u. a. (Hg.): *Wechselwirkungen im Gemeinwesen. Kirchlich-diakonische Diskurse in Norddeutschland.* Berlin 2016.

Giese, Ernst: *Und flicken die Netze. Dokumente zur Erweckungsgeschichte des 20. Jahrhunderts.* Metzingen ³1988.

Goldberg, Arnold M.: *Untersuchungen von der Vorstellung der Schekhinah in der frühen rabbinischen Literatur, Talmud und Midrasch.* Berlin 1969.

Gollwitzer-Voll, Woty: *Christus Medicus – Heilung als Mysterium. Interpretation eines alten Christusnamens und dessen Bedeutung in der Praktischen Theologie.* Paderborn 2007.

Goltz, Dagny von der: *Krankheit und Heilung in der neutestamentlichen Forschung des 20. Jahrhunderts.* Erlangen 1998.

Greiner, Dorothea: *Segen und Segnen. Eine systematisch-theologische Grundlage.* Stuttgart 2003.

Grossklaus, Michael: *Free Church Pastors in Germany – Perceptions of Spirit Possession and Mental Illness.* Frankfurt 2016.

Grün, Anselm/Assländer, Friedrich: *Segen – die heilende Kraft.* Bielefeld 2017.

Grünzweig, Fritz u. a. (Hg.): *Brockhaus Biblisches Wörterbuch.* Wuppertal 1982.

Grundmann, Christopher H.: „Glaubens-, Geist- und Wunderheilung. Eine Orientierung." In: *EZW Materialdienst* 9/16. Berlin/Hannover 2016.

Haberer, Tilmann: *Die Thomasmesse. Ein Gottesdienst für Ungläubige, Zweifler und andere gute Christen.* München ²2002.

Hagin, Kenneth E.: *Heilung gehört uns.* Feldkirchen/München 1989.

Hark, Helmut: *Religiöse Neurosen. Ursachen und Heilung.* Stuttgart 1994.

Harnack, Adolf von: *Medicinisches aus der ältesten Kirchengeschichte. Texte und Untersuchungen zur Geschichte der altchristlichen Literatur.* Leipzig 1892.

Häselbarth, Christoph und Utta: *Jesus heilt gerne. Ratschläge für Gebet um Heilung.* Görwihl ²2015.

Hempelmann, Hanspeter: *Gott im Milieu.* Gießen 2013.

Hempelmann, Reinhard: *Chiliasmus/Millenarismus.* Materialdienst EZW. 3/2012. Berlin 2012.

Hollenweger, Walter J.: *Enthusiastisches Christentum: Die Pfingstbewegung in Geschichte und Gegenwart.* Wuppertal/Zürich 1969.

Jacobsen, Wayne: *Die Gemeinschaft der neuen Schöpfung. Wie wir sie finden und warum es noch so viel mehr gibt.* Xanten 2015.

Johannes Paul II, Papst: *Salvifici Doloris. Apostolisches Schreiben über den Sinn des menschlichen Leidens.* Stein am Rhein 1984.

Johnson, Bill/Clark, Randy: *Berufen zu heilen. Band 1: Grundlagen und Praxis des Gebetes für Kranke.* Xanten ⁴2016.

Johnson, Bill/Clark, Randy: *Berufen zu heilen. Band 2: Die Autoren im Gespräch über Erfahrungen und Erkenntnisse aus der Praxis.* Xanten ²2013.

Johnson, David/VanVoderen, Jeff: *Die zerstörerische Kraft des geistlichen Missbrauchs.* Hünfeld 2016.

Jordan, Matthias: *Herrlichkeit – Gottes Dimension.* Solingen 2012.

Kappauf, Herbert: *Wunder sind möglich. Spontanheilung bei Krebs.* Freiburg ²2011.

Keck, Dagmar (Hg.): *Ich will das Morgenrot wecken. Bausteine und Gestaltungselemente für Gottesdienste mit Kranken.* Freiburg 2010.

Keller, Timothy: *Gott im Leid begegnen.* Gießen 2015.

Kellerhals, Sr. Doris: *Heilende Gemeinschaft in der Postmoderne unter besonderer Berücksichtigung der Benediktregel. Ein Beitrag zum Bau von kirchlicher Gemeinschaft.* Basel 2008.

Kick, Annette/Hemminger, Hansjörg: *Geister, Mächte, Engel, Dämonen. Zum christlichen Umgang mit dem modernen Okkultismus.* Materialdienst EZW 171. Berlin 2003.

Klessmann, Michael: *Seelsorge. Begleitung. Begegnung. Lebensdeutung im Horizont des christlichen Glaubens.* Neukirchen-Vluyn ⁵2009.

Koch, Kurt E., *Okkultismus und Aberglaube.* Basel ⁵1956.

Kohröde-Warnken, Corinna: *Im Wartezimmer der Hoffnung. Geschichten vom lebensbejahenden Umgang mit chronischen Krankheiten.* Holzgerlingen 2017.

Köller, Reinhard/Schiffner, Georg (Hg.): *Christliche Heilkunde. Zugänge.* Aumühle 2011.

Köller, Reinhard/Schiffner, Georg: *Alternative Heilverfahren aus christlicher Sicht.* Aumühle 2010.

Koopmann, Nico: „Endgültige Heilung? Vorläufige Heilung? Fürsorge? Christliche Hoffnung und Krankheit." In: Thomas, Günter/Karle, Isolde: *Krankheitsdeutung in der postsäkularen Gesellschaft. Theologische Ansätze im interdisziplinären Gespräch.* Stuttgart 2009.

Lake, John G.: *Die Kraft göttlicher Heilung.* Rinteln 2014.

Leuenberger, Martin: *Segen* (Themen der Theologie, Band 4429). Stuttgart 2015.

Linn, Matthew und Dennis SJ: *Beschädigtes Leben heilen. Was Gebet und Gemeinschaft helfen können.* Graz/Wien/Köln 1983.

Lopez-Pastorini, Alberto: „Spontaneous Regression of Non-Small Cell Lung Cancer after Biopsy of a Mediastinal Lymph Node Metastasis: A Case Report." In: *Journal of Medical Case Reports* 2017.

Lovsky, F.: *L'Eglise et les malades.* Crola 1958.

Lührmann, Dieter: „Integration der professionellen Medizin in den Jahwe-Glauben bei Jesus Sirach." In: Gollwitzer-Voll, Woty: *Christus Medicus–Heilung als Mysterium* 119–122. Paderborn 2007.

Luther, Martin: *Von der Babylonischen Gefangenschaft der Kirche.* Band IV. Hg. O. von Gerlach. Berlin 1848.

Luther, Martin: *Tischreden.* In: *Ausgewählte Werke.* Band 3. München 1963.

MacNutt, Francis: *Beauftragt zu heilen: Eine praktische Weiterführung.* Graz/Metzingen ²1985.

MacNutt, Francis: *Die Kraft zu heilen: Das fundamentale Buch über Heilen durch Gebet.* Graz/Metzingen ⁵1986.

MacNutt, Francis: *The Nearly Perfect Crime. How the Church Almost Killed the Ministry of Healing.* Grand Rapids 2005.

Margies, Wolfhard: *Heilung durch sein Wort: Der Verzicht auf Psychotherapie.* Frankfurt 1978.

Matthews, Dale A.: *Glaube macht gesund. Spiritualität und Medizin.* Freiburg ²2001.

Mauritz, Kai/Schnepper, Arndt: *Auch getrennte Wege gehen weiter: Scheidung überwinden – zurück ins Leben finden.* Witten 2018.

MacDonald, William: *Kommentar zum Neuen Testament.* Band I. Bielefeld 1992.

Mette, Jürgen: *Alles außer Mikado. Leben trotz Parkinson.* Asslar 2013.

Moltmann, Jürgen: *Das Kommen Christi. Christliche Eschatologie.* Gütersloh ²2005.

Moltmann, Jürgen: *Der Geist des Lebens. Eine ganzheitliche Pneumatologie.* München 1991.

Moltmann, Jürgen: *Ethik der Hoffnung*. Gütersloh 2010.

Moltmann, Jürgen: *Im Ende – der Anfang. Eine kleine Hoffnungslehre*. Kevelaer 2018.

Moltmann, Jürgen: *So komm, dass wir das Offene schauen. Perspektiven der Hoffnung*. Stuttgart 2011.

Moltmann, Jürgen: *Theologie der Hoffnung. Untersuchungen zur Begründung und zu den Konsequenzen einer christlichen Eschatologie*. Gütersloh [14]2005.

Moltmann, Jürgen: *Über Geduld, Barmherzigkeit und Solidarität*. Gütersloh 2018.

Molz, Evamaria/Stolze, Regine: *Gottesdienst feiern mit Menschen mit Demenz*. Mülheim 2017.

Morgenstern, Andrea: „Trauer zwischen Schuld und Scham." In: Thomas, Günter/Thiele, Isolde (Hg.): *Krankheitsdeutung in der postsäkularen Gesellschaft*. Stuttgart 2009.

Müller, Dieter/Aschoff, Friedrich: *Segnen: Gottes Kraft erfahren und weitergeben*. Hamburg 2005.

Nee, Watchman: *Der geistliche Christ*. Berneck 1985.

Nielsen, Helge K.: *Heilung und Verkündigung: Das Verständnis der Heilung und ihres Verhältnisses zur Verkündigung bei Jesus und in der ältesten Kirche*. Leiden 1987.

Niemann, Ulrich: *Exorzismus oder Therapie? Ansätze zur Befreiung vom Bösen*. Regensburg 2005.

Ouweneel, Willem J.: *Heilt die Kranken! Über die biblische Lehre von Krankheit, Heilung und Befreiung*. Lüdenscheid 2005.

Pierce, Carl: *Den Weg bereiten: Eine Vision für Heilungsräume*. Bruchsal 2002.

Powell, Graham und Shirley: *Der Dienst der Befreiung*. Bad Gandersheim 2008.

Prince, Derek: *Heilung und Gesundheit*. Trostberg 1999.

Prince, Derek: *Segen und Fluch. Sie haben die Wahl*. Solingen [10]2003.

Rad, von Gerhard: *Theologie des Alten Testaments*. Band I. München [6]1969.

Rahner, Karl: *Warum lässt Gott uns leiden?* Freiburg 2010.

Riecker, Otto: *Das evangelistische Wort. Die Verkündigung der großen Evangelisten als geistliches Ereignis*. Gütersloh [2]1953.

Ritter, Werner H./Wolf, Bernhard (Hg.): *Heilung – Energie – Geist. Heilung zwischen Wissenschaft, Religion und Geschäft*. Göttingen 2005.

Rötting, Martin: *Interreligiöse Spiritualität. Verantwortungsvoller Umgang der Religionen*. St. Ottilien 2008.

Ruppert, Franz: *Seelische Spaltung und innere Heilung. Traumatische Erfahrungen integrieren*. Stuttgart [6]2017.

Rust, Heinrich Christian: *Charismatisch dienen. Gabenorientiert leben.* Kassel 2006.

Rust, Heinrich Christian: *Geist Gottes – Quelle des Lebens: Grundlagen einer missionalen Pneumatologie.* Cuxhaven ³2018.

Rust, Heinrich Christian: *Herr, bist du es? Von der Gabe der Geisterunterscheidung.* Witten ²2018.

Rust, Heinrich Christian: *Prophetisch leben – prophetisch dienen. Die Entdeckung einer vergessenen Gabe.* Witten ²2018.

Rust, Heinrich Christian: *Und wenn die Welt voll Teufel wär … Christen in der Auseinandersetzung mit dunklen Mächten.* Cuxhaven ³2018.

Sanford, Agnes: *Heilendes Licht.* Marburg ⁶1978.

Sauser, Ekkart: „Christus Medicus – Christus als Arzt und seine Nachfolger im frühen Christentum." In: *Trierer Theologische Zeitschrift* 101. Trier 1992.

Scharfenberg, Rudolf: *Wenn Gott nicht heilt. Theologische Schlaglichter auf ein seelsorgerliches Problem.* Nürnberg 2005.

Schiffner, Georg: „Christliche Heilkunde – wie wirken heilende Dienste zusammen?" In: Köller, R./Schiffner, G. (Hg.): *Christliche Heilkunde. Zugänge.* Aumühle 2011.

Schleiermacher, Friedrich D. E.: *Der christliche Glaube. Nach den Grundsätzen der Evangelischen Kirche im Zusammenhang dargestellt.* Band II; hg. von Martin Redker. Berlin ⁷1967.

Schnabel, Eckhard J.: *Urchristliche Mission.* Wuppertal 2002.

Schneider, Andrea: *Eigentlich kerngesund. Mit Hindernissen mutig leben.* Holzgerlingen 2013.

Seekamp, Helge: *Endlich leben! Heilung – Veränderung – Gelassenheit.* Gießen ⁹2012.

Souvignier, Britta: *Die Würde des Leibes. Heil und Heilung bei Teresa von Avila. Kölner Veröffentlichungen zur Religionsgeschichte,* Band 30, Köln 2001.

Steiger, Johann Anselm: *Christus Medicus und Theologia Medicinalis bei Martin Luther und im Luthertum der Barockzeit.* Leiden 2005.

Straube, Reinhard: *Die Wahrheit wird euch frei machen. Okkulte Belastung und Seelsorge.* Witten 1997.

Tempelmann, Inge: *Geistlicher Missbrauch. Auswege aus frommer Gewalt.* Witten 2015.

Thiede, Werner: „Heilungswunder in der Sicht der neuen Dogmatik: Ein Beitrag zur Vorsehungslehre und Pneumatologie." In: *Zeitschrift für Theologie und Kirche* 100, 1. März 2003.

Thielicke, Helmut: *Das Gebet, das die Welt umspannt.* Stuttgart ¹²1969.

Trowell, Hugh: *Study Notes on Faith Healing. Secular and Religious Faith Healing, Fringe Medicine, Miracles of Healing.* London 1969.

Utsch, Michael: *Religiöse Fragen in der Psychotherapie. Psychologische Zugänge zur Religiosität.* Stuttgart 2005.

Volz, D. Paul: *Das Dämonische bei Jahwe.* Tübingen 1924.

Voigt, Christopher. Der englische Deismus in Deutschland. Tübingen 2003.

Vreemann, Wolfgang: *Was hilft, was heilt?* Dillenburg 2016.

Wagner, C. Peter: *Der gesunde Aufbruch: Wie Sie in Ihrer Gemeinde für Kranke beten können und trotzdem gesund bleiben.* Lörrach 1987.

Wandinger, Nikolaus: *Die Sündenlehre als Schlüssel zum Menschen. Impulse K. Rahners und R. Schwagers zu einer Heuristik theologischer Anthropologie.* Münster 2003.

Warten, Patric: *Naturheilverfahren biblisch hinterfragt.* Selbitz [3]2018.

Weiher, Erhard: *Das Geheimnis des Lebens berühren. Spiritualität bei Krankheit, Sterben, Tod. Eine Grammatik für Helfende.* Stuttgart [4]2014.

Wendel, Kerstin: *Chronisch hoffnungsvoll. Stärke finden in einem Leben mit Krankheit.* Holzgerlingen 2015.

Wimber, John/Springer, Kevin: *Heilung in der Kraft des Geistes.* Hochheim 1987.

WHO, Executive Board: *Resolutions and Decisions.* EB 101. 1998.

Wolff, Hans Walter: *Anthropologie des Alten Testaments.* München 1973.

Wright, Henry W.: *Der herausragende Weg in Gesundheit zu leben.* Schwarzenfeld 2015.

Zaudig, Michael/Trautmann-Sponsel, Rolf Dieter (Hg.) u. a.: *Therapielexikon Psychiatrie, Psychosomatik, Psychotherapie.* Heidelberg 2006.

Zimmerling, Peter: *Die charismatischen Bewegungen: Theologie, Spiritualität, Anstöße zum Gespräch.* Göttingen 2001.

Zsindely, Endre: *Krankheit und Heilung im älteren Pietismus.* Zürich/Stuttgart 1962.

Zündel, Friedrich: *Johann Christoph Blumhardt. Jesus ist Sieger.* Gießen 2002.

Zulehner, Paul/Beranek, Markus: *Gemeinde als Heil-Land. Das Leben entfalten.* Aachen 2002.

Zulehner, Paul/Beranek, Markus: *Gottvoll und erlebnisstark. Für eine neue Kultur unserer Gottesdienste.* Ostfildern 2004.

Zwingmann, Christian/Klein, Constantin/Jeserich, Florian (Hg.): *Religiosität: Die dunkle Seite. Beiträge zur empirischen Religionsforschung.* Münster 2017.

ZUM AUTOR

Heinrich Christian Rust (geboren 1953) ist verheiratet und Vater von drei erwachsenen Kindern.

Nach seinem Theologiestudium war Rust von 1979 bis 1983 Landesjugendpastor in Niedersachsen und anschließend bis 1996 Pastor der Evangelisch-Freikirchlichen Gemeinde (Baptisten) Hannover-Walderseestraße. 1992 wurde er an der Evangelischen Theologischen Faculteit in Leuven mit seiner Dissertation *Das Heil der Kinder – Religiöse Erziehung im deutschen Baptismus* promoviert. 1996 übernahm Heinrich Christian Rust die Leitung des Referats für Gemeindeaufbau im Bund Evangelisch-Freikirchlicher Gemeinden in Deutschland. Seit 2003 (und noch bis Ende März 2019) ist er Pastor der Braunschweiger Friedenskirche.

Als Dozent für Spiritualität, Pneumatologie, Gemeindeaufbau und Leiterschaft ist er beim Institut für Weltmission und Gemeindeaufbau (IGW), der Akademie für Christliche Führungskräfte (ACF) und in der Bibelschule des Glaubenszentrums Bad Gandersheim tätig. Rust ist Mitinitiator und im Beirat des Christlichen Gesundheitskongresses. Im ökumenischen Dialog engagiert er sich im Christlichen Convent Deutschland (CCD).

Heinrich Christian Rust ist Autor zahlreicher Bücher (siehe auch S. 283) und gefragter Referent.

MEHR VON HEINRICH C. RUST

NEUFELD VERLAG

Und wenn die Welt voll Teufel wär …

Christen in der Auseinandersetzung mit dunklen Mächten

In den letzten Jahren erwachte ein neues Bewusstsein für die Existenz des Bösen. In diesem Buch zeichnet Heinrich Christian Rust ein Bild dieses realen Kampfes zwischen Gut und Böse.

Indem er die Aussagen der Bibel zur unsichtbaren Wirklichkeit wahr- und ernst nimmt, gelingt ihm eine nüchterne Bestandsaufnahme. Zwischen fundamentalistischer Schwarz-Weiß-Malerei, rationalistischer Leugnung und charismatischer Erfahrungs-Theologie findet Rust zu einer biblisch begründeten Position.

Dabei bleibt das Buch nicht theoretisch: Am Ende gibt der Autor auch handfeste Ratschläge für den Umgang mit dämonischen Belastungen in der Praxis.

254 Seiten, Paperback, ISBN 978-3-937896-55-7, [3]2018
E-Book: ISBN 978-3-86256-763-8

NEUFELD VERLAG

*Der **Neufeld Verlag** ist ein unabhängiger, inhabergeführter Verlag mit einem ambitionierten Programm. Wir möchten bewegen, inspirieren und unterhalten.*

**Stellen Sie sich eine Welt vor,
in der jeder willkommen ist!**

Das wär's, oder? Am Ende sehnen wir alle uns danach, willkommen zu sein. Die gute Nachricht: Bei Gott bin ich willkommen. Und zwar so, wie ich bin. Die Bibel birgt zahlreiche Geschichten und Bilder darüber, dass Gott uns mit offenen Armen erwartet. Und dass er nur Gutes mit uns im Sinn hat.

Als Verlag möchten wir dazu beitragen, dass Menschen genau das erleben: *Bei Gott bin ich willkommen.*

Unser Slogan hat noch eine zweite Bedeutung: Wir haben ein Faible für außergewöhnliche Menschen, für Menschen mit Handicap. Denn wir erleben, dass sie unser Leben, unsere Gesellschaft bereichern. Dass sie uns etwas zu sagen und zu geben haben.

Deswegen setzen wir uns dafür ein, Menschen mit Behinderung willkommen zu heißen.

*Folgen Sie uns auch auf www.**facebook**.com/NeufeldVerlag
und in unserem Blog unter www.neufeld-verlag.de/**blog**
oder bestellen Sie sich unsere Newsletter
unter **newsletter**.neufeld-verlag.de!*